河西走廊研究丛书
刘再聪 ◎ 主编

丝路东段北道地名文化

武江民　党国锋　武优善　赵　军 ◎ 著

中国社会科学出版社

图书在版编目(CIP)数据

丝路东段北道地名文化/武江民等著. —北京：中国社会科学出版社，2024.3

(河西走廊研究丛书/刘再聪主编)

ISBN 978-7-5227-2952-7

Ⅰ.①丝…　Ⅱ.①武…　Ⅲ.①丝绸之路—地名—文化研究　Ⅳ.①K92

中国国家版本馆 CIP 数据核字(2024)第 037506 号

出 版 人	赵剑英
责任编辑	李金涛
责任校对	刘春芬
责任印制	李寡寡

出　　版	中国社会科学出版社
社　　址	北京鼓楼西大街甲 158 号
邮　　编	100720
网　　址	http://www.csspw.cn
发 行 部	010-84083685
门 市 部	010-84029450
经　　销	新华书店及其他书店

印　　刷	北京明恒达印务有限公司
装　　订	廊坊市广阳区广增装订厂
版　　次	2024 年 3 月第 1 版
印　　次	2024 年 3 月第 1 次印刷

开　　本	710×1000　1/16
印　　张	17.5
插　　页	2
字　　数	251 千字
定　　价	118.00 元

凡购买中国社会科学出版社图书，如有质量问题请与本社营销中心联系调换
电话：010-84083683
版权所有　侵权必究

总 序 一

河西走廊位于黄土高原、青藏高原和内蒙古高原的交汇地带，因其地处黄河以西、介于南山（祁连山和阿尔金山）和北山（马鬃山、合黎山和龙首山）之间，形成一条地势平缓、纵贯东西的狭长地带，宛如天然走廊，故称河西走廊。河西走廊地处古丝绸之路的黄金地段，区位优势突出，地理位置独特，文化底蕴深厚，是中国陆路交通与中亚、西亚、欧洲交往交流的重要孔道，是中华文化和其他优秀文化互鉴互通的交融基地，在国家稳定、边疆安全、民族交融、中西交流等方面有着无可替代的地缘优势，在中国历史上发挥着独特的作用。

从历史和地域文化角度看，河西走廊是多种文化交汇的地方，以古丝绸之路和敦煌艺术为代表的文化沉淀深厚且独特。从世界发展史上来看，河西是古老的华夏文明与两河流域文明、古印度文明、地中海文明等的汇流之区，是古代沟通欧、亚、非三大洲最重要的国际通道丝绸之路的主动脉。从汉代张骞奉命出使西域到隋炀帝西巡的"国际会盟"，再到唐代玄奘赴印度取佛经，无不以河西走廊为活动中枢而得以成功。作为古丝绸之路中枢的河西走廊，留存了丰厚的历史人文遗产，在文化遗址、长城烽燧、陵寝墓葬、简牍碑刻、石窟寺庙、壁画彩塑等诸多方面拥有独特的优势。

采取切实行动，努力挖掘和发挥河西走廊独特的文化资源优势，以高度的文化自觉推动中华民族现代文明建设，是以文史学科见长的西北师范大学义不容辞的历史使命和责任担当。

西北师范大学办学历史悠久，肇始于1902年建立的京师大学堂师范馆，自1941年西迁兰州以来，便扎根甘肃，积极服务地方经济文化建设。2019年，西北师范大学整合学科、人才等资源优势，成立了河西走廊研究院，聚焦河西走廊多样的生态资源与丰富的文化资源，凝练河西走廊生态环境资源、特色农业产业发展、文化旅游、红色文化、文化遗产等五个方向开展研究工作。研究院借助河西走廊资源禀赋的独特性，充分发挥相关高校和科研院所的研究优势，在河西走廊冰川冻土监测、石羊河流域生态保护、祁连山生态修复、生态农产品培育、历史文化资源研究开发、红色文化发掘传承、河西走廊旅游资源规划等方面，取得了丰硕的成果，有力地支持了河西走廊沿线地域的经济文化建设。

河西走廊研究丛书，便是西北师范大学河西走廊研究院的一项阶段性成果。丛书先期出版的《交往与融合：诞生在河西走廊的裕固族研究》《敦煌佛经音义与中古社会名物》《丝路东段北道地名文化》三部作品，作者聚焦河西走廊独特的民族历史风物，或通过田野调查，或通过文献考据，探究历史、考察文化、观照现实。后续研究成果将会陆续结集出版。

我们希冀这套丛书可以多角度、多层次、多维度展现河西走廊丰富而又独特的历史文化资源，以使读者更好地感知多元一体、兼容并蓄的中华文明的丰富内涵和其中蕴含的中国优秀传统文化的精神内核，增强对中华文明的认知和认同，为增强历史自觉和文化自信、建设中华民族现代文明、实现中华民族伟大复兴提供精神动力。

贾 宁

2023年7月

总 序 二

河西走廊位于中国甘肃省西北部，东起乌鞘岭，西迄甘肃、新疆边界，东西长约 1000 千米，宽仅几千米至百余千米，因位黄河以西而得名，也称甘肃走廊。河西走廊南边是绵延不断的祁连山脉，北边是马鬃山、合黎山、龙首山组成的走廊北山。祁连山是我国西部重要的生态安全屏障，也是黄河流域重要的水源产流地和我国生物多样性保护优先区域。在整个走廊地区，以祁连山冰雪融水所灌溉的绿洲农业自古就比较发达。

河西走廊是西北众多民族繁衍生息的历史舞台，是中原王朝联络世界的窗口。河西走廊历史文化资源十分丰富，汇聚了多项世界文化遗产，是敦煌学、简牍学两门国际显学的诞生地。

2019 年，西北师范大学成立河西走廊研究院，聚焦河西走廊多样的生态资源与丰富的文化资源，凝练五个研究方向：河西走廊生态环境资源研究、河西走廊特色农业产业发展研究、河西走廊文化旅游研究、河西走廊红色文化研究、河西走廊文化遗产研究。

河西走廊生态环境资源研究方向：牢固树立和践行"绿水青山就是金山银山""冰天雪地也是金山银山"的理念，开展河西走廊环境演变过程、生物多样性及资源保护利用、湿地确权与荒漠治理、生态环境监测及大数据平台建设等研究，着力于研制和开发土基材料与风沙危害防控技术、生态环境远程无线综合检测系统和降雪量连续检测系统等，以期有效解决河西走廊和祁连山生态环境保护技术难题，为加快推进区域生态文明建设提供了有力的技术支撑。

河西走廊特色农业产业发展研究方向：积极与企业合作，在特色农产品高值化利用关键技术研发与应用、特色植物多糖产品开发、纯天然优质畜产品生产加工技术、冷季异地养殖与秸秆资源利用技术、濒危鱼类资源调查与保护等方面开展合作，致力于发展河西走廊特色农业，助力脱贫攻坚、乡村振兴，实现农产品价值的倍增。

河西走廊文化旅游研究方向：在合理开发、有效利用河西走廊历史文化与旅游资源的基础上，围绕河西走廊文化旅游发展、丝绸之路文化宣传推广、文化旅游专业应用型人才培养等方面，致力于河西走廊各市县文化旅游规划策划编制、文创产品的开发、丝绸之路文化和敦煌文化的传播，着力打造河西走廊文化旅游品牌，推动"丝绸之路经济带"建设，为河西走廊经济社会的繁荣发展提供有力支撑。

河西走廊红色文化研究方向：通过梳理河西走廊红色文化脉络、整理出版红色文化研究成果、开展红色文化主题游学教育实践活动等方面的工作，使河西走廊成为弘扬红色文化和爱国主义精神的重要基地。通过"思政课程"，推进红色文化进校园进课堂，增强师生家国情怀。借助新媒体及校园公众平台，讲好红色故事，传承革命精神，为实现中华民族伟大复兴中国梦贡献力量。

河西走廊文化遗产研究方向：围绕长城、石窟、城址、壁画等古遗迹，敦煌文书、汉晋简牍等出土文献，积极开展文化遗产保护及敦煌文化、边塞文化、民俗语言及华夏文明起源、中西文化交流等专题研究，致力于打造"敦煌学研究高地"、助力简牍学特色学科发展，为推动中华文明走出去、增强中华文化自信、保护和弘扬中华民族优秀传统文化做出积极贡献。

西北师范大学河西走廊研究院的成立，既符合国家高等教育发展"向西""向下"的战略部署，也符合高等院校创新发展、服务地方经济建设的总体要求。五个方向研究目标明确，前景宽广，成绩显著。

为此，特编写"河西走廊研究"丛书，以期及时总结已有成果，谋求未来发展。是为序。

刘再聪

2023 年 8 月

目　录

前言 ·· （1）

天水市 ··· （1）
　一　陇头　张家川 ··· （1）
　二　恭门镇　河峪村 ··· （4）
　三　闫家乡　陇山　马鹿镇　长宁驿　清水　秦亭 ········ （9）

宝鸡市 ··· （13）
　咸宜关　固关 ·· （13）

汉中市 ··· （18）
　博望镇　张骞冢 ··· （18）

西安市 ··· （24）
　长安　西安 ··· （24）

咸阳市 ··· （28）
　一　茂陵 ·· （28）
　二　茯置　礼泉 ··· （33）
　三　好畤 ·· （35）

  四　义置　义渠 …………………………………………（37）

  五　永平镇　水口镇 ………………………………（40）

  六　彬州 ………………………………………………（43）

  七　长武 ………………………………………………（46）

平凉市 ……………………………………………………（50）

  一　泾川　王母宫　回中山 ………………………（50）

  二　王母宫石窟　大云寺 …………………………（52）

  三　月氏道 ……………………………………………（55）

  四　乌氏县 ……………………………………………（58）

  五　歇马殿　柳湖公园　平凉 ……………………（61）

  六　萧关道 ……………………………………………（64）

  七　新集乡　平凉古城 ……………………………（67）

固原市 ……………………………………………………（72）

  一　姚河塬　朝那城　汉萧关 ……………………（72）

  二　高平城　固原　原州 …………………………（75）

  三　清水河　黄铎堡 ………………………………（81）

  四　须弥山石窟　石城堡 …………………………（84）

中卫市 ……………………………………………………（88）

  一　黑城子　海原城 ………………………………（88）

  二　天都山 ……………………………………………（91）

  三　西安州 ……………………………………………（93）

  四　唐宋萧关 …………………………………………（95）

吴忠市 ……………………………………………………（99）

  半个城　同心城　三水县　韦州 …………………（99）

白银市 ……………………………………………………………… (102)
    一　喊叫水　北滩镇北山尾 ……………………………………… (102)
    二　论古 ………………………………………………………… (104)
    三　旱沟　大庙 ………………………………………………… (106)
    四　乌兰津　北城滩古城　五佛寺　迭烈逊渡口　祖厉县
        虎豹口 …………………………………………………… (108)
    五　景泰　媪围　索桥　锁罕堡 ……………………………… (114)
    六　居延置　三眼井　老婆水　老城 ………………………… (118)

武威市 ……………………………………………………………… (123)
    一　大靖　土门　古浪 ………………………………………… (123)
    二　鸾鸟　张义堡　高沟堡 …………………………………… (126)
    三　发放镇　双树　张清堡 …………………………………… (129)
    四　姑臧　皇娘娘台　沙井　鸠摩罗什寺 …………………… (131)
    五　凉州　雷台 ………………………………………………… (136)
    六　百塔寺　永昌镇 …………………………………………… (142)

金昌市 ……………………………………………………………… (145)
    一　永昌县　显美　钟鼓楼　阁老府　番禾　鸾鸟城 ……… (145)
    二　骊靬 ………………………………………………………… (148)

张掖市 ……………………………………………………………… (151)
    一　焉支山　删丹岭　绣花庙 ………………………………… (151)
    二　峡口堡　丰城堡　新河驿　删丹城 ……………………… (155)
    三　金山子　日勒　弱水 ……………………………………… (158)
    四　四坝滩　培黎 ……………………………………………… (162)
    五　屋兰　东乐　大马营 ……………………………………… (165)
    六　古城村　氐池　甘州　东古城 …………………………… (169)
    七　张掖　甘州 ………………………………………………… (172)

八　昭武　觻得　临泽　蓼泉　双泉堡 …………………………（176）
　　九　高台　建康　骆驼城　许三湾古城 …………………………（180）
　　十　草沟井古城　下河清皇城　总寨镇 …………………………（186）

嘉峪关市 ………………………………………………………………（192）
　　嘉峪关 ……………………………………………………………（192）

酒泉市 …………………………………………………………………（198）
　　一　酒泉　禄福城　肃州 …………………………………………（198）
　　二　酒泉　嘉峪关 …………………………………………………（204）
　　三　玉门关　双井子堡　吾艾思砖塔 ……………………………（206）
　　四　骟马城　玉门关 ………………………………………………（209）
　　五　池头（沙头）县　骍马县　乾齐县 …………………………（215）
　　六　瓜州　广汉城　巴州古城 ……………………………………（219）
　　七　昌马河　疏勒河　安西 ………………………………………（224）
　　八　苦水河　锁阳城　榆林窟　石包城 …………………………（229）
　　九　悬泉置　平望骑置　遮要置 …………………………………（235）
　　十　敦煌　沙州　移民地名 ………………………………………（240）
　　十一　鸣沙山　莫高窟 ……………………………………………（244）
　　十二　阳关　渥洼水　龙勒　玉门关 ……………………………（249）

参考文献 ………………………………………………………………（255）

后记 ……………………………………………………………………（264）

前　言

丝绸之路的开辟，开创了东西方文化交流的新纪元。作为古代中国文化交流最重要的孔道，丝绸之路以其多元与开放的文化属性，深刻地影响了今天丝绸之路学研究范畴的学术特质。在丝绸之路研究日益国际化与多元化的背景下，对其进行多维度观照可以帮助我们从多个领域实现对丝绸之路这一宏大叙事的建构。

丝绸之路在历史演变和地域分布两个因素的交互影响下形成了数条线路系统，我们今天对丝绸之路线路和区间的地理界定，依托的是一个又一个地名。本书以地名为视角，以丝绸之路东段北道为观照对象，在文献梳理与实地考察之间，透视丝绸之路在关中河西地区的文化特质，从而尝试建构一种以地名为媒介的丝绸之路地域文化叙述。

丝绸之路的起点是汉唐的首都长安，东段北道从这里出发，沿途由一个个地名连接起来，行政区划、自然山川、关城堡寨、集镇聚落、骑置驿馆等等一系列沿线地名，都映射着厚重的历史过往，这些地名的由来、演变、移置、消亡都是特定历史语境的投射。正因为承载了历史，长安、渭水、陇山、泾河、祖厉、武威、张掖、酒泉、敦煌、玉门、阳关、疏勒……这些原本仅仅指称行政区划或自然实体的地名，意涵变得丰富起来，进而变成一种文化符号，甚至可以独立成为有意义的存在。考察从关中往河西方向的丝绸之路东段北道沿线地名，以全新的视角去审视丝绸之路所涵盖的地名文化，进而形成对丝绸之路与地名文化之间关系及内涵的系统解读和诠释。首先，以地名作为考察的切入点，从汉代以来丝绸之路东段北道政区地名的变化来看政区的设置、省并、废止，从而透视秦汉以来中央王朝势力在西北方向的伸缩与消长。另一方面，政区地名往往是当时政治取向的反映，通过分析地名的来历、含义可以还原历史语境中的文化心态。其次，在行政区划设置的基础上，通过考察凭借自然地理形态建立起来的军事防御系统，如山堑河谷、关城堡寨这些地名出现的时间朝代、所处的地理位置以及形成的现实背景以追溯它们名称的由来，可以分析丝绸之路东段北道沿线历代军事地理的演变情况。同时，通过辨析这些地点的命名方式和规律以与政区地名相印证，从而总结出不同时代的政治考量和地理认知。再次，由于政区设置和军事防御形成的安全屏障，会在这些地方形成居民聚落以及市镇。丝绸之路沿线的这些市镇既承担着沿途供给商旅的作用，也扮演着文化接收和扩散的角色。商旅不绝如缕，驿使往来如箭，市镇与驿馆从民间和官方两个维度一起成了丝绸之路沿线最有活力，也最有地域特色的存在。随着时间的流逝和路线的迁移，这些地名有的早已弃置无闻，有的演变为其他地理实体的指称。考察并挖掘这些被淹没和遮蔽的地名，让它们与历史过往完整地链接，可以追溯和还原丝绸之路东段北道上发生的文化交流印迹。最后，当我们把丝绸之路东段北道沿线的政区、堡寨、市镇、驿馆乃至村落等一系列的地名按照时间线索贯通起来，在同一时间段内做平面横向的考察，会得到丝绸之路东段北道相关要素的近似于三维立体的描述。这样，既可以完成对丝绸之路东段北道以地名为视角的专题研究，也可以形成一种鲜活而生动的丝绸之路文化叙述。

为此，本书采取了文献梳理和实地考察相结合的方法对丝绸之路东段北道地名文化进行研究。自古以来，关于这一带的记载史不绝书，传世文献有《禹贡》《史记》《汉书》《水经注》等以及正史地理志和保留在其他书当中的汉魏地理书佚文，唐宋以来如《括地志》《元和郡县图志》《太平寰宇记》等专门记录天下地理风物的地理总志，明清以降的大量地方志，及众多的私家著述。出土文献如秦汉魏晋的简牍、六朝唐宋以来的金石碑刻,还有敦煌所出包括地镜、图经在内的地理文书,以及考古发现的带有重要文化信息的文物或文化遗存。这些文献和文物共同构成了丝绸之路地名研究的依据。清代乾嘉以降对于西北史地的关注与著述的兴起,以及晚近的文化考察、考古发掘等一系列研究活动在廓清众多研究方向的同时,也为我们提供了继续研究的学术基础。

实地考察活动从2019年5月正式开始,西北师范大学甘肃省地名研究中心和河西走廊研究院组成丝绸之路东段地名文化探寻工作队,从西安出发,深入秦陇腹地,越陇山,过黄河,辗转河西走廊。凡沿线具有地理标志意义的山川河流、重要历史事件的发生地、历史上具有战略意义的关城隘口,还有如实体消亡而留存至今的地名、因特定历史背景而形成的地名群落,无不一一亲涉其地,以求确证。实地考察历史上因政区变化而形成的地名位置的迁移和级别的升降,分析在政权更替中因疆土盈缩而形成侨置地名的历史背景和战略考量,追溯因移民而产生的特殊地名群落所蕴含的桑梓情结与文化心理,考辨具有民族语音译性质的地名所反映的古代各民族的地域分布与交流融合,研究地名群落范围的伸缩与历史时期自然地理环境变化之间的关系。建立在文献梳理基础上的实地考察,一方面可以从零散的记载中按照丝绸之路东段北道这一专题建构一种新的认识,另一方面可以从实地考察来印证文献记载的准确与否,并借此探析造成记载与实地之间互相矛盾的原因。

清代乾嘉年间著名的甘肃学者邢澍有言:"舆地之学,非多阅古今书不能也。阅书多矣,非身履其地,参互考验,仍不能也。"[①] 对于文献资料,虽然尽可能"竭泽而渔"以求穷尽,但散佚尚多,无法全部参考。加之文献记载中存在失实难征、讹舛迭出的情况,更增加了考信的难度。文献的缺失和记载的讹误虽然是我们进一步研究的空间所在,但也给实地考察带来了很大的阻碍。又由于古今自然地理多有

---

① 漆子扬:《邢澍诗文笺疏及研究》,甘肃人民出版社2008年版,第171页。

变化、历史遗迹湮没难寻，按之图籍则陵谷莫辨，征之故老则茫昧其言，虽树鹄而射，亦有难中者。因此，我们的工作只能看作一次尝试、一个新的研究视角的开端。以地名为切入点，全面考察丝绸之路东段北道上的地名文化，将丝绸之路宏观的视野与地域文化独特的观照结合起来，描述一种在丝绸之路视阈下的地名文化。文献难征，地望难考，我们自身的学术积淀和研究方法也难以对丝绸之路东段北道地名文化考征得巨细无遗，疏失在所难免，如有错误和未尽之处，敬祈海内智识，不吝赐教。

天水市

一　陇头　张家川

  陇头流水[1]，流离山下。念吾一身，飘然旷野。
  朝发欣城，暮宿陇头。寒不能语，舌卷入喉。
  陇头流水，鸣声幽咽。遥望秦川，心肝断绝。[2]

  当羁旅行役的古人到达陇山时，他抵达的不仅仅是一个自然地理实体，也不仅仅是中原腹地与西北边地的分界线，他所抵达的是由自然地理实体所造成的心理边界。过了陇山，便看不见广阔的秦川与中原腹地了。陇山这一地名，在此刻便有了文化的意义，一种超越了指代单一自然地理实体的意义。

  沿着古人在陇山上回望秦川的视线，我们开始了地名考察。从兰州出发，第一站到达张家川县。

  北朝民歌《陇头歌辞》中的出发地"欣城"，地名及位置均已不可考，不知在宁夏泾源境内，还是在甘肃庄浪、秦安、清水、华亭境内，抑或张家川县恭门、马鹿、长宁……按照诗中描述的里程，既然

---

[1] 陇头流水：指发源于陇山的河流、溪水。一说发源于陇山，向东流的泾河等几条河水。
[2] （宋）郭茂倩：《乐府诗集》，中华书局1979年版，第371页。

早晨出发，傍晚到达陇头，推测距陇山应该是一天的行程。

张家川县城位于两山相夹的河川里，正处于陇山末梢黄土梁怀抱之中，离陇山脊梁尚远。

2019年4月5日，考察队整装待发，即将走进的，是一条悠长的历史通道。丛林、高山、大漠、草原，把不同性格、不同阅历和不同年龄的人，吸引在一起，共同沐浴清风、阳光、雨露，呼吸泥土、花草的芬芳。触摸沿途流淌过的历史，渐次揭开丝路古道地名的神秘面纱。

陇山西麓的张家川县城处于陕、甘古交通要道，为秦人发祥地，现归天水市管辖。原住居民大多为明清时期移民后裔，对张家川地名却有不同说法。民间流传："先有张川城，后有张家川县。"

北宋太平兴国元年（976），北宋官兵在此筑漳川城，是否讹传为张川城不见史载。民间相传，明清时期张家落户，成为大户后筑堡寨，才有了张川、张家川、张川家城的称呼。历史上，张家川及其周边，大多时期属清水、秦安两县管辖。1953年，陇山西侧的清水、秦安、庄浪县和陕西陇县马鹿区、长宁驿、宝坪乡从原属地析出，成立张家川回族自治区，1955年始称县，因县治设置在张家川镇，故而称张家川县。

张川地名来历另有说法，事出张骞长子张棉防守过附近隘口，后称张棉驿，附近称张川。由此引出张骞离世于此地、葬于此地的传说。丝路"凿空"者张骞之墓究竟位于何处？这一问题也成为本次探寻活动的关注点之一。

当地回民居多，祖籍多为陕西凤翔"三十六坊"、麟游、渭南、澄城，也有甘肃华亭神峪河、灵台，另有固原萧河城降清的李得仓"南八营"部下，其祖籍多在甘谷、巩昌、礼县盐官、秦安莲花城和陇县固关。清朝同治末年（1874）至光绪初年（1875），陕甘回民反清失败后，清政府将流亡在青海西宁附近的崔伟部下及家眷万余人，安置在清水县、秦安县（恭门、张川、龙山）。其中，在张川安置了3万回族百姓。

清政府还往当地胡川、刘堡、平安、张棉驿、川王、连五、梁山、阎家店安置回军家属。由于当时的保甲制不准户民擅自离开居住地，回民就这样在偏僻又贫瘠的山区里繁衍生息。民国年间抗战爆发，河南省张、马、丁、白等姓皮毛商携眷属迁入张川。从此，张川镇回族数量大增，这也是中华人民共和国成立后，设置张家川回族自治县的缘由。

　　车出张家川城，往西南而上，静谧的瓦泉村偎依在山坡上。东望陇山，金色曙光沿山脊梁发散下来，川里的县城沐浴在朝霞之中。

　　1975年，瓦泉村出土铺首衔环铜壶和陶蒜头壶，文物具有先秦时期文化特征，疑瓦泉村遗址是秦人早期都邑秦亭所在地。近年，县城北山梁后面的木河乡马家塬，发掘出战国时期某戎人首领家族墓地，出土有战国秦文化的铜鬲、铜鼎、铜壶和戎人文化的夹砂红陶带銎袋形铲足鬲，还出土古中亚、西亚文化的锡制车饰件、玻璃器皿和金耳环，另有具有北方草原文化风格的金腰带、带钩等。出土的车马饰件，金属冶炼技术达到很高的程度。

　　战国时期秦人、邽戎、义渠戎及乌氏先后在陇山活跃，占据前丝路贸易通道。西域文化与中原文化交融陇山。结合马家塬出土文物初步判断，这些文化遗存与邽戎或义渠戎附属乌氏贵族有关。

　　周平王元年（前770），东越陇山的秦人，在汧（qiān）邑（今陇县东南）立国都，始称秦国。秦武公十年（前688），征服邽戎、冀戎，创县制先河，设邽县（今清水及张家川县）、冀县（今甘谷县）。① 周赧王四十三年（前272）、秦昭襄王三十五年（前272），秦灭义渠国及乌氏，于其地置北地郡（郡治今宁县）、陇西郡（郡治狄道）。②

　　乌氏一名最早见于《史记·匈奴列传》："秦穆公得由余，西戎八国服于秦……岐、梁山、泾、漆之北有义渠、大荔、乌氏、朐衍之

---

① 《史记》，中华书局1959年标点本，第182页。
② 《后汉书》，中华书局1965年标点本，第2874页。

戎。"① 义渠、乌氏当为西戎八国之一。据唐代《括地志》："乌氏故城在泾州安定县东三十里。周之故地，后入戎，秦惠王取之，置乌氏县也。"②

邽戎虽然被秦人征服，陇山西麓的张家川、清水、天水、秦安留下了有关"圭、邽、卦"的圭山、邽城、上邽、邽山、卦台山历史地名。

邽戎消失后，把控陇山前丝路要道的乌氏，屡被秦人征伐。邽戎、乌氏与秦人都有相同的鸟图腾崇拜和相近风俗，部族联姻与争伐，纠结而矛盾。

邽戎、乌氏淡出历史舞台，在血与火的交融中，秦人以前赴后继的牺牲精神，改变着秦地秩序和文明，掌控了前丝路贸易。1976年，考古发掘礼县大堡子山秦景公（离世于前537）墓，墓内大批战马骸骨经DNA检测，具有西域汗血宝马（阿哈尔捷金马）特征。秦人控制的前丝路上，优良的战马成为贸易重点。

秦人养马，更擅长制造战车和华车。古老的歌谣《车邻》萦绕秦地，千年不绝：

> 有车邻邻，有马白颠。未见君子，寺人之令。阪有漆，隰有栗。既见君子，并坐鼓瑟。今者不乐，逝者其耋。阪有桑，隰有杨。既见君子，并坐鼓簧。今者不乐，逝者其亡。③

二 恭门镇 河峪村

离开张家川县城，前往县境东北部恭门镇。行过10千米山路，到达河谷分岔处。车沿东北方向，拐入恭门镇。恭门镇居住着麟游、渭

---

① 《史记》，中华书局1959年标点本，第2883页。
② 贺次君：《括地志辑校》，中华书局1980年版，第41页。
③ （清）阮元校刻：《毛诗正义》，中华书局2009年版，第783—784页。

南、澄城等陕西籍回民后裔和华亭神峪河、灵台等地回民后裔。

恭门镇处于陇山余脉两山夹河川地带，山上残留着烽火台，出口又是两沟及古道汇合之处，形成天然关隘，战略位置非常重要。此地曾称"弓门寨"。强悍而霸气的地名"弓门"，因秦国战将白起而得。

公元前293年，秦昭王为阻止西部羌戎东进，命令大将白起率兵翻越陇坂，西征诸羌。白起在陇山西麓腹地屯兵筑堡，时称"弓门堡"。宋代名为"弓门寨"，宋人王存的《元丰九域志》记载，弓门寨在"（秦）州东一百六十五里。领东鞍、安人、斫鞍、上下铁窟、坐交、得铁七堡"①。后改名为"弓川寨"，《读史方舆纪要》："弓川寨，在（清水）县东。"②乾隆《甘肃通志》载，弓门城"在（清水）县北七十里，秦昭王所筑，命白起守之。宋太平兴国间，筑为寨"③。白起还在西山台地筑有辅堡，后人称"白起堡"。

传说，秦人念白起死非其罪，曾在北山设坛祭祀。北宋对垒西夏时期（1097），清水县兵马都监魏城借缅怀古人，在北山重修战神白起祠堂，以提振士气，并竖有"重修武安君祠堂"石碑。

白起是秦国杰出的战将，他擅长野战和攻城，生平指挥了70余场大战，战无不胜，被秦昭襄王封为武安君。相传，战国期间共死伤将士200万人，其中半数都因白起而亡。长平之战中，赵卒降者数十万人，白起"诈而尽坑之"。司马迁评价白起"料敌合变，出奇无穷，声震天下"④。

秦昭襄王五十年（前257）夏，白起称病，拒不率兵，十月底，白起被免官为士卒，贬谪到阴密（今灵台百里乡，古密须国）。《汉书·地理志》载："阴密，《诗》：密人国。"⑤即《诗经·大雅》"密人不恭，敢距大邦"。又《读史方舆纪要》："阴密城，（灵台）县西五十

---

① （宋）王存：《元丰九域志》，中华书局1984年版，第124页。
② （清）顾祖禹：《读史方舆纪要》，中华书局2005年版，第2846页。
③ （清）李迪等：《甘肃通志》，兰州大学出版社2018年点校本，第768页。
④ 《史记》，中华书局1959年标点本，第2342页。
⑤ 《汉书》，中华书局1962年标点本，第1615页。

里。《志》云：古密国也。《诗》所称密人不恭，此矣。"① 冬十一月，白起刚动身离京，即被赐死。

民国初年，"弓门"因谐音改为"恭门"。车过恭门镇桥头不远，抵达城子村。城子村是唐宋交易茶马的绥戎栅，亦称"弓川寨"。城子村古城墙遗痕疑为秦汉上邽城。秦武公十年（前688），"伐邽、冀戎，初县之"②。根据学者对近些年出土封泥和铜器的考释，《秦封泥集》409 收有"冀丞之印"。同样的记载可以通过"五十年诏事戈"铭文得到印证。③ 上邽县的记载，除《史记·秦本纪》外，还见于出土的放马滩地图《墓主记》、张家山汉墓竹简所收的《二年律令·秩律》。东周时，邽戎部落盘踞陇山，被秦人征服后，设置邽县。秦汉两朝称为上邽县，东部设下邽县。在今陕西渭南。

据当地村民说，樊河汉代河峪碑上刻有"邽"字，或可佐证邽城、上邽在附近。据此，汉河峪碑是追溯邽城、上邽地望的关键。出了恭门镇城子村，汽车沿樊河而上，直奔河峪村。

沿途路过付川村，新修成的天平铁路横亘眼前，东侧便是张家川车站，县城火车站深藏在遥远的大山沟里。进入卧龙峡，水流澎湃激荡。车行不久，被新建的水库大坝截断去路，只好返程。从中途东坡盘旋而上，穿越关山林区，到达卧龙峡顶垭口，可以看到陇山主峰横亘在东北方，昂首挺立，难以逾越。历史上无数西去东还的驼队、客商、僧人、军队都与这条山梁结下不解情缘。正如南北朝诗人王训《度关山》诗："边庭多警急，羽檄未曾闲。从军出陇坂，驱马度关山。"④

河峪碑就在山下河峪村。车下陡坡，拐过两个大弯道，进入河峪村。沿路按照村民的指示，前往上游落马涧自然村。

车行到河峪村的东尽头，远远望见北侧山坡上有一片密密的松林，

---

① （清）顾祖禹：《读史方舆纪要》，中华书局2005年版，第2796页。
② 《史记》，中华书局1959年标点本，第182页。
③ 张光裕、吴振武：《武陵新见古兵三十六器集录》，《中国文化研究所学报》1997年新第6期。
④ （宋）郭茂倩：《乐府诗集》，中华书局1979年版，第393页。

挺拔的松树下面有一片陡峭的石崖，石崖正中建有突出的拱形门洞。走近一看，是为了保护石碑用水泥新砌的防雨棚。

石刻高3米，宽1.5米，原文应有270余字，文字大多因风化而斑驳脱落，残存110个字，其中"和平[①]元年"等字清晰可辨。碑顶正中刻有隶体"汉"字碑额，从正文末尾部分文字中可以辨识出"邽"字。

1983年，河峪石刻才被社会广泛知晓，2016年定为省级重点文物保护单位后，引起文化界高度重视。2018年底，甘肃省民政厅和甘肃省地名研究中心通过影视文化频道，在《丝绸之路——甘肃地名印迹》电视专题片中，报道过河峪石碑。经鉴定，河峪碑是为歌颂汉阳太守刘福率民众修路有功而立，由当地文人赵亿撰写，立碑时间为公元150年。

石刻汉隶运笔雄浑，上承秦朝小篆风格，下启晋魏隋唐楷体嬗变轨迹。河峪碑整体布局美观大气，为隶书中精品，学术价值极高。

当地流传，"十里一墩台，五里一碑子"，据此说法，古道上除了河峪碑，应该还有遗存的石碑。

秦汉至明代，陇山先后置北、中、南三条官道。暂且把河峪村沿樊河连接秦家塬的古道称为河秦道。距今1860多年前的《河峪颂》，比成县摩崖石刻《西狭颂》[②] 早21年。结合两汉军事民生事件，解读两石碑，可断定汉陇关河秦道与蜀道构成联络大通道。

河峪碑是见证历史的实物，也是开拓者坚韧不拔的精神象征。

一行人沿樊河而上，寻觅古道遗迹。沿途一个为秦家塬的地名，引起了大家的注意。秦家塬，秦人生活的故土，最后的家园，它是白起将军的军马场，也是今天众驴友纵情歌唱的天堂。天高气爽，流云光影下，草场茵茵。

---

① 汉桓帝的第二个年号，仅公元150年一年。
② 《西狭颂》，全称《汉武都太守汉阳阿阳李翕西狭颂》，亦称《李翕颂》《黄龙碑》。东汉建宁四年（171）六月，仇靖撰刻并书丹的摩崖石刻，为汉隶雄强粗犷代表作品之一。位于甘肃省成县天井山鱼窍峡。

重新爬上垭口后，遥遥望见陇山刚劲的脊梁。秦朝称分水岭为陇坂，喻为锁钥关键之固。郭茂倩《乐府诗集》注解："《陇头》，一曰《陇头水》。《通典》曰：'天水郡有大阪，名曰陇坻，亦曰陇山，即汉陇关也。'《三秦记》曰：'其阪九回，上者七日乃越，上有清水四注下，所谓陇头水也。'"①唐代《元和郡县图志》记载："小陇山，一名陇坻，又名分水岭……陇上有水，东西分流，因号驿为分水驿。行人歌曰：'陇头流水，鸣声幽咽，遥望秦川，肝肠断绝。'"②

　　陇头鸣四注，征人逐贰师。羌笛含流咽，胡笳杂水悲。
　　湍高飞转快，涧浅荡还迟。前旌去不见，上路杳无期。③

正如张正见④《陇头水》所写，陇道山高路远，艰难的旅途历来让人不安和忧愁，陇山成为东还西去的诗人共同吟咏的对象。唐代李白《猛虎行》："肠断非关陇头水，泪下不为雍门琴。"⑤不为陇头水而愁肠，不为雍门琴声落泪，只为国家存亡而忧虑。

考察人员认为，"天水"地名跟清水及陇头水相关。从出土文物上的铭文看，先秦时便有天水地名。"天水"并非汉武帝元鼎三年（前114）因"天河注水"神话称名天水井而来。"天河注水"的传说系今人臆造，学者多有驳正。"天水"地名应泛指汉、泾、渭之源，缘自秦人对陇山及古圭山的情结，是对天象及高山水神的崇拜。

汽车沿原路驶回恭门，前往闫家乡。陇山横亘，汽车向南行驶，寻找翻越大山的突破口。绵绵陇山犹如一条长龙，蜿蜒盘踞东方，形成一道自然地理屏障。

---

① （宋）郭茂倩：《乐府诗集》，中华书局1979年版，第311页。
② （唐）李吉甫：《元和郡县图志》，中华书局1983年版，第982页。
③ （宋）郭茂倩：《乐府诗集》，中华书局1979年版，第314页。
④ 张正见，字见赜，清河郡东武城县（今河北故城）人。张正见出身世代公卿的清河张氏，自幼随父入梁，十三岁受到太子萧纲赏识。初仕南梁，官至彭泽县令。陈霸先建立南陈，征召张正见出仕，累官至通直散骑侍郎。明人辑有《张散骑集》。
⑤ （唐）李白：《李太白全集》，中华书局2011年版，第312页。

三 闫家乡 陇山 马鹿镇 长宁驿 清水 秦亭

离开恭门镇，沿305省道绕山梁而上，路旁草木萧条，积雪尚未融化。山间松涛阵阵，渺远的天际苍鹰盘旋。唐张籍有《关山月》诗："陇头风急雁不下，沙场苦战多流星。可怜万国关山道，年年战骨多秋草。"① 此诗描述的是陇山秋天的景色，与初春相似，但"风急雁不下"，确实是陇山独特地理区位的真实写照。

陇山下是闫家乡。这里原本是古道上的客栈，清代为重要的镇甸，名为闫家店。明清时期许多祖籍位于山陕故地的居民，因军屯而移民黄河上游，防守河朔边塞。陇山见证了明清两代的屯田移民史。

大阪、陇坻、陇坂、陇关、关陇、陇头水、陇首……《汉书·地理志》"陇西郡"下注引应劭语："有陇坻，在其西也。"又颜师古注："陇坻谓陇坂，即今之陇山也。"② 历史上的陇山在不同时期各有称谓，含义也略有不同。

陇山之西在秦时称陇西，汉代泛称陇右，再西远处称为西域。山东为关中、中原。一条巍峨的山脊横断东西，历史上无数人翻越陇山，或军屯，或移民，或逃难，扎根在陇右。

从北朝乐府《陇头歌辞》开始，就形成了一个以陇山为主题的文学典型，后世凡经过这里的诗人在感叹自身羁旅的同时，又增加了对陇山的多维描述。巍巍陇山和曲折山道，孕育了民族性格和坚韧不拔的精神。3000年来，留下了无数官兵、商旅和移民的足迹，寄托华夏人文情怀和乡愁，成为地域文化符号。仰望陇山，它不仅是西出长安的首座大山和要道，更是丝路精神和多民族文化传播的象征。

从闫家乡到马鹿镇的山路有10余千米，属张家川县东南部高寒阴湿山区。四面山峰苍翠，河川郁郁葱葱，不少新瓦房掩映在绿树之中。

---

① （清）彭定求等编：《全唐诗》，中华书局1960年版，第4283页。
② 《汉书》，中华书局1962年标点本，第1610页。

当地农作物以小麦、大豆、洋芋、玉米、大麻为主，兼有养殖业。

马鹿镇处于陇北公路要道，源自明清时称名的马鹿坡。清代，马鹿坡成为陕西陇州的重要城镇。民国初年，因繁华，曾改为县佐。马鹿镇是丝路汉麻之乡。悠悠古道上，汉麻恢复了古代传统贸易。隋唐至明清，关陇道兴盛，闫家店、马鹿坡至驿里车水马龙。唐代杜甫行经陇右写有《秦州杂诗》：

满目悲生事，因人作远游。
迟回度陇怯，浩荡及关愁。①

陇山是西出东还的必经要道，因其险峻历来被行人视为畏途。

离开马鹿街，路侧杨木挺拔，绿荫浓浓，田园恬静。数千米外为宝坪村堡坪子。右侧穿越陇山的道路暂时封闭，右前方的驿里是一个值得探究的地名。马鹿镇长宁驿本属于明朝军事驿站，由东、西相距1.5千米的长宁村和驿里村组成。小村庄驿里隐蔽在陇关脚下的河川里，明清至民国时期，归陕西陇州陇县管辖，为关山锁钥之地。驿里村北部山梁有三处明代小城堡遗址，按照地理位置和文献记载，明代设置的重要驿站长宁驿应该就在其中。长宁驿自明成化九年（1473）由西安府迁徙而来，"长宁"取西安府长安县、咸宁县各一字，意如"长安"，即长久安宁之意。

"一驿过一驿，驿骑如星流。平明发咸阳，暮及陇山头。陇水不可听，呜咽令人愁。"②唐代诗人岑参沿途写下《初过陇山途中呈宇文判官》一诗。仰望伟岸而高峻的关山，大唐驿站名称早已湮没在古道风尘之中，历经540多年沧桑的长宁驿今天只留下一个可以追溯历史的地名。

长宁村坐落在马鹿河畔，大路在长宁村分岔，西南道往盘龙铺，

---

① （清）仇兆鳌：《杜诗详注》，中华书局2015年版，第691页。
② （清）彭定求等编：《全唐诗》，中华书局1960年版，第2024页。

进入清水县境内，过秦亭，北抵渭河，连接蜀道。虽然渭河东穿陇山、入关中，可是，渭河水道古来难以行军，只能绕此翻山。

两汉时期，官军在陇山屏障开辟了数条横穿山梁的沟道。史载，东汉建武六年（30）四月，光武帝刘秀派盖延、耿弇等七将军借陇道伐蜀。[①] 割据陇右的隗嚣反叛了汉朝，双方激战于上邽、西城。汉军不敌，匆忙沿陇山各道东撤。显然，上邽、西城战略位置十分重要。附近清水、秦亭两个古老地名跟秦汉王朝息息相关。北魏郦道元《水经注·渭水》记载："清水上下，咸谓之秦川。"[②] 清水地名由此得来。汉武帝元鼎二年（前115）析上邽，在关陇要冲分置清水县（治今永清镇李崖村）、戎邑道（治今黄门乡）与陇县，始有清水县名。王莽始建国二年（10），公孙述于县治西7.5千米处依山筑清水西城（今西城村）。清水县把控陇山西麓，呈南北条状，包含今张家川县境大部。秦亭即秦邑，初为秦人始祖非子的封地，也是秦文化发祥地。《后汉书·郡国志》有："陇，有大坂名陇坻，獂坻聚有秦亭。"[③] 受隗嚣叛乱影响，东汉永平十七年（74），清水县、戎邑道等县并入陇县。《水经·渭水注》记载："（秦）川有故秦亭，秦仲所封也，秦之为号，始自是矣。"[④]

不远处的关山草场深处有一处石垒堆，侧旁立有"古硪塔县遗址"石碑。秦代硪塔县鲜见于历史记载。《史记·秦本纪》记载："周宣王即位，乃以秦仲为大夫，诛西戎，西戎杀秦仲。"[⑤] 非子的曾孙秦仲被封为大夫后，将嬴秦大部人马从西陲（礼县一带）迁到陇山草场牧马，抗争犬戎。公元前822年，秦仲救援被犬戎围困的西陲老家西犬丘时战死。

汽车沿旅游专线绕行，沿途路过驼铃谷天然草场。车到垭口，雨

---

① 《后汉书》，中华书局1965年标点本，第48页；《资治通鉴》，中华书局1956年版，第1345页。

② 陈桥驿：《水经注校证》，中华书局2007年版，第129页。

③ 《后汉书》，中华书局1965年标点本，第3517页。

④ 陈桥驿：《水经注校证》，中华书局2007年版，第429页。

⑤ 《史记》，中华书局1959年标点本，第178页。

夹雪笼罩了新建的丝路标志"汉关"。这是一条新开辟的旅游道，沿途虽鲜见烽堠遗迹，但半山腰处的马道遗迹隐约可见。考古发掘结合史籍发现，西周时期陇山与秦岭交汇地形成秦文化发源地。史载，秦人先祖大骆在此牧马。公元前891年，大骆的儿子非子任部族首领，周孝王将秦地即今天水、礼县周边土地赐予非子，为周室养马，抗击戎狄，并赐其嬴姓。《史记·秦本纪》："非子居犬丘，好马及畜，善养息之。犬丘人言之周孝王，孝王召使主马于汧渭之间，马大蕃息。孝王欲以为大骆适嗣。"① 1986年，考古发现天水放马滩秦简、木板及纸地图，所绘山川形势，可证秦人牧马的史实。②

下山道路，坡陡弯急，气温升高。远处，八百里秦川呈现眼前，终于将陇山甩在身后，进入秦人定都咸阳时始称名的关中平原。晋《汉唐方志辑佚·关中记》载："秦，西以陇关为限，东以函谷为界，二关之间，是谓关中之地。"③

山沟出口的田野里麦苗青青，大道两侧樱花盛开。粉白过的农家院墙上画着丝路驼马等标志，是为配合关山牧场旅游区，彰显出丝路主题，营造了旅游文化氛围。随着国家对关中—天水经济区实施开发战略，陇县固关及关山牧场与张家川秦家塬高山草原、秦安县陇城镇三国古战场街亭遗址、天水市麦积山和伏羲庙、清水县中华人文初祖轩辕黄帝和西汉名将赵充国故里等著名人文景点，将联接成丝绸之路文化旅游圈。

---

① 《史记》，中华书局1959年标点本，第177页。
② 天水放马滩一号秦墓出土的7幅地图，均绘在松木板上。根据同出竹简的纪年和随葬品的特征，这些地图的年代定为秦始皇八年（前239），是目前所见时代最早的古地图。见何双全《天水放马滩秦墓出土地图初探》，《文物》1989年第2期。
③ 刘纬毅辑：《汉唐方志辑佚》，北京图书馆出版社1997年版，第81页。

宝鸡市

咸宜关　固关

抵达汧河（今千河）桥头，折西而上，又投入陇山怀抱。从秦川大地仰望陇山，它壁立千仞，高峻挺拔。徒步逾越大山，需耗时七日，是对体力和毅力的考验。路过曹家湾镇①，左侧曹宜公路伸入陇山腹地，这是一条修筑于明代的咸宜关道。历史上，陇山各个峪口都有古道，而官道仅有三条：南线咸宜关道、中线关陇道、北线河秦道及回中道。

明朝正统年间（1436—1449），因关山旧道阻，始开咸宜关道，凤翔连通秦州。据《明宪宗实录》记载，成化九年（1473），陕西巡抚马文升为解决茶马贸易上疏："凤翔迤西别无驿站。自陇州至清水县二百五十里，公使等人多在石嘴权宿，其地多盗，乞以西安府长宁驿及咸义巡检司移置石嘴为便。"② 路线从曹家湾岔路折行，入咸宜河谷，经流渠、三里营，至咸宜关，逾越陇山腹地，西接驿程沟、长宁驿。咸宜河、咸宜关、咸宜道地名源自"咸义巡检司"，取义谐音为"宜"；咸义巡检司、长宁驿先前在西安府东侧咸宁县管内。

明清时期的咸宜关，为秦凤要道商货集散地和兵防要塞。清康熙

---

① 曹家湾镇，隶属于陕西省宝鸡市陇县，地处陇县中西部。
② 《明宪宗实录》，卷113，"中研院"历史语言研究所1962年版，第2189页。

五十二年（1713），陇州至清水县设急递铺及驿站九处，从州城铺起西行，经麻坊铺、流渠铺、咸宜铺、头桥铺、焦家铺、捉驼铺、分水铺、杨家铺、长宁铺。民国年间，西兰公路开通，咸宜道才衰落。咸宜道虽快捷，但因山高沟深，险道屡跌落驼马，终究废弃。而地处山塬交界的咸宜关村依然繁华，附近有校场原村，为明代练兵场，三里营村也是明清官兵驻地，还有传递烽火的五里墩村古地名。

时过境迁，而今的咸宜道景致绝佳，已成为探险者的乐园。

继续逆汧河而上，远远望见固关镇。从地名印迹中发现，秦始皇把这里称作秦帝国的"西门"。秦人先祖东出陇山，由此进入关中，最终一统河山。西汉先后在镇东侧置郁夷县，西晋太康中改陇关县。

陇关口既是分别之地，更是守望归乡之地。张骞出使西域，苏武出使匈奴，唐玄奘西行取经，文成公主进藏……有人带着坚定的信仰回来了，而有的人却裹尸塞外。隔开，赫赫有名的"固关"，想必气势恢宏，关口遗址在何处？史料记载，因大山深处有汉代大震关和唐代安戎关，唐宋元泛称"故关"。[①] 唐代筑新安戎关后，把前代"大震关"称"故关"，"安戎关"称"新关"。新关东所设的集镇为陇州汧原县新关镇，时为商贾云集之地。后因明代咸宜道开通，关口废，"新关镇"称为"故关"，并在故关镇设巡检司。此后，贸易萧条，称名"故关里"。民国年间改为"固关"，却与山西平定县明长城一线要塞重名。不同时代的固关，均取"固若金汤"之意。

考察人员穿过固关镇，西入深山，寻找汉唐关口遗址。进入沟口，阴凉的山风迎面扑来。前面"丫"字形两条支沟，向陇山深处延伸。四周群峰叠嶂，两山对峙，战略位置极为重要。西北方一条弯远的大沟，水流汹涌，连接河秦道和回中道。周秦时，称为"陇坻""陇坂"，为秦人东迁的路线。西汉在沟内险要处设置过大震关。《元和郡县图志》卷二"陇州汧源条"云："大震关，在（陇）州西六十一里，

[①] 乾隆《甘肃通志》，兰州大学出版社2018年版，第485页。

后周置。汉武至此遇雷震，因名。"① 元鼎五年（前112），汉武帝巡行回中，在陇山遭遇雷震，始将原先的"陇关"改称"大震关"。北周时曾改名"大宁关"。沟内10余千米处有下关、上关地名和古烽燧及隘口，疑为大震关遗迹。《唐六典》载："京城四面关有驿道者为上关。上关六，陇州大震关为其一。"② 大震关不久即废。

秦汉时期，沿陇山分水岭东、西开凿的河秦道线路为固关口—柴家嘴—上关—秦家塬—分水岭—羊肚子滩—河峪村。回中道自柴家嘴分路，沿窄石峡汧河主流而上，进入麻庵，穿越山峡，抵达水洛南河。河秦道和回中道均围绕陇山最高峰。这一地带正是樊河、黑河和汧河支流的发源地，也是四分陇山水系最主要的源头。

南北朝诗人《陇头水》诗："陇头鸣四注，征人逐贰师。羌笛含流咽，胡笳杂水悲。湍高飞转快，涧浅荡还迟。前旌去不见，上路杳无期。"③ 诗中描述的陇山，带有战争厮杀和地理险要的色彩，这两种要素成了陇山的底色。到了唐代中期，突厥、吐蕃军队先后屡犯陇右，大震关成为距离长安最近的天然防线。安史之乱后，吐蕃借机占据陇右原州、会州、渭州、兰州、凉州等地。吐蕃攻陷大震关，长安城乱，陇道不通。正如唐代诗人张籍诗作："陇头已断人不行，胡骑夜入凉州城。汉家处处格斗死，一朝尽没陇西地。"④ 大震关荒芜，后被唐末北置的安戎关取代。后人对大震关初设地有不同观点，关口受历代战争摧毁影响，后来位置或有移动。隋代复称大震关时，或许往南迁移过关口。从"丫"字形西南沟道而上，过二桥、八桥、老爷岭，为西汉后期开辟的车道，称"陇关道"。西汉末年（8），王莽新置东函谷关、西陇关、南武关、北萧关，命令大将王福固守西部陇关。王福开辟这条沟道，通达马鹿坡，就近防御戎狄。《史记集解》引徐广曰：

---

① （唐）李吉甫：《元和郡县图志》，中华书局1983年版，第45页。
② （唐）李林甫：《唐六典》，中华书局2014年版，第195页。
③ （宋）郭茂倩：《乐府诗集》，中华书局1979年版，第314页。
④ （清）彭定求等编：《全唐诗》，中华书局1960年版，第4284页。

"东函谷、南武关、西散关、北萧关。"① 隋朝时，皇帝杨广巡行河西，大猎于陇山。那时，陇关刚恢复旧名"大震关"。唐朝中后期，此路为主道。

唐朝大中六年（852），陇州防御使薛逵请求将大震关迁徙于今二桥，新筑安戎关，民间俗称下"六郎关"。如今，二桥残留城墙，出土了城门石墩和插旗石块。1949年7月，解放军在二桥以上峡谷，歼灭马步芳骑兵旅，为进军陇山西北，直捣兰州，扫清了障碍。

中华人民共和国成立后，固关入关山，从二桥到达马鹿的公路修通，南部咸宜道和西北方古河秦道完全荒芜，固关又成为连接陕、甘的商埠码头。

每个人面对大山、大河都有一种特殊的情结。陇山既是封闭自固的天然屏障，更是沟通与交流的历史大通道。这里，兵家相争，此消彼长，文化碰撞；这里，官兵疾驰，人民流亡，商贾不息；这里，改变的是古道，不变的是流淌着的诗词歌赋，胸襟不同，诗词意境各有千秋。

沿汧河而下不久，便进入陇县。城内处处高楼新舍，难见陇州古城遗址。如今，只能从留下的南门口、东门、西门口、西关、北关等古地名，判断出偌大的州城轮廓。考察人员借机参观了陇县博物馆。馆藏数千件文物，有当地出土的半坡文化变形鱼纹盆、小口尖底瓶，也有代表马家窑文化的半山类型彩陶，还有齐家文化彩陶。数千年前的汧河两岸，原始人类刀耕火种，留下了精美的陶器，折射出人类文明的曙光。走出博物馆，朝着不远处的南门广场而去，那里伫立着秦襄公手抚宝剑的坐像，塑像身后1.5千米处的郑家沟塬，正是秦人进入关中后首次修筑的都城汧邑。自秦襄公二年（前776）至秦文公四年（前762），建都14年间，古陇州这片肥沃的黄土地，承载过秦国人搏杀的斗志。

---

① 《史记》，中华书局1959年标点本，第315页。

公元前771年,"申侯怒,与缯、西夷犬戎攻幽王"[①]。西周幽王的岳父申侯联合缯国、犬戎攻入镐京,杀幽王,重立已废太子宜臼。秦襄公率众出汧邑,助周平王宜臼东迁。公元前770年,东周迁都洛邑(今洛阳)后,周平王封襄公为诸侯,赐今岐山以西土地,秦才正式称国。秦襄公率秦国人,在周原(今岐山)与犬戎作战拓边。公元前766年,秦襄公阵亡,葬于西陲故地(今礼县大堡子山)。如今,把陇县称为秦襄公故都。襄公儿子秦文公继位后,于公元前762年将都城汧邑东迁至雍城。秦宁公二年(前714),改汧邑为汧县。汧邑、汧县均因汧河得名。北魏太延二年(436),在汧县设东秦州。西魏废帝元钦二年(553)改东秦州为陇州。明、清时期,陇州不再领县。民国初,降陇州为陇县。

秦人逾越陇山,再从陇县东渐,仅是历史长河中浪花一朵,但对于国家统一和中华文明的进步,却画上了浓墨重彩的一笔。

---

① 《史记》,中华书局1959年标点本,第149页。

汉中市

博望镇　张骞冢

梁启超称他是"世界史开幕一大伟人也"[①]。历史学家翦伯赞说，因为他，中国从此"第一次知道中原以外，还有广大的西方世界并从而开辟中国史上政治和经济之新的时代"[②]。这个人就是汉博望侯张骞。

"大月氏本行国也……本居敦煌、祁连间，至冒顿单于攻破月氏，而老上单于杀月氏，以其头为饮器，月氏乃远去，过大宛，西击大夏而臣之，都妫水北为王庭。"[③] 汉武帝即位不久，从匈奴的降人口中得知，在敦煌、祁连一带原居住着一个游牧民族月氏。公元前174年左右，匈奴攻击月氏，杀月支王，月支"乃远去"，这部分月支史称"大月氏"。汉王朝为了解决匈奴这一困扰历代帝王的顽疾，有心联合已经西迁至今新疆境内焉耆、龟兹一带，后继续迁往伊犁河流域和巴尔喀什湖南岸的大月氏共同夹击匈奴，一改一直以来的被动局面。汉武帝下令选拔人才，出使西域。这期间张骞脱颖而出。

张骞于汉武帝建元三年（前138）第一次出使西域。不幸的是，在经过匈奴控制区域时，张骞被俘，被困十年之久，后伺机逃脱，仍不忘使命，西行至大宛、康居，直达大月氏和大夏，停留一年多才离

[①] 梁启超：《张博望班定远合传》，载《梁启超全集》，北京出版社1999年版，第803页。
[②] 翦伯赞：《秦汉史》，北京大学出版社1999年版，第157页。
[③] 《汉书》，中华书局1962年标点本，第3890—3891页。

开，在归途中再次被匈奴所俘，又被困一年多。汉武帝元朔三年（前126），张骞终于借匈奴内乱逃回长安。回到长安后，张骞将出使途中的所见所闻逐一汇报给汉武帝，包括地理、风俗、物产等，这为中原王朝开辟通往西域乃至中亚的通道奠定了基础。

汉武帝元狩四年（前119），张骞第二次奉命出使西域。这次的情形和目的与第一次大不相同。首先，此时汉朝已经控制了河西走廊，汉匈之间的力量对比发生了明显的变化，汉王朝已经变被动为主动。其次，二次出使的目的是联合乌孙共击匈奴，最终的目的是与西域乃至中亚、西亚诸国建立长期稳定的联系。

两次出使西域，张骞的人生旅程一波三折，但是西域已然"凿空"，长安经河西走廊，进入西域以及中亚、西亚的陆上丝绸之路开通，张骞功在千秋。元鼎二年（前115），张骞回到汉朝后，拜为大行令，第二年去世。

张骞离世如同霍去病离世一般，司马迁写《史记》时没能更多着笔，似有宫廷不愿公开的隐情。张骞离世后归葬地，为千年悬疑。司马迁在《史记·卫将军骠骑列传》中一笔带过张骞离世缘由："将军张骞，以使通大夏，还，为校尉。从大将军有功，封博望侯。后三岁，为将军，出右北平，失期，当斩，赎为庶人。其后使通乌孙，为大行而卒，冢在汉中。"[①] 时隔180年后，班固在《汉书·张骞传》中记载："张骞，汉中人也，建元中为郎。"[②] 始说是汉中人。《史记索隐》引陈寿《益部耆旧传》讲张骞是汉中成固人（今陕西城固人）。[③]

1877年，德国地理学家费迪南德·冯·李希霍芬在《中国》一书中，把张骞离世的公元前114年，定为丝路开端年，并首次命名"丝绸之路"，评价汉朝开辟的丝绸之路是连接地球上存在过的各民族、各大陆最重要的纽带。

张骞，一位坚强不屈、不辱使命的民族英雄。跌宕起伏的人生经

[①] 《史记》，中华书局1959年标点本，第2944页。
[②] 《汉书》，中华书局1962年标点本，第2687页。
[③] 《汉书》，中华书局1962年标点本，第2687页。

历，世人瞩目。张骞所走过的古道，为考察者梦想之路。考察人员首站进驻张家川县城时，就留意过张骞与张家川地名来历的有关传说。相传张骞出使，消失13年，在返回长安途中，将被扣押匈奴期间所生三男一女及妻子带过黄河。临近陇关前，顾虑皇帝久等而动怒，只好将妻儿留在陇山西麓，仅带堂邑父进入长安城。另传，汉武帝元鼎三年（前114），张骞得到长子张棉受伤的家讯后，赶到陇山西麓，却中风卧床，4个月后离世，即被安葬在现张川附近。明朝成化年间（1368—1644），张骞后裔张侍郎才将其遗骨迁往今陕西汉中城固县。民间传说虽然绘声绘色，但是与正史记载不合。况且，丢了博望侯爵，临终前获大行官位的张骞，理当低调归葬南阳博望封地或汉中故里。传说、野史非空穴来风，汉中张骞冢是否为明代所迁有待考察。

张骞纪念馆坐落于城固县博望镇饶家营村。博望即取张骞封地之名，1996年由原城关镇更改而来。张骞陵园规模宏大，与茂陵等同时申请为世界文化遗产。张骞陵区新建了气势磅礴的仿汉阙式门楼，馆外长廊一直延伸到主陵区。遗憾的是，馆内陈列出土文物并不多，难见自汉代张骞离世至明朝期间文人遗留的石刻及文物，只有墓南对亭下一对雕工粗犷的石兽。村民把这对石兽称"石虎"，曾在墓南160米水田中对立。那时，两石兽头部、四肢已损毁，不能确定是否为出自张骞墓的镇墓兽。墓前最粗的一棵柏树，胸径2米多，树龄约200年。绕过墓冢前众香客，观察墓南竖立的数道石碑，正中隶书"汉博望侯张公骞墓"，为清朝陕西巡抚毕沅立。左侧为光绪五年（1879）城固知县胡瀛涛立"汉博望侯墓碑记"，右侧为近代"张氏后裔"立石碑。

1938年8月，从西安迁至城固的西北联大发掘张骞墓道，未进入墓室。考古资料表明，墓道为东汉青砖所砌风格，出土类似封泥印字纹陶片、6片带釉陶片、14枚小五铢钱、7小片碎铜片（部分铜片鎏金）、兽牙、螺壳、1枚清代嘉庆麻钱、汉代绳纹残砖残瓦、北宋耀州瓷片和近代瓷片等。当时，有专家解读封泥模糊的阳文印字，说是"博望侯铭"。这座大墓历代屡次被盗，清代重修填土，扰动墓道，导致混入多代物品。结合墓门封砖特征及出土带釉陶片、剪边五铢钱等，断定墓室修建于东汉晚期。张骞离世于西汉元鼎三年（前114），城固汉墓即便是张骞冢，也为二次迁葬或衣冠冢。

北宋熙宁末年（约1076），洋州（今洋县）知府文同作诗：

中梁山麓汉水滨，路侧有墓高嶙峋。
丛祠蓊蔚蔽野雾，榜曰博望侯之神。
当年宝币走绝域，此日鸡豚邀小民。
君不见，武帝甘心事远略，靡坏财力由斯人。①

当时，城固城尚在今县城东4千米汉王城附近。无论《南史》的记载，还是宋代文同的诗歌，都未提及张骞尖顶墓确切位置，只表明封土不同于秦汉覆斗形墓。考察人员认为，所述尖冢位于城固与南郑两古县交界地。北宋崇宁二年（1103），城固县治迁于今址。尔后，南宋王象之《舆地碑记目》载："张骞墓碑：墓在城固县西二十三里，有碑，文字磨灭，不可辨。"② 元代城固城毁坏后，明初县丞刘翱在原址重建城固城，形成今日城市格局。李贤所编《明一统志》与明嘉靖年间所编《雍大记》，均载墓"在县西二十三里"（11.5千米）。辨其方位，接近汉中机场。

公元前122年，张骞奉命以蜀郡（今成都）、犍为郡（今宜宾）为据点，开辟前往身毒（古印度）的商道。东汉安帝永初五年（111），羌乱中断陇右通道后，西南夷道贸易兴起。或因途经此处的汉晋官民祭祀，给张骞墓填土，变为尖冢。清代康熙、嘉庆年间方志，多记载墓在城固西4千米或2.5千米。据清康熙《城固县志》载："博望侯张骞墓西八里。"③ 清人不断修葺此墓，立碑、植柏。把墓主当作张骞祭祀，始于乾隆四十一年（1776）陕西巡抚毕沅所立"汉博望侯张公

---

① 北京大学古文献研究所：《全宋诗》，北京大学出版社1995年版，第5395页。
② （宋）王象之：《舆地碑记目》，商务印书馆1939年版，第108页。
③ 康熙《城固县志》，成文出版社1969年版，第122页。

骞墓"碑。汉武帝、卫青、霍去病、苏武等墓南石碑均是他任陕西巡抚14年间所立。由于毕沅不解历代陵墓形制,还出现了上官皇后陵前立平帝康陵、刘弗平陵南立渭陵碑、武功唐殇帝李重茂墓北立隋炀帝陵、秦国大墓南立周陵碑等诸多差错。

张家川关于将张骞遗骨南迁城固的传说,符合时代背景。自明成化年间(1465—1487)满四起义后,蒙古铁骑奔袭陇山。张骞后裔担心盗墓,有可能将其遗骸、遗物迁往城固县西2.5千米的张骞冢。只是,此墓为何具备东汉墓特征?或为张骞衣冠冢。清朝陕西巡抚毕沅确认此墓为张骞冢,或与东汉衣冠冢及明代迁葬有关。

考察完张骞纪念馆,就近参观县博物馆,继而向南绕行1千米,抵达汉江之滨的博望村。考察人员打听地名来历,村民都说与张骞墓有关。《城固县志》记载:"博望侯张骞故里博望村,在县西南二里。"历史上先有博望官爵,后来滋生多处"博望"地名。"张骞通西域,于是西北国始通于汉矣。然张骞凿空,其后使往者皆称博望侯,以为质(诚信)与国外,外国由此信之。"[①] 司马迁写《史记·大宛列传》,坦诚评价离世多年的张骞时,透露出后世使者多自称"博望侯"。张骞的博望侯爵3年而失,离世前得大行令官爵,却不见相关大行地名和铭刻。张骞离世5年后,汉武帝为太子刘据在长安杜门外2.5千米建博望苑。无论官爵还是地名,博望意指能广博瞻望。

车出城固县,走西汉高速公路,前往西安。一路上,考察人员历数张骞及其使团所引进的诸多特产:葡萄、苜蓿、胡桃、胡麻、石榴、胡荽、葱、蒜、黄瓜、旱芹、蚕豆……

生年51岁的张骞如流星划破苍穹,光芒瞬间消失。其中隐秘,堂邑父一定知情。"堂邑父"本称"堂邑氏胡奴甘父",相传为汉匈战争中俘虏的匈奴,转卖给汉武帝姑母兼岳母馆陶公主的丈夫堂邑侯陈午,作为家奴。因服侍皇亲国戚,众人将老奴俗称为"堂邑父"。汉武帝元朔三年(前126),张骞出使返长安后,仅升为太中大夫,甘父升为

---

① 《史记》,中华书局1959年标点本,第3169页。

奉使君。3年后，张骞因随卫青作战立功，才封为博望侯。再3年，因作战失误，丢博望侯官爵，用钱财赎了死罪。显然，生性多疑的汉武帝对张骞未能联络大月氏不满，已明察张骞出使种种内情。张骞第二次出使西域，返回一年后，英年离世。想必，甘父看透宫廷险恶，心知张骞受挫及死因。相传，甘父请求为张骞守墓，不久死于墓外废窑。可见，甘父对张骞感情深厚，无比忠诚。

城固县西10多千米有胡城，就近有东汉李固墓，西接汉中机场。地名胡城或与匈奴人甘父、张骞胡妻守墓有关。胡城之地在西周时属褒国。公元前771年，犬戎攻陷镐京，杀周幽王与叔伯郑桓公。郑国（今陕西华县东，原为郑桓公封地）民众南奔褒国之地，才有了南郑之名。两汉时，胡城属于汉中郡南郑县。东汉初，汉中郡郡治由西城（今安康）迁入南郑县城。从此，南郑城一直为汉中郡、府治所。

甘肃张家川、陕南城固和老南郑县（1958年撤县归汉中市），哪一个是张骞离世时葬地、迁葬地、衣冠冢呢？

无论如何，张骞凿空精神不灭。即便是唐太宗李世民，也深受张骞鼓舞。他威服四方，东征高丽时，写有《感旧赋》："仰烟霞兮思子晋，俯浩汗兮想张骞……"[①]

车出秦岭，直奔西安城而去。考察工作即将从古长安开始，走丝路北道。一路向西，有张骞精神鼓舞，相信会有更多新发现。

[①] （清）董诰等编：《全唐文》，中华书局1983年版，第47页。

西安市

长安　西安

西行考察，先从丰镐遗址开始，层层揭开古长安地名史。一行人前往长安区西南马王镇丰镐遗址陈列馆。陈列馆的车马坑侧面反映沣河岸边的西周王朝都城丰镐景象，并非古城遗址。

公元前12世纪，周文王将都城从岐周（今岐山）迁至丰邑（今马王镇）。周武王时，在沣水东岸建立镐京。《诗经·大雅·文王有声》有载："考卜维王，宅是镐京。"① 丰都、镐京合称"丰镐"。可惜，镐京连同它的国家盛极而衰。只因为西周第十三个帝王的气数渐尽。周幽王为博褒姒妩媚一笑，上演烽火戏诸侯的闹剧，还废除申后和太子宜臼。公元前771年，太子宜臼的外祖父申侯十分恼怒，联合缯邦、犬戎攻打镐京。周幽王下令再燃烽火，已无诸侯救援，慌忙逃往骊山。结果，犬戎大军追来，杀周幽王和褒姒的儿子。众诸侯拥立宜臼为帝，称周平王。周室宗族一部分贵族并不推戴周平王。宜臼只得于公元前770年东迁雒邑（今洛阳），史称东周。

北过渭河，是秦都咸阳城遗址。大秦帝国又是如何兴起与衰败的呢？公元前770年，周平王东迁洛阳时，牧马官秦襄公率兵救护有功，周平王借机封秦襄公为诸侯，把岐山西远赐予秦人。其实，这片土地

---

① 阮元校刻：《毛诗正义》，中华书局2009年影印本，第1134页。

已沦为各戎族的乐园。秦人与戎人争战不休，秦襄公战死。秦国直到挫伤劲敌义渠戎后，经商鞅变法，才称霸西戎。秦孝公十二年（前350），"作为咸阳，筑冀阙，秦徙都之"①。秦孝公建咸阳城，次年由50千米外的栎阳（今陕西富平东南）迁都于此。

咸有都、全之意。咸阳渭水穿南，嵕山亘北，山水俱阳，故称"咸阳"。秦国崛起后，与诸侯国争雄。公元前221年，秦始皇统一六国，建立秦朝。公元前206年，项羽攻入咸阳，纵火屠城。历经七世144年的秦都咸阳变成废墟。史载，项羽还火烧了咸阳外的阿房宫。"六王毕，四海一。蜀山兀，阿房出。覆压三百余里……楚人一炬，可怜焦土！"熊熊大火烧了3个月，处处都有残砖焦土吧！阿房宫遗址就在不远处。眼前的地基规模宏大无比，正是后人批评秦始皇奢靡亡国的罪证之一。可是，考古专家从地下文化层找不到宫殿遗留的火痕，也没有发现金银器物和成片的残砖碎瓦。《史记》载："四月，二世还至咸阳，曰：'先帝为咸阳朝廷小，故营阿房宫为室堂。未就，会上崩，罢其作者，复土骊山。骊山事大毕……'复作阿房宫。"②秦始皇驾崩，秦二世即位，阿房宫室堂未就，遂停工，将70万劳力调往秦始皇陵。不久，陈胜、吴广反，国乱。另外，西楚霸王项羽火烧咸阳宫及以西行宫为实，大火烧毁阿房宫前殿和堆放的木材，引燃上林苑大片树林，导致"火延九十日"不能灭。

《三辅黄图》记载："阿房宫，亦曰阿城。惠文王造，宫未成而亡。始皇广其宫，规恢三百余里。"③南宋程大昌著《雍录》载，阿房宫"未为屋，先为城。城成而人为呼名阿城也"。阿房宫意为傍城宫殿。阿房宫东北数千米为汉都长安城，再北数千米为秦都咸阳城。《史记》载："长安，故咸阳也。"④《旧唐书·地理志》载："京师，

---

① 《史记》，中华书局1959年标点本，第203页。
② 《史记》，中华书局1959年标点本，第268—269页。
③ 何清谷：《三辅黄图校注》，三秦出版社1995年版，第45页。
④ 《史记》，中华书局1959年标点本，第2637页。

秦之咸阳，汉之长安也。"① 汉长安城址本是秦始皇之弟成蟜的封地。因成蟜号称"长安君"，当地称"长安乡"，为"长安"地名由来。

公元前206年，沛公刘邦攻下秦都咸阳，推翻秦朝后，被项羽封为汉王。随后，刘邦又与项羽争战数年。项羽兵败乌江，自刎而亡。公元前202年二月，诸侯在汜水（今山东定陶）举荐汉王刘邦称帝，史称西汉。西汉暂时定都洛阳，新置长安县，在长安县属地修筑新城，始名"长安城"。2年后，长安城才成为大汉都城。在兴建长安城的2年期间，汉军还在阿房宫北侧秦朝兴乐宫旧址建筑长乐宫，又在秦朝离宫旧址营建未央宫，环绕长安城。

漫步未央宫遗址上，触摸秦砖汉瓦碎片，回想起流传的古经。脚下曾称章台宫，有过完璧归赵的典故。公元前283年，秦王没能从赵国使者蔺相如手里夺得和氏璧，还被蔺公戏说："秦自缪公以来二十余君，未尝有坚明约束者也。臣诚恐见欺于王而负赵，故令人持璧归，间至赵矣。"② 曾经"完璧归赵"的秦时章台宫，汉朝时变成未央宫前殿。殿外章台街也是汉代长安城八街九陌中独具情调的风情一条街。

唐贞观七年（633），大唐王朝进入空前兴盛时期。唐太宗李世民陪父亲李渊欢聚前汉未央宫，行酒作乐。时有突厥颉利可汗起舞，岭南酋长冯智戴咏诗，好不逍遥。章台街也成为官民欢娱之地，灯红酒绿。曾经辉煌的章台宫、未央宫、章台街见证了秦、汉至唐朝代更替。大唐宫殿和街道终被明清西安城覆盖，只有大雁塔③、小雁塔④等砖石类建筑较为完好地保存了下来，成为有十三朝古都之称的长安城地标。繁花似锦的长安城化为尘埃，仅有大明宫、兴庆宫和天坛遗址等地下

---

① 《旧唐书》，中华书局1975年标点本，第1394页。
② 《史记》，中华书局1959年标点本，第2441页。
③ 大雁塔，位于唐长安城晋昌坊（今陕西省西安市南）的大慈恩寺内，又名"慈恩寺塔"。唐永徽三年（652），玄奘为保存由天竺经丝绸之路带回长安的经卷佛像主持修建。为现存最早、规模最大的唐代四方楼阁式砖塔，是佛塔这种古印度佛寺的建筑形式随佛教传入中原地区，并融入华夏文化的典型物证。
④ 小雁塔，位于唐长安城安仁坊（今陕西省西安市南郊）荐福寺内，又称"荐福寺塔"，建于唐中宗景龙年间（707—710），与大雁塔同为唐长安城保留至今的重要标志。

遗迹和北郊外汉长安城宫殿遗址，尚可隐现湮没的历史。

纵观长安城历史演变，"西周"称为"丰镐"，"西汉"初称"长安"。王莽新朝始建国元年（9），改"长安城"为"常安城"，刘玄更始元年（23）恢复"长安"名称。东汉初平元年（190），董卓强迫献帝迁都长安城。隋朝在长安县置大兴城，唐朝恢复为长安城，成为都城。自唐玄宗把长安所在地雍州改为京兆府后，盛唐衰落，终唐以后不再为帝都。北宋至金，仍沿用京兆府称谓。元朝初至元九年（1272），忽必烈三子忙哥剌为安西王，封地镇守，改为"安西路总管府"。1312年，元朝将"安西路"更名为"奉元路"，"总管府"称为"奉元城"。

明洪武二年（1369）三月，徐达派常遇春攻下奉元城，遂改"奉元路"为"西安府"，为"西安"地名由来。四月，置陕西行省（治所西安）。西安府以钟楼一线为界，由咸宁县和长安县东、西分治。长安县东侧的咸宁县历史悠久，为唐天宝七载（748）将万年县更名，取万邦咸宁的美好愿望。1914年，撤销咸宁县，并入长安县。

历史上还先后出现三处"西安"地名。早在五胡十六国时期，河西山丹至张掖的弱水边，北凉国主段业于398年秋修筑西安城，为最早的西安地名。北宋在天都山下茶马盐道上设置西安州城。无论哪一个西安城，都是丝路的重要节点，寓意安定西部或西部安宁。

明清以来，长安县成为西安府的附郭县，一直存在。2002年6月，撤销长安县，设立西安市长安区，长安地名保存下来。长安地名自秦国末年产生后，或以"乡"存在，或以"县城"为郡治、都城，长期以县名存在，历2000余年，韵味悠长。尤以汉唐长安城享誉中外，有人把长安、开罗、雅典、罗马并称为"世界四大古都"。长安寓意长治久安，天下太平，国泰民安，蕴含华夏人文情结。如今，长安区作为西安市文化区，共同承载厚重的历史和丝绸荣光，尊贵、正气、包容而和谐。

咸阳市

一 茂陵

"西去安西九千九百里。"

盛唐时期，长安城安远门外万里堠侧立有里程碑。但凡军人、商贾走丝路，皆从里程碑下出发，向西而去。据记载，里程碑上所刻"西极道九千九百里"，相传是唐代书法家虞世南的手笔。

宫廷使者西去，均由长安朱雀街都亭驿出发，抵达安远门万里堠下。万里堠以示戍人不为万里之行所担忧，告知戍边将士，绝美的风景永远在路上，壮怀激烈的报国故事尽在边塞。它是告别城里亲人，上马的出征点。更代表昂扬的斗志，由此抵达版图的边极。

"安远门"隋朝称为"开远门"，唐代才改称为"安远门"。后世文人惯称"开远门"。据《唐代长安词典》，开远门故址在西郊原大土门村。[①] 考察人员寻到西二环外开远半岛广场，即大土门旧地，遗址无存。村民说，60年前尚有夯土台遗址。地名"大土门"，因城门塌陷，两侧城墩形成类似双烽堠的地堆遗存，民间当作土卡门对待。

今天，大土门社区附近有开远门立交桥、开远门地铁站。象征大唐丝路起点的驼旅雕塑群在西1千米处。而安远门，远在他处。

出安远门，经安西大都护府治所龟兹（今新疆库车县），过葱岭、

---

① 张永禄主编：《唐代长安词典》，陕西人民出版社1990年版，第66页。

碎叶城，西至波斯。唐高宗执政期间，波斯萨珊王朝受阿拉伯侵袭，请求大唐庇佑。大唐在波斯疾陵城（今伊朗扎博勒）设波斯都督府（751年废）。虽然万里堠碑已佚失，但"西去安西九千九百里"的记载并非虚构。王维《送元二使安西》，反映元二将沿西极道不远万里赴安西。同期，诗人高适送友人赴安西，也写有："绝域眇难跻，悠然信马蹄……地出流沙外，天长甲子西。少年无不可，行矣莫凄凄。"①

万里堠碑的时间上限不早于公元679年，故书法家虞世南（638年逝世）亲笔手书的可能性不大。唐太宗贞观十四年（640）八月，唐军平定高昌国，改为西州。九月，在西州（今吐鲁番西交河城）设安西都护府。继而拓疆八年，设安西四镇，即龟兹（今新疆库车县）、疏勒（今新疆喀什）、于阗（今新疆和田西南）、焉耆（今新疆焉耆西南）四镇。高宗调露元年（679），在碎叶水旁筑碎叶城，替代焉耆镇，碎叶镇成为安西四镇之一。天宝八载（749），安远门外建有振旅亭，迎接载誉归来的戍边将士，如同千年后法国凯旋门一般。大唐盛世终于恢复汉代西域，又拓展西域版图。大唐后来的安西大都护府堪比汉代西域都护府。

"是时中国盛强，自安远门西尽唐境万二千里，闾阎相望，桑麻翳野，天下称富庶者无如陇右。翰每遣使入奏，常乘白橐驼，日驰五百里。"② 天宝年间（742—756），丝绸之路通畅兴盛，丝路沿途富庶，国家间贸易盛况空前。其间，青海石堡城与吐蕃之役、云南南诏兵败，损兵折将，民间疲于征兵。恰如诗圣杜甫所写："车辚辚，马萧萧，行人弓箭各在腰。爷娘妻子走向送，尘埃不见咸阳桥。"③ 接着，安史之乱发生，安西官兵回救长安。继而，吐蕃军攻夺陇右及西域，大唐盛极而衰。

吐蕃抗衡大唐达50年之久。宪宗元和三年（808）前后，孤城龟兹无援。残阳如血，旌旗猎猎。吐蕃轮番攻城，安西龟兹城与朝廷已

---

① （清）彭定求等编：《全唐诗》，中华书局1960年版，第2230页。
② 《资治通鉴》，中华书局1956年版，第6919页。
③ （清）仇兆鳌：《杜诗详注》，中华书局2015年版，第141页。

失联数十年。满头白发的戍边将士固守龟兹，全军覆没，大唐西域统治史终结了。安西大都护府及存在近170年的安西地名，由此消失。"一朝燕贼乱中国，河湟没尽空遗丘。开远门前万里堠，今来蹙到行原州。"①诗人元稹写下的《西凉伎》一诗中还提及了万里堠。

明朝初年，在隋、唐长安城遗址上，历时8年新建西安城。开有四城门，其中西城门称"安定门"，北城门称"安远门"。至明嘉靖年间（1522—1566），已无力经略西域，国势内收，嘉峪关闭关，丝路国家间陆地贸易名存实亡。明代西安府安远门形同原州城的镇远门、威远门，虚张声势，寄托愿望而已。

考察人员离开唐长安城，向汉代第一个驿站茂陵进发。《汉书·武帝纪》载，建元二年（前139）"初置茂陵邑"②。茂陵，因汉武帝在茂乡筑陵得名。它是汉代丝绸之路西出长安落脚首站，是佑护远行者的圣地，更是继往开来的出发地。

"长安至茂陵七十里，茂陵至茯置三十五里……"悬泉汉简对丝路起点驿站有精确记载。西汉丝路起点应不同于唐代安远门口万里堠，未央宫应该才算是汉丝路的起点。自汉高祖七年（前200），在秦章台旧址建成未央宫后，西汉皇帝都在此处理朝政。汉武帝建元二年（前139），张骞在未央宫接受出使旨意，拉开凿空之行。尔后，凡使者归来，都在此向汉武帝汇报，未央宫成为西汉丝路起点。"未央"蕴含无限、长远之意，唐代"西极道"与它相关。东汉移都洛阳后，长安城成为次于洛阳城的丝路重镇。

咸阳两寺渡中渭桥至西渭桥之间为西汉渡口。可惜，车临渭河南岸，无处寻觅汉唐渡口及古桥遗痕。所幸，2002年拓建咸阳湖时，在上游发现明清渭阳渡口遗址，出土了明代"咸阳县新修河岸之记"碑首。古河床露头大量柏木桥桩，还发现铁柱、铁环、铁锚等拴船文物，可断定为明清时期渡口。从渭阳渡到兴平市西吴街道（原为西吴镇）

---

① （清）彭定求等编：《全唐诗》，中华书局1960年版，第4616页。
② 《汉书》，中华书局1962年标点本，第158页。

茂陵村，约20千米路程。这一带在渭水之北，称为"咸阳塬"，深埋着秦国至唐朝近500座陵墓。当地人戏称："陕西的皇帝排两行。"西汉11位皇帝中的9位陵墓东、西依次排列，长达数十千米。南侧五陵塬上排列着5座汉帝陵和多个陪葬陵。唯汉武帝茂陵雄伟，位列西端。北塬上还排列着18座唐代帝王陵。

长眠茂陵的汉武帝，大概生前就谋想着，身旁有最信任的卫青、霍去病、李夫人、霍光、金日䃅（jīn mì dī）①、公孙弘、平阳公主、上官桀等功臣和亲人相陪。二战期间，援华美军飞行员詹姆斯从西安空中拍摄到茂陵图片，后来于1947年春，在《纽约时报》发布照片，轰动欧美。因形如锥形，恰似埃及金字塔，国外把"茂陵"称为"中国的金字塔"。

汉武帝建元元年（前140），汉武帝便在槐里县茂乡打造自己的陵寝。他并未遵从文帝修陵从简的前规，反而亲自督建规模宏大的陵墓。朝廷遂析槐里县东部，在茂乡置茂陵邑，迁徙长安等地官民。高峰时期，茂陵邑人口达25万。车水马龙的茂陵邑，可与京都长安媲美。史载，茂陵随葬品丰厚。"妄多藏金钱财物，鸟兽鱼鳖牛马虎豹生禽，凡百九十物，尽瘗藏之。"②汉武帝下葬时，车载珍宝无数，地宫最终塞不下拉来的陪葬品。丰厚的陪葬引得后世大盗垂涎。东汉建武二年（26），赤眉军兵败长安。"是月，赤眉焚西京宫室，发掘园陵，寇掠关中。"③西撤时，赤眉军盗挖了西汉诸帝王陵。茂陵也被洗劫一空，汉武帝尸骨无存。其实，两汉期间，贤明之士倡导"马革裹尸"的英雄风尚，官民墓葬大多从俭。这也是陇右大地两汉墓陪葬品较少的原因之一。

武帝茂陵东侧1千米处，为茂陵博物馆。据现代考古发现，博物

---

① 金日䃅（前134—前86），本姓金天氏，匈奴休屠部太子，兵败归降霍去病，进入长安。得到汉武帝宠爱，赐姓为金。后元二年（前87），汉武帝病重时，联合霍光、上官桀等人接受顾命，辅佐太子刘弗陵，封为秺（dù）县侯。

② 《汉书》，中华书局1962年标点本，第3070—3071页。

③ 《后汉书》，中华书局1965年标点本，第28页。

馆东侧西吴镇窦马村为茂陵邑遗址，也是汉驿站所在地。地名窦马也有来头，汉武帝时设茂陵城，后来，因是东汉名将窦融、马援的故里，合二姓得村名"窦马"。

走进博物馆大门，远远看到北面高大的封土。爬上墓顶亭台，北侧石雕相伴，当地人称"石岭子"，正是霍去病墓。霍陵西侧墙外是卫青墓冢，再往西为高大的茂陵。博物馆与霍去病墓同在一处。公元前117年霍去病如流星陨落，英年离世。深藏无奈的汉武帝调遣五郡铁骑，从长安至茂陵列长阵，以铁骑铠甲护送灵柩。司马迁避开其死因，仅记载了气势浩大的安葬过程。

民国年间，茂陵博物馆大门内有一副对联，更能客观地评价历史：

汉擅威名，远域宾从，曩日东来多信使。
陵临丝路，驼铃何在，而今西去尽长车。

霍去病墓南立有一通石碑，题铭："汉骠骑将军大司马冠军侯霍公去病墓。"为清代陕西巡抚毕沅题写。墓丘原本堆积为祁连山形状，象征英雄曾经战斗过的地方，令人心情激荡。当年，墓周陈列有马踏匈奴、跃马、卧牛、伏虎、野人抱熊、卧马、卧象、野猪等几十件石雕。石雕由西汉官府左司空部门制作，雕工风格狂放，线条粗犷，流畅简洁。造型略显臃肿的"马踏匈奴"石雕，浑厚而不可动摇。战马把一位匈奴踩在蹄下，匈奴军仰面朝天，手持弓箭，挣扎。马背上的主人长眠于地下，而一块块石雕迸发出顽强的搏杀意志。

霍去病18岁出征，因病离世时才24岁。他追随舅舅卫青出征匈奴，六次入大漠拼杀，战功赫赫。霍去病一生志存高远，驰骋疆场，为实现保家卫国的梦想，曾拒绝汉武帝为他修建豪华府邸。"天子为治第，令骠骑视之，对曰：'匈奴未灭，无以家为也。'"[①]

---

① 《史记》，中华书局1959年标点本，第2939页。

二　茯置　礼泉

长安通西域道路，秦汉之交走回中道，即长安—槐里—雍邑（今凤翔南）—汧邑，从大震关越陇山，西达陇西，北达高平。两汉之交，开辟了漆县—北至高平—安定郡的东道后，又开辟了长安—西渭桥—茂陵—好畤（今乾县东）—麻亭—漆县—亭口—阴槃—泾川—月氏道—乌氏—泾阳—平林—朝那—萧关—高平—祖厉—媪围—居延—扑䝅—揟次—小张掖—姑臧一线，为汉简所记载的丝路北道。

隋唐时期，从长安朱雀街都亭驿出发，过西市，出开远门，从中渭桥至北岸临皋驿—望贤驿（陶化驿）—温泉驿—始平县槐里驿—马嵬驿—望苑驿—武功县—扶风县—龙尾驿—岐山县石猪驿，渡横水，至凤翔府治所雍县（今凤翔）；另从武功县分道西北行，经好畤县（今乾县漠西）—麟游县—凤翔府治所雍县，再从凤翔府向西，沿汧水河谷北上至陇州治所汧源县（今陇县），从陇州西行入安戎关—陇山分水岭分水驿—长宁驿—过清水河谷及盘龙坡，至秦州治所上邽县（今清水县），西沿渭河而上，经伏羌（今甘谷）—落门川—陇西县（武山县西）—渭州治所襄武（今陇西文峰镇）—渭源镇，越高城岭，至狄道县（今临洮）—夏河—循化—青海民和—乐都—大同—门源—大斗拔谷（今扁都口）—张掖。此道为隋炀帝西巡所开，后世俗称为南道。

从长宁驿（明代称名）北上弓川寨（今恭门），西往陇（龙）城—成纪—通渭—定西—巉口—榆中定远营—兰州，从河口渡黄河，沿乌逆水（今庄浪河）至广武（今永登红城子南），逾越乌鞘岭（东晋称洪池岭，明称分水岭），从昌松县（安远驿）出漠口，达武威。此道兴于唐代，衰落于明清，俗称中道。

自汉武帝元鼎三年（前114）以来，丝绸之路因北道较为平缓，适合驼队、马帮长途运输，长期以来为主要贸易大通道。后代受战乱及西北政权变更影响，从长安至河西走廊的贸易通道不断变化，时断时续。

"长安至茂陵七十里,茂陵至茯置三十五里。茯置至好止七十五里,好止至义置七十五里。"这是悬泉置出地汉简记载内容。所载"茂陵"指茂陵邑驿站,西汉茂陵城位于今兴平市西吴街道豆马村。"豆马"曾名"窦马",为汉武帝茂陵驻守陵寝形成的村落之一,因汉代窦氏和马氏两大将军后裔得名,何时更名豆马已不可考。

依据汉代里程测量距离,汉代驿站位于店张至晏村铺、付官寨、东皋村、仪门寺之间。店张镇位于兴平、礼泉和咸阳三市县交界地,属兴平市管辖,有"鸡鸣一声闻三县"之称。汉武帝时,因其祖母窦太后的娘家墓冢在东侧,始名底兆。取墓下为"底"、墓上为"兆"①之意。据记载,附近曾有唐代肖河渡口,为大唐丝路驿站无疑。元代设置急递铺,称"底张铺"。明朝设"底张驿",清代称"店张驿"。剖析地名演变,店张前世今生浮现于眼前。

秦汉至唐代,西出乾县漠谷的肖河,经礼泉城南新畤坊,过仪门寺南、晏村铺、店张后,从肖渡村折向东北,汇入泾河。如今,肖河故道消失近百年,汉茯置湮没于店张镇西北古渡北部的付官寨。店张镇处于兴平、礼泉、咸阳交界地,历史上归始平县管辖。始平县历史悠久,三国魏黄初元年(220)将平陵县改名而成,县治屡有迁徙。隋朝大业九年(613)移治于今兴平市。唐景龙二年(708),金城公主出嫁吐蕃,中宗送至始平县,因而又更名"金城县",县治迁至马嵬城。"安史之乱"爆发后,境内曾置兴平军。因兴平军平叛安史之乱有功,至德二年(757)命名为"兴平县",县治迁回今址至今。1993年,改"兴平县"为"兴平市",由咸阳市代管。

考察人员北绕肖渡村,又西往礼泉县骏马镇。道路右侧出现"旧县村"标准地名招牌。唐末至宋初,礼泉城设在旧县村。想必,旧县村本是丝绸要道上形成的自然村镇,唐宋变成县城。宋代时在旧县村附近立有"唐太宗昭陵图"石碑,为唐太宗庙遗址出土"昭陵六骏碑",正是

---

① "兆"为墓地之意。见《周礼·春官·小宗伯》:"吾力能改葬,当葬汝于先人之兆。"

骏马村地名来源。附近南城村有宋代城墙遗址，元代后称"走马城"。

车出骏马镇，西过付官寨、北晏村后，由仪门寺路口，拐入大道，折向西北，沿312国道前往礼泉县城。仪门寺原本称"应梦寺"，毁于"文革"时期。相传，因唐王做梦灵验，称名"应梦寺"，为丝路北道寺院。

古语云："天降膏露，地涌醴泉。"醴泉，如此吉兆祥瑞的古地名。《辞源》解释说："醴，酒也，酿之一宿而成，有酒味而已也。"礼泉县城内现存的文化遗址为明朝洪武二年（1369）文庙遗址和城隍庙遗址。秦、汉时，当地设谷口邑、谷口县。北魏在境北置宁夷县。隋开皇十八年（598）改"宁夷县"为"醴泉县"，县治在甘（泔）北镇。因镇内有甘泉，水甜美如酒，得名"醴泉"。1964年9月，改生僻字"醴"为"礼"，更名为"礼泉县"并沿用至今。

在礼泉县城关镇不远处，还有一个地名——新时。西魏大统四年（538），宁夷郡宁夷分析县境南部，设置新畤县，"畤"作地名时古意同"畴"，"新畤"意为"新开垦的耕地"。北周明帝元年（557），新畤县省入宁夷县。唐朝，在今县城南5千米新畤坊建有新畤寺。民国年间至中华人民共和国成立初，改"新畤坊"为"新畤"。2000年前后，产生了新寺坊村、新时乡等地名，失了地名本意。2011年，新时乡并入城关镇。新时社区地名仍存在，出现诸多有关"新时"的名称。

三　好畤

不事扶风掾，难耕好畤田。老知三尺法，官为五铢钱。
筑土惊传箭，呼门避棹船。此身非少壮，休息待何年……①

明末吴伟业所写的《感事》诗，看穿西汉陆贾的心境。西汉初年，刘邦驾崩，吕后封吕姓为诸王，惠帝懦弱。早先追随刘邦的陆贾，为躲

---

① （清）吴伟业：《吴梅村全集》，上海古籍出版社1990年版，第105页。

避吕后势力攻击，称病辞官，入雍州好畤，归隐耕田。并把所攒千两黄金，均分给五个独立成家的儿子。约定每家轮住10天，终老谁家，值百金的随身宝剑便归谁家，以解决老来难问题。如此令人羡慕的逍遥生活，由坊间传入宫廷。后来，陆贾暗中说服权臣，诛杀诸吕，拥立汉文帝，立功。陆贾声名大噪，"好畤田"被后人喻为隐居耕田的乐园。

好畤村西距乾县4千米，尚在改造建设之中。附近有古庙遗址，据说这里原本是座高土台，中华人民共和国成立前后，村里取土盖房子，陆续把庙台取平了。这里的居民多数习惯把村名称为"好寺"。数米外有一块方石，据说是从庙内移出来的千年古石，其实是一块明清时期庙门外的上马石。

汉简所载"好止"古意同"好畤"，指通往天神的台基。"畤"读同"止"，意为"神灵所止"。传说早在轩辕黄帝时，此地就称"好畤"，为祭祀天神之所。黄帝问道崆峒山的归途中，于此观日出东方，恰逢气象恢宏，遂下令在好畤立木筑坛，祭祀天地三日后才离去。公元前350年，秦国设好畤邑。秦朝置郡县时，更名为"好畤县"。汉朝驿站设在好畤城内。后因战乱，神祠废倾，东汉裁撤了好畤县，好畤驿站仍在使用。经考察，秦汉好畤遗址在村庄东侧。清末当地发现"好畤故治"石刻，佐证好畤城名自秦至晋于此。中华人民共和国成立后，"好畤"讹传为"好寺"。古老的"好畤"地名，最初与祭天神祠有缘，终究和寺庙结了缘。

从地图上得知，永寿县店头镇也有"好畤"地名。秦汉时，当地属好畤县辖区，有桃花塬陆贾墓为佐证。两"好畤"之间的漠西亦为古地名。北魏太和十一年（487），分好畤县西北部置漠西县，属武功郡。漠西县治所在乾县西3千米漠西乡。《太平寰宇记》永寿县条记载："莫谷水，源出高泉山，名安阳泉。南流历莫谷，改名莫谷水。后魏于水西置县，因名莫西县也。"[①] 北周建德二年（574），好畤县省入漠西县。隋开皇十八年（598）"漠西县"改为"好畤县"，属雍州。

---

① （宋）乐史：《太平寰宇记》，中华书局2007年版，第674页。

公元647年，唐朝又将好畤县从漠西移治于店头东北好畤河村。元朝末年，才废止好畤县。由此遗留"好畤河村""好畤街"地名。1956年，店头乡合并乾县羊毛湾、周家塬等村，划归永寿县飞地。飞地产生"好寺乡"地名，也把"好畤"讹传为"好寺"。此"好畤"不在丝路要道上，"店头"也跟驿店无关。因当地山势如箭头，元末得名"箭头"。明代民间取"箭"谐音为"店"，称名"店头"，而店头镇桃花塬长眠着"好畤田"，开创者陆贾。墓前曾有明朝嘉靖年间石碑一通，上书"汉太中大夫陆公贾墓"，石碑损毁多年。

秦川大地，古来文化兴盛不衰，为何出现地名讹传现象？汉代将"好畤"更名为"好止"，当代人将地名"新畤"更名为"新时"，绝非偶然，其中必有渊源。受商周礼仪文化影响，秦汉郊祀的祭天遗址分布于雍州一带。秦朝设立四畤，祭祀天帝，以标榜理治天下的合法性。汉刘邦入关，增设北畤，合称"雍五畤"，以祭祀天帝。地名"好畤"产生于秦朝四畤。

乾县前身为唐朝奉天县，当时设有奉天驿。步入奉天广场，如走进历史画廊，有文化雕刻墙、文化柱，庄子久居庄子塬，修道著述，白居易、李商隐泼墨挥毫，丝路画卷从这里铺开……乾陵、乾县地名的来历都与唐王朝有关。唐高宗李治离世后，葬于梁山。次年（684），析好畤、醴泉等五县地，于今城关镇设奉天县。"奉天"取"供奉祖先神灵"之意。李治和武则天离世后，合葬于奉天。唐昭宗乾宁二年（895），"奉天"改升为"乾州"，后有"乾陵"惯称。1913年，当地称"乾县"。唐代十八陵中，乾陵保存最为完好，盗贼和军阀开挖梁山无数次，却找不到墓穴甬道。唐高宗李治与武则天生前治国有方，离世后，合葬墓安然无恙。墓前高高矗立的无字石碑，功过任由后人评说。

四 义置 义渠

从乾县出发，沿西兰公路旧道往北行车，一路山势渐陡。远山透迤而来，合抱古道。如此重要的山隘，为兵家必争之地。进入山环水绕的永寿县，如同徜徉在一幅巨大的山水风景画中。

车行28千米，抵达永寿县城监军镇（今为监军街道），往北15千米便是永平镇。历史上永寿县治在监军镇、永寿村和永平镇之间往复迁徙，都在通往西北的大道上。多个朝代都设驿站和商埠。根据旧道曲折情况，估算汉代里程，义置驿站设在永寿县城北侧永寿村至等驾坡附近。1930年，永寿县城从永平镇迁移到监军镇。监军镇及其管辖的封侯村、等驾坡、起驾坡、安驾宫、古屯、东寨等地名见证了历史的风云变幻，见证了悲欢离合。监军镇管辖的永寿村，北周时为永寿县县治，村以县得名。永寿村西北3千米处等驾坡村，传说安史之乱时，太子李亨逃到此古城，等候唐玄宗，故名"等驾"。村内古城墙疑为汉代遗存。

义置，"置"为连接州、县的军事驿站。义置，已经被后朝驿站名取代，或被村镇覆盖，踪影全无。义置，其全称为"义渠置"。考察人员认为，汉代义置驿站应设置在永平镇至乏牛坡一带横岭上。先前秦国在泾水之北设置义渠道，管理义渠国各个城池。秦国统治义渠国诸城时，在横岭上设置过前沿哨所，以便秦国能迅速而快捷地给义渠属国发号施令。汉朝沿袭了秦国前沿哨所，设义渠置军事驿站，连接要道上的好止和漆县驿站。

商朝时期，义渠戎生活在今陕甘宁交界地区。游牧生活的义渠戎兵马强盛，兼顾农耕，兼有月氏和匈奴的习性。"义渠"首见于《逸周书》："昔者义渠氏有两子，异母，皆重……"[①] 商末，义渠的存在对周族造成了威胁。《竹书纪年》载，殷王武乙三十年（约前1117），"周师伐义渠，乃获其君以归"[②]。此周师，指文王父亲季历统领的军队。周人是因义渠内讧，才乘乱出兵讨伐义渠的。周穆王时，戎狄停止进贡。周穆王率军队西征，抓获5位戎狄王，把部分戎狄迁徙到太

[①] 黄怀信等：《逸周书汇校集注》，上海古籍出版社1995年版，第1018页。
[②] 王国维：《今本竹书纪年疏证》，载《古本竹书纪年辑证》，上海古籍出版社1981年版，第228页。

原，非今之山西太原，指董志塬周边至原州之间。从此，义渠戎久居泾水之北。

西周于公元前771年灭亡后不久，义渠戎崛起于泾水流域，建立义渠国，国都设在今甘肃宁县。期间，参与攻灭镐京的犬戎消失，再不见史册，或许被义渠戎吞并，或许为同族。强大的义渠戎征服周围彭卢、郁郅等西戎部落，先后修建25座城池，占据今陕北、陇东和宁夏等地，控制北部草原。再往北，东胡人控制着北方草原。毗邻渭河流域的秦国，屡屡征伐义渠。其中，秦惠文王六年至十一年（前332—前327），秦国夺取魏国西河郡（洛河流域）和上郡（陕西东北）后，夺得义渠郁郅城（今甘肃庆城麻暖泉）。期间，秦惠文王借义渠戎内乱，出兵平定义渠国，义渠国只好俯首称臣。公元前315年，秦国夺义渠25座城池，设置军事驿站，管理义渠各地。义置成为最前沿的驿站，也是义渠戎从此成为附属的标志。

可是，顽强的义渠戎人不会甘心就此消亡，依然是秦人的噩梦。执政26年的秦惠文王于公元前311年离世，儿子秦武王执政3年，不幸举鼎身亡。秦武王胞弟秦昭襄王依靠掌控军权的舅舅魏冉即位，母亲芈八子参政，史称宣太后。秦昭襄王即位次年（前305），义渠王朝拜秦国。当充满阳刚之气的义渠王步入咸阳宫后，即被宣太后挽留下来。毕竟，两人地位相当。义渠王半推半就，遂了太后心愿，算是两国联姻。义渠国急需养精蓄锐，厉兵秣马。宣太后稳攥义渠筹码，借机怀柔，堕其志。还要借义渠势力，内稳政敌，外防诸侯国。

此后30余年，义渠王时常到秦国与宣太后私通，还生下两个儿子。想必，义置城堡，也是义渠王往来途中下榻的处所。秦王在母亲的庇护下，羽翼丰满，谋事深远。史书中对宣太后与义渠王相好至决断的过程，记载十分简略。《史记·匈奴列传》载："秦昭王时，义渠戎王与宣太后乱，有二子。宣太后诈而杀义渠戎王于甘泉，遂起兵伐残义渠。于是秦有陇西、北地、上郡，筑长城以拒胡。"[①]《后汉书·

---

① 《史记》，中华书局1959年标点本，第2885页。

西羌传》则载："及昭王立，义渠王朝秦，遂与昭王母宣太后通，生二子。至王赧四十三年（前272），宣太后诱杀义渠王于甘泉宫，因起兵灭之，始置陇西、北地、上郡焉。"①接着，秦王发兵消灭义渠国，秦国占有义渠草场、牛羊马骡和居民，由此实力大增。义渠被灭，大部分义渠人成为秦国苦役、兵员，融入秦人，少部分义渠人北逃，渐融入东胡。秦国设义渠县，新置北地郡（疑在宁县米桥附近）、陇西郡、上郡，又在三郡边境筑长城，防义渠戎残部、东胡、狄人来袭。义渠王被杀7年后，秦国边防稳定。

东汉建武元年（25），班彪前往安定郡，路过义渠城，写有《北征赋》："……入义渠之旧城。忿戎王之淫狡，秽宣后之失贞。"②仍对宣太后失节不容。东汉建武六年（30），"使异进军义渠，并领北地太守事"③。征西大将军冯异与陇西隗嚣争夺义渠道。驻军栒邑的冯异占领义渠，任北地太守。数年后，义渠道废除。岁月久远，义置驿站连同义渠戎建立的国家，湮没在历史的尘埃之中。

五　永平镇　水口镇

告别永寿村，沿312国道向西北行进。计划当日穿越北山。

车到蒿店，民舍集中，这里有北宋驿站。梁山上生长着稀疏的槐树、松柏树。西边巍巍大山下有西穆陵关，修筑于北宋时期。312国道与西平铁路紧邻，东边不远处为福银高速公路。所见，地理位置极为重要。难怪永寿素有"彬宁锁钥，陕甘通衢"之称。车出北宋嘉祐四年（1059）设置的穆陵关后，远远看见西南翠屏山上的寺塔。高耸的寺塔犹如古道上的路标，向考察队招手。车辆渐渐驶近翠屏山，从山下大路边仰望七身倾不倒的七级宝塔。

相传，唐太宗李世民为纪念平叛将士，建寺院，赐名"武陵寺"。

---

① 《后汉书》，中华书局1965年标点本，第2874页。
② （梁）萧统编：《文选》，上海古籍出版社2019年版，第435页。
③ 《后汉书》，中华书局1965年标点本，第650页。

清朝时，翠屏书院设在寺内。20世纪80年代维修塔身时，发现"熙宁重宝"钱和"大观元年五月重修"铭文砖。

进入永平镇，古县城旧墙遗址横亘在眼前，巍巍壮观。旧县城并不大，城周长1.5千米左右，为清康熙八年（1669）重建。城内有城隍庙和红墙青瓦的清代县衙等遗址。此处秦时称"麻亭"，为秦汉漆县的驿站。唐初、北宋、元朝时，永寿县城曾三移永平。元朝县城规模最大。明末，李自成两次攻破城池，城郭尽毁。民国年间，土匪两次攻破城池，烧杀抢掠，居民逃散。从此，古道上的旧县衰落了多年。

告别旧县城，翻越秦汉时称为漆山的古道，前往彬州市。306省道连接北部秦汉古道，通往二桥、底店、白土村。东汉建武八年（32），"帝自征嚣，河西窦融率五郡太守与车驾会高平"[1]。刘秀亲征隗嚣，驻漆县，后往高平，就走过这条路。汽车爬上永平山脊，东侧山路便是乏牛坡古道。弯弯曲曲的山道，沿沟壑蜿蜒北下，最终与福银高速公路相汇于底角沟村。

川道里的太峪镇兴盛于明清驼队马帮，被称为"古豳门户""关陇咽喉"。唐武德元年（618）复置南豳州（治新平，有别于北部宁县豳州）。开元盛世，丝路最为兴盛。适值开元十三年（725），"因豳与幽相类也"[2]，将"豳州"改为"邠州"。而史籍中并不见相关豳州驿的记载。景区文化只能反映明清商贸兴衰史。底角沟—太峪—白店（三里台）—彬（邠）州—水帘—大佛寺—亭口，这条路线偏东，北宋时开辟期，为元明清茶马商道。

斜阳西陲，倦鸟归巢，袅袅青烟从农家小院升起，山村笼罩在霞光之中。离开大路，绕往西北侧，前往水口镇。这一段古道崎岖不平，难以行车。小道边有一座荒冢，安葬着前秦国王苻坚。

五胡乱华时，前秦国南征。经历淝水之战，前秦60万大军惨败。前秦王苻坚逃回长安后，西北鲜卑、羌胡反秦自立。前秦建元二十一

---

[1]《后汉书》，中华书局1965年标点本，第53页。
[2]（清）顾祖禹：《读史方舆纪要》，中华书局2005年版，第2625页。

年（385）春，长安城内闹起饥荒，慕容冲在城外宣布即位，改元更始。五月，慕容冲率鲜卑猛攻长安城，苻坚亲自上城搏杀，飞矢满体，血染战袍。苻坚留太子苻宏守长安，自己率500兵将，奔逃五将山（今陕西岐山县东北）。原先随苻坚南征北战的部将姚苌，于建元二十年（384）自立为万年秦王，盘踞西川县（灵台县付家沟，东汉三水县）。姚苌派大将吴忠攻打五将山。五将山本无城可守。吴忠生擒苻坚，捆往新平静光寺。八月间，姚苌派人要求苻坚交出传国玉玺禅让帝位，苻坚识破姚苌称帝的野心后，怒骂："小羌乃敢干逼天子，岂以传国玺授汝羌也。图纬符命，何所依据？五胡次序，无汝羌名。违天不祥，其能久乎！玺已送晋，不可得也。……禅代者，圣贤之事。姚苌叛贼，奈何拟之古人！"① 姚苌得不到传国玉玺，遂恼羞成怒，派人将苻坚吊死在槐树上。称帝30年的霸主遗恨静光寺，就近埋葬在水口九田村。

氐族人苻坚生前建立前秦国，在王猛等人辅佐之下，兴修关中水利，尊儒学，重教化。苻坚亲自耕田，派苟皇后去郊外养蚕、织布，官宦执行等级制度，禁止超规格用马、用车等奢靡享受。苻坚还致力于经营丝路，派吕光征伐西域。后来，吕光东返凉州，得知先帝离世，痛哭流涕，追谥苻坚为文昭皇帝。

水口镇为秦汉丝路驿站。在水口镇祁家崖村发现古城遗址，为秦汉漆县旧治及东汉新平郡治。水口镇白土村义仓堡，为两汉及北魏白土城遗址。附近寺底村地名，距苻坚墓不远，疑为静光寺旧迹。

汉唐丝路主道从彬州城南部山腰经过，大概路径先后有三条。西线开辟较早，为两汉路线：崖窑—拜家河—二桥（点将台）—盘道坡—阎家堡—亭口。中线为隋唐路线：拜家河—二桥—底店—水口—吕兴—西堡—水帘—大佛寺—亭口。而东线开辟较晚，为明清商贸大道。另外，商道可不经邠州，从乾县漠西—樊家堡—岭南，北折崔木—邵寨，东北抵达亭口，西北达长武（宜禄）县，接丝路北道。

---

① 《晋书》，中华书局1974年标点本，第2928—2929页。

离开水口镇，前行 10 千米，出凤凰山西麓。暮色中，泾河如带，缓缓流过灯火辉煌的彬州城，从东南方向隐入大峡谷。彬州，周族文化的发源地。灯火阑珊处，有一座高大的花岗石雕塑。主人公左手扶铲柄，右手力举，刚毅的面容被余晖染红，是公刘的塑像。

六　彬州

> 吉日庚午，既差我马。
> 兽之所同，麀鹿麌麌。
> 漆沮之从，天子之所。[1]

这是《诗经》所描述的野外生活。漆水、沮水两岸，是骑马狩猎的天堂，正是周人先祖的家园。商代初期，周族先祖公刘离开庆城子午岭，南迁泾河之畔的豳地，传播农耕文化和制陶技艺。沿泾河两岸的甘肃泾川县和陕西长武县、彬县、旬邑县属豳地。《汉书·地理志》记载："旬邑有豳乡，公刘所都。"[2] 豳地得名源于豳山。象形豳字，山字中有双豕，本意指子午岭两侧谷中多藏野猪。

咸阳市考古队于 1988 年底，对彬州城南紫薇山后山考古挖掘，发现朱家山村、衙背后、上万人、鸣玉池地分布西周早期村落遗址，疑为商代古公城遗址。显然，周人从泾河之畔又移向南山生活。在泾河北岸龙高镇土陵村，埋葬着周人先祖公刘，大墓依山，长如伏龙，称为"土陵"，村名由此而得。明代知州姚本有诗称颂：

> 一笃开天统，千山构地灵。
> 葱茏环王气，突兀现奇形。
> 云暗龙长伏，烟深鹤欲暝。

---

[1]　阮元校刻：《毛诗正义》，中华书局 2009 年影印本，第 919 页。
[2]　《汉书》，中华书局 1962 年标点本，第 1547 页。

东风谁作主，陇草自青青。①

处于西戎和北狄之间的豳地，常受邻近不同民族的部落袭扰。300余年后，公刘的九世后人古公亶父率周族翻越漆山，南迁渭河流域岐山下，营筑城郭室屋。直到武王于公元前1046年伐纣，周朝建立。此后，岐山及周原成为周文化发祥地。

彬州，秦朝时在南塬上设漆县。漆县因漆水、漆山得名。《山海经》：渝（yú）次之山，漆水出焉，北流注于渭。《水经注》："漆水出扶风杜阳县俞山东，北入于渭。"②《括地志》曰："漆水源出岐州普润县东南岐山漆溪，东入渭。"③ 东汉兴平元年（194），升漆县为新平郡治。十六国时，后秦姚苌作乱，郡、县俱废。北魏皇兴二年（468），在陈阳原设立白土县，县址位于水口乡白土村。隋开皇四年（584），将白土县（南豳州）移于今彬州城，恢复为新平县。

无论称"漆县""新平县"，还是称"白土县"，都是丝绸之路重要城镇。唐玄宗因豳州之"豳"跟幽州之"幽"字易混淆，于开元十三年（725）改"豳州"为"邠州"。1913年，改"邠州"为"邠县"。1964年，"邠县"改为"彬县"。2018年，设为县级彬州市。豳、邠、彬为同音字，均读作 bīn。历史上改"豳州"为"邠州"，继而"彬州"，均为了易读易写。豳、邠含有山脉之意，而彬意为文雅之意，地名本意完全丧失。彬州城内古建筑大多为北宋至明清时期所建。

邠州还与一位著名的文化名人有关。北宋名臣范仲淹任邠州知州时，有一天，邀众友准备欢宴，忽然看见街道上数人草草装殓一位死者，一打问，亡者客居此处读书。范仲淹为求学者之艰难而伤感，遂撤去酒席，敛以棺椁，把亡人安葬在郊外。亲临现场的人为此感动，流下了眼泪。

车出彬州城，沿312国道西行。西郊外便是水帘河村。此处正是

---

① 民国《邠州新志稿》，成文出版社有限公司1969年影印本，第189页。
② 陈桥驿：《水经注校证》，中华书局2007年版，第405页。
③ 贺次君：《括地志辑校》，中华书局1980年版，第38页。

邠州胜迹"漆溪映月"。仰望南山，不见银波流荡的漆溪。沿312国道西行2千米，路北便是泾河大桥。历史上的丝绸古道就在前面不远处大佛寺下分道。北支道沿泾河溯流而上，直达泾州。过了泾河桥，到达义门镇。雍正《陕西通志》记载："义渠戎城，古义渠王国，在宜禄镇北。"[①] 宜禄镇与义门镇隔泾河相望。北行8千米山路，抵达义门镇。义门镇东侧史家坪泾河二级台地上，出土过袋足鬲、陶豆、陶盆等，为晚商文物，与西面黑河碾子坡文化特征相近。金代白骥镇遗址位于塬上老街，出土过宋、元砖瓦和"白骥驿"印砖。北宋《元丰九域志》载："新平，白骥一镇。"[②] 金国消灭北宋后，在此设白骥驿。明清时地名演变为"白吉"，现称"北极镇"。均为谐音演变所致。北极镇西面为长武县，北通甘肃正宁县、宁县、庆阳，东通旬邑县。清同治初，回民首领白彦虎长期屯聚要塞白吉堡。今天，白吉烤馍为当地特色美食，享誉陇上。

白骥，白色骏马。800余年后，地名变为"北极"，远离了本意。无论地名如何变化，义门镇和白吉镇或北极镇自古为兵家必争之地。尤其在五胡乱华期间，前秦国、后秦国战火持续，还出现人吃人的场景。

原路返回泾河大桥后，沿312国道西行，老远望见悬崖上有许多古老的石窟。步入寺院，粉红色迎春花和金黄色连翘花争相开放。拾级而上，大佛端坐于石窟正中，面相厚重而威严，高达24米。彬州大佛寺石窟依石山，傍泾水，雄伟壮观，气势恢宏。相传，贞观二年（628）开凿佛寺，事因唐太宗李世民称帝不久，为其母庆寿所造。佛龛中石像大多受潮，风化剥落。不少佛龛塌落，禁止参观。考察队伍中，赵军反复观察佛龛石刻风格，发现凡有中心塔柱的雕像多为北魏遗风，早于大佛塑像约百年。大佛寺为丝绸之路上一颗璀璨的明珠，是佛教东渐的代表作。

从大佛寺出门后，继续沿312国道西行。春风吹拂泾河岸，道旁

[①] 雍正《陕西通志》卷三，清雍正十三刻本，第26页。
[②] （宋）王存：《元丰九域志》，中华书局1984年标点本，第113页。

两排杨柳绿。眼前闪过一棵棵古柳树,绿茵茵的孔道伸向远方。清同治八年(1869)四月,左宗棠进驻邠州,顺路拜谒大佛寺。3年后,下令军民植柳,凡毁林者必惩。自此,从邠州大佛寺下,过平凉,至静宁、会宁、定西、兰州、永登,延伸到河西走廊,大道两旁遍植杨柳,史称"左公柳"。

七 长武

长武县亭口镇有座老龙山,半山上有"丝绸之路亭口车辙遗址"的标志。车辙遗址位于亭口镇驻地亭北村与杨厂村交界处。汉唐古道车辙遗痕佐证了亭口为连接秦陇的咽喉要道,为丝绸北路实物见证。《史记·秦本纪》记载,始皇二十七年(前220),"始皇巡陇西、北地,出鸡头山,过回中。……治驰道"[①]。广修驰道,秦都咸阳通北地、陇西郡。汉武帝元鼎五年(前112),汉武帝从回中道返长安,应该从这里经过。

地名亭口始见于金代,位于黑河(古名芮水)汇入河泾处。当地距彬州、北极镇、长武县城各20千米。秦国于公元前314年—前272年间蚕食义渠戎各城后,每15—20千米设邮亭,如麻亭、乌亭、瓦亭、云亭等。汉朝多沿袭秦代邮亭设驿置。当地秦邮亭及汉驿站名佚失,金国时始称"亭口镇",明朝称"亭口堡""亭口里""停口镇",设置"递运所"。

在老龙山顶部可以看到,远处山头数座古烽依次延绵,附近还残留城垣遗址。山脚下的亭口镇,享有"乌金重镇、山水亭口"的美誉。5万余人的亭口以煤化工为支柱、旅游农商为支撑,年产值近40亿元。这里还有习仲勋革命活动旧址,是缅怀革命前辈的红色沃土。

车过杨厂村,沿着黑河北山,西去冉店乡。公路南侧闪现出碾子坡遗址公园。碾子坡村离此地不远,在黑河北岸。遗址出土有卜骨、

[①] 《史记》,中华书局1959年标点本,第242页。

鬲、豆、罐和瓮等数千件文物，还出土了乳纹鼎青铜器。碾子坡遗址文化堆积层丰富，有寺洼、先周、西周、东周遗址和墓葬。夏末至商周，为戎夷杂居之地。主要为先周时期氐羌原始文化，疑有古公亶父迁岐之前的遗存。但因男墓葬多为俯身葬，有犬骸随葬，有芮戎、密须或犬戎特征，不同于周文化。《后汉书·西羌传》记载，"后桀之乱，畎夷入居豳岐间"[1]。畎夷，即犬戎、混夷、昆夷。

公园西面就是明清驿站——冉店，西距长武县城12千米。冉店附近还有下孟村新石器遗址、上孟村秦国墓葬群古迹。冉店周边深沟巨壑，古道纵横。冉店桥为历代关隘，易守难攻，古代称"阴灵关"。《大清一统志·邠州》记载，冉店镇"有关城，其地道路四达。深沟巨壑，中道仅容一车。明弘治间，移宜禄镇巡司于此，后又徙于窑店"[2]。据传，"冉店"本名"再店"，因传说或误写，更名为"冉店"。还说阴灵关本为陇山古关，为古代阴密县连接北部灵州的要塞。

汉唐丝绸北路横穿长武县宜福旧地。当地在秦汉时，属鹑觚县。鹑觚塬处于秦陇交界处，历代屡把鹑觚塬划归安定郡或泾州管辖。地名长武，源自隋代因防御突厥而筑的长武城，意为常为用武之地。《元和郡县图志》记载："长武城在（宜禄）县西五十里，隋开皇中筑在泾河南岸，武德元年废，大历初，郭子仪置兵以备西戎。"[3] 北宋真宗咸平四年（1001），在长武城设长武县。次年降为长武寨，百年后恢复长武县，属泾州。明万历十一年（1583），在宜禄镇设长武县。1958年底并入邠县，1961年9月恢复长武县。

著名的浅水原大战就发生在城外西北塬上，昭仁寺内还保存有记载战争经过的"大唐豳州昭仁寺碑"。1984年，依托昭仁寺基址成立了长武县博物馆。博物馆所藏文物丰富，大多为唐代文物。其中，有一块新立的《修葺大唐昭仁寺》石碑，上面记载，豳州昭仁寺，始建

---

[1] 《后汉书》，中华书局1965年标点本，第2870页。
[2] 《嘉庆重修一统志》卷248，四部丛刊续编·史部，1934年上海涵芬楼影印清史馆藏进呈写本，第12页。
[3] （唐）李吉甫：《元和郡县图志》，中华书局1983年版，第64页。

于贞观三年（629）闰十一月。历代多次修葺，使古寺得以保存至今。馆内"大唐豳州昭仁寺碑"最为珍贵。相传，李世民称帝后，为纪念浅水原大战中阵亡将士，下令修建昭仁寺，超度将士英灵。昭仁寺建成时，又敕命勒石树碑，以作纪念。石碑由唐谏议大夫骑都尉朱子奢撰文，约3500字，传为虞世南手笔，书法秀丽遒劲，为书法艺术珍品。"昭仁"意为杀敌成仁的精神永放光芒。昭仁寺内存唐代木结构大雄殿，大殿采用八卦悬顶式，九梁十八担架叠拱起，俗称一担挑八角，为中国古代木构建筑孤例。

唐武德元年六月，西秦霸王薛举、薛仁杲父子从秦州攻入泾州，占据圻墌城（今长武县西北）。秦王李世民率大军前来，两军大战于浅水原高墌城下。首战，唐军惨败，李世民带病退回长安。期间，薛举困坐愁城而去世，儿子薛仁杲继位。九月，李世民再次讨伐。两军相持浅水原达两月，薛仁杲部下粮草不济，将士不合。李世民用骑兵快速猛攻，"仁杲惧而请降，俘其精兵万余人，男女五万口"①。秦王李世民趁势收复陇西、金城，为日后称帝铺垫了战功基础。浅水原大战结束后，唐朝把安定郡改回北魏时设置过的旧名泾州（隋朝把泾州改为安定郡），州治仍在临泾县城，即水泉寺。同时，也把隋朝设置的北地郡改回宁州，宁州又析置豳州（治今彬州）。

出长武县城5千米，抵达丁家镇十里铺。这里现在正在打造古丝绸之路驿站。西出十里铺、二十里铺，进入凤口村，路北毗邻甘肃省泾川县地界。浅水原（唐朝前称"鹑觚塬"）连接两县，汽车一路沿塬南侧行驶。前面窑店镇入口处为凤口村，过村北福银高速立交桥，便是庙头村，为汉阴槃城遗址。遗址往北10千米是长庆桥互通。

凤口村明显为古交通要塞，战略重地。长武城遗址位于窑店北部长务（武）村。城立泾河南坪，夯土墙里有周、汉陶片。附近还有战国及汉代墓葬，出土战国时期提梁铜壶、匈奴牌饰、汉铜鼎、隋唐石像塔、弩机等大量文物。古城历史沉淀深厚，先后设置过州、县、寨、

---

① （唐）李吉甫：《元和郡县图志》，中华书局1983年版，第63页。

镇，现在为村。20世纪60年代，为避免与东南25千米的陕西长武县重名，改为"长务村"。

312国道边的窑店，因早先店栈为土窑，故名。明朝时，宜禄巡检司从冉店移到窑店。中华人民共和国成立后设窑店区、窑店乡。2002年撤乡建镇。陕甘交汇地窑店为明清驿站，而辖区阴槃古城为汉朝丝绸北路驿站。

车出窑店镇，沿312国道西行16千米，路过高平镇。明代当地初称"高家坳"，明清时设铺递。清朝置"高坳镇"，1948年才改为"高平镇"。东汉顺帝永建四年（129），羌族反抗势力衰败后，安定郡仅回迁途中泾川，高平县也只回迁途中的泾川南部。无独有偶，如今的高平镇正处于东汉回迁的高平县东北边缘。

山下就是泾河，泾河川本是一片热土，不同民族文化交融、碰撞数千年，熔铸了灿烂的中华文明。认识泾川，随考察队伍步入历史深处。

平凉市

一 泾川 王母宫 回中山

泾川因水得名。千里泾河，天然形成东西大通道。西汉设临泾县，东汉为安定郡治。北魏设泾州。唐末称保定县。金大定七年（1167）始称"泾川县"。以上县治、州治均在水泉寺。元明时，多称"泾原"。1914年复称"泾川县"，现归平凉市管辖。

泾川县东部泾明乡白家村，位于泾河北岸，泾河水缓缓流过。泾明乡因泾河水清澈见底而得名。1976年，白家村牛角沟的一条山水沟，出土一块人头盖骨化石。出土点在高约40米坡面台地上。经鉴定，头盖骨主为20岁左右男性，距今约5万—2万年，成为甘肃境内首例人化石，称"泾川人"。泾川人化石填补了10万—4万年前中国没有现代人的空白，佐证了现代中国人起源于本土，并非源于非洲，延续了中国数十万年的人文史。"泾川人"属旧石器时代更新世晚期智人，与古蒙古人种相近。牛角沟遗址[①]发现人类化石前后，当地人还采集到砍伐器、刮削器等各类石器及动物化石，表明甘肃地区在旧石器时代就有人类活动。泾河流域的新石器马家窑、寺洼文化遗址，下承夏商文明。泾川的人文历史如此深厚，得益于泾河流域良好的植被

---

① 牛角沟遗址位于泾川县泾明乡白家村东庄社牛角沟泾河北岸的一条冲沟内，东西70米，南北100米，面积约7000平方米，是甘肃境内第一个有人类化石的遗址，2013年5月晋升为"第七批全国重点文物保护单位"。

生态。

传说周穆王与西王母瑶池欢宴，赏舞对歌，好不逍遥。临行，周穆王频频回头，留恋欢宴处大山，得名回中山、回山。① 神话故事，妇孺皆知。作为回中山地名的来由，难免牵强。可是，自古名山多有出处。佛道名山——回中山名闻天下，留传诗词歌赋和神话故事很多，自然地融入佛龛内外的塑像和绘画艺术当中。上古之人，凡发生战争、天灾等重大事件，只能世代口传，流传为古经。直到出现甲骨文及金石碑录，后世才能从中挖掘点滴史料。明朝太子太保、兵部尚书彭泽于嘉靖初年（1522）撰写的《重修王母宫记》碑载："宫在泾原西五里回中山巅，祠所谓王母宫，盖古迹也。世传周穆王、汉武帝皆尝西游与王母会，故有是宫，又谓之王母宫。"

西晋武帝咸宁五年（279），汲郡不准盗掘战国魏襄王墓，得竹书数十车，文字为蝌蚪文，经当时学者荀勖、束晳等整理释读，这一批文献统称为《汲冢竹书》，《穆天子传》为其中一种。书中讲述了西周穆王瑶池约会西王母，还赠送了丝绸等物品。后来，久居临泾的晚唐诗人李商隐以诗歌的形式演绎了周穆王与西王母的传说："瑶池阿母绮窗开，黄竹歌声动地哀。八骏日行三万里，穆王何事不重来？"② 成书于战国时期的《山海经》把西王母描述为掌控生杀大权的女神。西周第五王——穆王西巡属实，曾西征犬戎，到达祁连山及青海湖以远，是位外交帝王兼探险家。

郭沫若认为，《穆天子传》把西北各族人民与中亚人民友好往来的情谊，通过周穆王西行的方式，表现了出来。商周时期，中原长期跟西北土著交流漆器、陶器、丝绸、布匹，换回玉石、牛马、金银饰品等。安阳殷墟妇好墓出土玉器756件。经鉴定，有甘青玉料和个别昆仑玉料。商周时期，中原丝绸手工业兴起，官府专营丝绸，玉帛之路渐有雏形。周穆王顺着玉帛之路，西行而来。

---

① 在今甘肃泾川县西。《明一统志》卷3平凉府记，回中山"在泾州西五里，上有王母宫"。相传周穆王、汉武帝先后游此。山麓有碑，文曰"古瑶池降王母处"。

② （清）彭定求等编：《全唐诗》，中华书局1960年版，第6182页。

《史记·秦始皇本纪》记载："二十七年，始皇巡陇西、北地，出鸡头山，过回中。"① 《史记·匈奴列传》记载："汉孝文皇帝十四年（前166），匈奴单于十四万骑入朝那、萧关，杀北地都尉卬，虏人民畜产甚多，遂至彭阳。使奇兵入烧回中宫，候骑至雍甘泉。"② 汉代学者应劭解释："回中在安定高平。"③ 如此看来，秦代回中宫旧迹在汭河南山，即陇山巅。元封"四年（前107）冬十月，行幸雍（凤翔），祠五畤，通回中道，遂北出萧关"④。由于秦皇汉武先后沿关陇北支道经回中出巡，得名"回中道"。回中道为连接南、北丝路的交叉线。回中道必然连接秦、汉回中宫。汉朝回中道大体线路：陇县—固关—柴家嘴—麻庵—莲花台—西华镇—策底—河西—麻武—平凉西—泾阳（油坊村）—彭阳古城—萧关—固原。

汉武帝巡行至回中山，多有记载。据《汉书·武帝纪》载，公元前112年—前90年，汉武帝多次前往雍地祭五畤，登崆峒，出萧关，少则有四次抵达安定郡回中。其中，西汉元封四年（前107），修通回中道，通安定郡。唐代诗人胡曾写有《回中》诗：

　　武皇无路及昆丘，青鸟西沉陇树秋。
　　欲问生前躬祀日，几烦龙驾到泾州。⑤

二　王母宫石窟　大云寺

悠长的泾河地理大通道上，佛教、道教文化交汇、沉淀，凝聚成众多精美的石窟和名寺古刹，缀成了一串串璀璨的明珠。身临佛龛仙境，漫步在春光旖旎的泾河两岸，穿越时光。遇见创造石窟的历代工

---

① 《史记》，中华书局1959年标点本，第241页。
② 《史记》，中华书局1959年标点本，第2901页。
③ 《史记》，中华书局1959年标点本，第241页。
④ 《汉书》，中华书局1962年标点本，第195页。
⑤ （清）彭定求等编：《全唐诗》，中华书局1960年版，第7436页。

匠，不断刻凿石窟、塑像，陆续又被后世破坏。最终，残留众多空窟、残佛。

公元前114年，西汉置临泾县，归安定郡管辖。东汉建武六年（30），安定县、爰得县并入临泾县。北魏时，升置泾州，从此兴盛。安史之乱后，吐蕃攻打长安。唐朝于公元768年设泾原节度使，驻临泾县城。管辖泾州、原州等重镇，当地始有"泾原"之称。

北魏帝王大多兴佛重教，泾州成为帝都平城和洛阳之后，刻凿石窟最多的州城。在政权动荡的北魏，泾州难得成为佛家一方净土和人民生活的乐园。《魏书》《北史》记载，泾州有佛寺庵152处，僧众万余，商旅不绝。泾川成为丝绸北道上繁华州城，存有近600窟。距离泾川县城东7千米处的泾河北岸，有开凿于北魏永平三年（510）的南石窟寺，由泾州刺史奚康生主持开凿。他还开凿了庆阳北石窟寺。开凿于红砂岩的南石窟寺，雕琢手法精细，为泾川最大的石窟。现存《南石窟寺之碑》记载了南石窟、北石窟开凿史。

泾川县城西边回山脚下的王母宫石窟，开凿于北魏太和年间（477—499），原是一处规模较大的佛、道寺观。泾州刺史抱嶷上任之初，于北宋天圣二年（1024）主持开凿这座石窟。明嘉靖元年（1522）之后屡次增修。清同治七年（1876），王母宫建筑全部毁于兵燹，仅留石窟、大安铁钟及颂碑等。石窟为中心塔柱式结构，初有大小佛像2000余尊，被称为"千佛洞"，现存佛像200余尊。泾河两岸崖壁上还分布着太山寺石窟、罗汉洞石窟、丈八寺石窟、凤凰沟石窟等较大规模的石窟群，还有被人为破坏的数百野窟。另有许多洞窟并没有塑造佛像，专供大批专程来此地的僧人参禅打坐，遁世隐修。各具特色的石窟，形成了泾川百里石窟长廊。

佛教石窟源于古印度，因佛祖释迦牟尼在山洞中修炼成佛，出家人效仿，凿窟诵经，产生石窟艺术。古印度佛教石窟艺术伴随丝绸之路传入中国，形成独具特色的石窟艺术。泾川百里石窟长廊正是丝绸之路的活化石，能侧面印证当时的经济、文化、战争和社会生活。

大云寺，飘逸而有仙气的寺名，全国有多处同名寺院。凉州姑臧城、临汾铁佛寺内均为隋唐大云寺，唯泾川大云寺蜚声华夏。刚出泾川城西郊，即望见高耸入云的佛塔。塔并不在山坡上，它静静地矗立在泾河北岸的河川里，南望回中山及王母宫。大云寺因藏有舍利石函，弥足珍贵，久久尘封在泾河泥土下，直到出土，泾州大云寺舍利石函才轰动世界。1964年秋，泾川大云寺遗址出土14枚佛祖释迦牟尼真身舍利、鎏金铜匣和石函，被评为"1964年中国十大考古发现"之一。

隋仁寿元年（601）六月十三日，适逢隋文帝杨坚六十大寿。隋文帝给30州下诏，同建30座护法王塔。是年十月十五日午时，30州"同下舍利"，即舍利入石函供养。泾州如期在大兴国寺建好地宫佛塔，将14粒舍利安置于地宫石函中，由后人供奉。

朝代更迭，90年后，即公元690年，武周天授元年九月九日，67岁的武则天登基称帝，敕令各州建大云寺，传讲《大云经》。在泾州大兴国寺遗址上建塔时，惊现隋代石函及舍利，认为吉利祥和，遂上报大周朝廷。武则天得报大喜，敕令选宝石珍珠，做成铜、银、金棺椁，用琉璃瓶盛装14粒佛骨舍利，放入石函。盖上刻有"大周泾州大云寺舍利之函共一十四粒"。公元694年，石函安置于地宫，宫上建塔，供奉了600余年。明洪武三年（1370），大云寺毁于洪水，踪影难觅。

20世纪60年代，水泉寺农民平田时，发现了掩埋近600年的地宫遗址，国宝"泾州大云寺舍利之函"才重见天日，巡展各国。大云寺因弥足珍贵的佛祖舍利，光芒四射。泾州以百里石窟和大云寺为杰作，披上了文化的盛装，留给泾川当地无穷想象。

    迢递高城百尺楼，绿杨枝外尽汀洲。
    贾生年少虚垂泪，王粲春来更远游。
    永忆江湖归白发，欲回天地入扁舟。
    不知腐鼠成滋味，猜意鹓雏竟未休。①

---

① （清）彭定求等编：《全唐诗》，中华书局1960年版，第6191页。

唐代诗人李商隐的《安定城楼》诗，反映了唐代泾州安定城的坚固与繁华。今天的水泉寺虽是一片开阔的田地，在大云寺的西侧，本有汉唐安定城文化层。唐代泾原节度使治所设置在安定城。李商隐的岳丈泾原节度使王茂元的办公衙门也在城内。李商隐寓居期间的诗作，大多表达怀才不遇的忧愤心情，仕途虽遭谗伤，却不失抱负。

三　月氏道

月氏，也称"月支""禺知"。"大月氏本行国也，随畜移徙，与匈奴同俗。控弦十余万，故强轻匈奴。本居敦煌、祁连间。"① 据王国维考证，月氏即《逸周书·王会解》中的"禺氏"，《穆天子传》中的"禺知"或"禺氏"。以驯养战马、铸造青铜武器为特长。早先，从东天山北麓巴里坤游牧而来，分散在祁连山至敦煌之间。西汉霍去病西征时，祁连山下尚有月氏城（明朝称"永固城"）。匈奴盘踞的张掖觻（lù）得城，本是月氏的故都。

先秦时期，以制造弓箭和驯养马匹见长的月氏部落，强盛了多年，他们统治黄河左岸祁连、漠北至西域大片土地，迫使匈奴和东胡臣服，控制着东、西贸易的前丝绸之路。《史记·大宛列传》司马贞注引三国吴康泰《外国传》："外国称天下有三众，中国为人众，大秦为宝众，月氏为马众也。"② 祁连山下河西走廊有丰腴的草场，月氏女王发起挑战，便将乌孙王打得遍地找牙，只好逃往西部天山。可惜，月氏王轻视了身边当人质的少年冒顿。匈奴冒顿摸清月氏实力后，偷马逃回漠北草原。"从其父头曼猎，以鸣镝射头曼，其左右亦皆随鸣镝而射杀单于头曼。"③ 汉文帝三年（前177），冒顿统一北方草原。接着，冒顿单于杀了一个回马枪。借月黑风高夜，剁下月氏女王的头，镶上金箍，赠给儿子，作为炫耀的饮器。月氏大乱，逃往伊犁河流域。数

---

① 《汉书》，中华书局1962年标点本，第3890—3891页。
② 《史记》，中华书局1959年标点本，第3160页。
③ 《史记》，中华书局1959年标点本，第2888页。

年后，冒顿离世，儿子老上单于结盟乌孙，举月氏头器，饮血酒盟誓，将月氏赶往阿姆河流域上游。月氏越跑越远，从大中国土地上消失了，史称"大月氏"。

遗留在金城至祁连南山中的月氏人，或被匈奴征服后归属汉朝的月氏人，或久居汉地的月氏人，统称"小月氏"。两汉时，小月氏大多被羌化，也有称"义从胡"的部落。后裔多以"支"为姓，称先祖为"月氏胡"。《后汉书·西羌传》记载，汉武帝元狩二年（前121）夏，"骠骑将军霍去病破匈奴，取西河地，开湟中，于是月氏来降，与汉人错居"①。当年，浑邪王率部下4万余人归降，被安置于黄河与秦长城之间的陇西、北地等边塞，史称"五属国"。河西空地无人数年。"安定郡，武帝元鼎三年置。……县二十一。"② 汉元鼎三年（前114），分北地郡，新置安定郡（治高平），领乌氏、泾阳、朝那、临泾、阴槃、安定、月氏道等21县。新置的安定郡内，出现一个新县名——月氏道。③ "道"是针对外族而设的县。

早先，这里面五峰，枕灵谷，为周人、秦人祭天之台，后来为西戎乌氏人盘踞。秦朝时，乌氏绐马贸易，盘活了乌氏县牧马市。汉朝文景之治时，重视马政，在陇山设呼池苑，后世称"汉马苑"。或许，汉武帝不看好曾替前朝秦人监护马匹的乌氏人，而偏爱曾被匈奴奴役的月氏人，从五属国勇士、三水两县抽出月氏人，与遗留在汉地的月氏，组合成小月氏部落，替大汉军队养马。

汉朝析出原乌氏县东部地区，交给月氏道自治，善于养马的小月氏有了归宿。月支道是县级行政单位，辖区大致在崇信县北部至泾河南岸一带。小月氏军民还兼守护蕃须口、回中道等要塞。忠诚的小月氏身处艰苦环境，任劳任怨，为汉朝牧马百余年。适遇地震、大旱，饥民载道。汉平帝元始二年（2）春四月，撤销安定郡呼池苑养马功能，设置安民县（隋朝于此设华亭县），隶属安定郡。开市救助，安

---

① 《后汉书》，中华书局1965年标点本，第2899页。
② 《汉书》，中华书局1962年标点本，第1615页。
③ 周振鹤：《汉书地理志汇释》，安徽教育出版社2006年版，第366页。

抚流民。居民多为月氏、乌氏和杂羌。新莽天凤元年（14），改"月氏道"为"月顺"。不久，又恢复月氏道旧名。

新莽地皇四年（23）、刘玄更始元年（23），三水属国的卢芳率羌胡起义，卷走部分月氏人。东汉建武二年（26），赤眉军过境。成纪人隗嚣割据陇右，战火波及当地。不久，被金城郡护羌校尉管制多年的羌人揭竿而起，于公元35年攻打金城、陇西郡，战火燃及陇山。公元107年，安定羌和北地羌起义，杀郡县官兵，切断陇道。汉阳郡羌胡借道陇山，入北地郡，建立羌人政权。月氏胡与羌人杂处多年，风俗、语言相近，渐合而为一，也卷入战争。

汉安帝永初五年（111）三月，汉朝令安定、陇西等郡县内迁关中，安定郡迁美阳。18年后，安定郡回迁到临泾县城，降为八县，不见原来月氏道、安民县、泾阳县。从此，存在百余年的安民县或被缩减，安居了240余年的小月氏人更不知所踪了。羌乱结束，安定郡再次回迁后，屯居在同心东三水县（今红城水城池遗址）羌胡，迁往新设的良原县（今灵台县梁原，故安民县东）。放牧为生的羌胡队伍中，夹杂小月氏，又回到汭水①。

原先，西汉时受降的匈奴被安置在三水县，自东汉羌乱及卢芳起义后，杂羌、月氏胡夹杂其间，三水属国的一些匈奴部落或北逃，或屡次参战而消亡，大多融入周边杂羌，史称"羌胡"。千百年来，逐水草而居的三水羌胡沿汭水东下，达泾河下游，东迁灵台、彬县、旬邑、淳化，融入多民族的洪流之中。

尔后的记载里，仅在三国初时出现过"月支（氏）城"记载。蜀汉后主刘禅建兴六年（228）春天，诸葛亮围攻祁山。安定郡杨条等人掳掠官吏、百姓，防守陇关月支城，被曹真围困。杨条捆绑自己，出月氏城投降。此月氏城应是现在华亭市旧安民县城，为先前月氏人守牧城之一。20世纪80年代，在崇信县黄寨乡庙家山，出土了王莽时期（8—23）的货泉铜母范，背面铸有小篆"月氏"二字。显然，

---

① 即今陕西长武县南黑河。《水经·渭水注》："汭水东径宜禄县，俗谓之宜禄川水。"

朝廷赋予小月氏铸币之权，颁发铸有"月氏"标识的货泉铜母范，交由他们自主发行钱币，解决以物易物的困难。后来，不远处的马沟村发现陶窑和货泉陶子范，均佐证月氏道有发行货泉钱币的权力。

可见，汉朝长期以来对小月氏部族十分信任，并委之重任。结合汉简，"月氏"为有驿站功能的城池，即为汉代月氏道。月氏道辖区在今平凉市崆峒区四十里铺东南、崇信县大部及华亭市东部之间，大体分布在汭河、吴老沟河、四十里铺河、白水和黑河上游流域。四十里铺至白水镇间的泾河两岸，具备设置月氏道城的条件。

在四十里铺镇曹湾村和芦寨村发现三角城遗址。城墙夯土层里含有仰韶和西汉陶片，遗址内有汉瓦堆积，疑为月氏道前沿城池旧址。1941年，洪水冲出石函、石桌、石经幢和唐砖。数年后，出土刻飞天、经变等佛经故事的石方塔造像。其中石刻有"景明四年"（503）字样，属北魏遗物。北魏时，置平原郡（郡治阴盘）及阴盘县。唐天宝元年（742）改名潘原县。

遭遇一波又一波羌人暴乱的洪流，东汉国力衰落，丝绸之路东段北道和中道屡屡中断，只有南夷道通畅。陇山月氏道也瓦解了，小月氏人失去了家园、牧场，四处流散。他们不少人成为达官贵人的家奴，或耕田、放牧，或充军，被奴役。

四　乌氏县

居延汉简《传置道里簿》："月氏至乌氏五十里，乌氏至泾阳五十里。"[①] 乌氏县东、西距月氏城、泾阳城各五十汉里。[②] 可把乌氏城定位在平凉市至十里铺之间。东湖公园三角城遗址疑为古乌氏城。民间历来传说：先有三角城，后有平凉城。

乌氏县是前丝路贸易的源点。泾河流域的乌氏，以缯马贸易闻名

---

① 马怡、张荣强主编：《居延新简释校》，天津古籍出版社2013年版，第625页。
② 汉简所记一里合今415.8米。

于前丝绸之路。得天于富饶草场，受益于古道贸易、文化交流。西魏撤除乌氏县，800余年的乌氏县历经磨难，走出众多名人志士，分散他乡。迁徙不定的平凉落定汉乌氏城后，平凉，成为天下乌氏人的乡愁。

泾河出弹筝峡后，富饶了两岸平缓而多沼泽的河川。春秋初期，逐水草而居的乌氏人游牧于陇山北麓至泾河流域带，占据西周旧地。乌氏人疑为月氏与黄河上游的羌人杂合而成，习性接近义渠戎，但不耕田。

公元前660年，乌氏国兴盛，占据泾河上游及六盘山一带。而兴起于岐山的秦国，屡次威胁和攻打乌氏国等小国。公元前342年，秦孝公派太子驷率西戎92国国君朝见周显王，显示秦国控制了西方诸国。这其中有义渠国、乌氏国和分散的月氏诸小国。秦惠王时代（前337—前311），秦人远征西北各地。约公元前327年，秦军攻打乌氏国，乌氏国向秦国称臣。《括地志》记载："乌氏故城在泾州安定县东三十里，周之故地，后入戎，秦惠王取之，置乌氏县。"[①] 公元前319年，秦国设泾阳（城在安国镇油坊村）、乌氏和鹑觚（在今长武县）三县。其中，泾阳县从原乌氏国控制的区域内新置。乌氏城从今镇原县移居今平凉市，成为平凉郡、平凉县的前身。

百年间，处于前丝绸之路上的乌氏人富裕起来。乌氏县出现了一位转卖牛马的巨富，名叫倮，时称"乌氏倮""倮女"，或"倮寡妇"。倮女熟知秦国周边小国及部落的风俗习性，更掌握各国戎王、贵族对原产于缯国的丝绸、中原珍宝等贵重品和生活必用品的需求。通过缯马贸易，倮女获利巨大。史载："戎王什倍其偿，与之畜。畜至用谷量马牛。"[②] 有的戎王为得到上好的缯（绸布）卷奇绣，甚至把整谷马牛羊都叫倮女赶去。时逢秦国与六国大战期间，秦始皇统一六国所需铁骑战马和后勤牛骡，相当一部分由乌氏人保障，倮女成功淘取第一桶

[①] 贺次君：《括地志辑校》，中华书局1980年版，第41页。
[②] 《史记》，中华书局1959年标点本，第3260页。

金。秦始皇建立秦帝国次年（前220），首次出行，即西巡陇西郡、北地郡，过六盘山、回中道，视察乌氏倮的畜牧业，当即给她"比封君"待遇。

乌氏倮可以参政议事，又获得官方贸易资质。倮女带领乌氏人，组成多个贸易团队，足迹遍及河西走廊及西域、青海、漠北，甚至蜀地、中原。有了秦帝国作后盾，乌氏倮开创缯马贸易大通道，拓展周穆王团队西巡路线，形成丝绸之路雏形。倮不仅为秦帝国赶来大批战马，还资助秦帝国修长城。倮女本是依靠养马起家，更懂得如何把倒买来的马匹，放养在陇山下肥沃的草场，个个养得膘肥体壮。50年后，汉朝呼池苑马场，续设在乌氏县，汉马苑成为乌氏倮缯马贸易的延续。

70年后，西汉张骞沿着乌氏倮走过的缯马贸易通道，来到河西走廊，再往西域而去。张骞在西域一国，发现蜀出产的布，不排除蜀布是从秦岭之南运来，又经倮女商队从陇山道转往西域的可能。

公元前114年，新置安定郡，乌氏县为其一县。《汉书·地理志》记载："乌氏，乌水出西，北入河。都卢山在西。莽曰乌亭。"[①] 乌水指宁夏清水河，向北流入黄河。或因东汉时期，乌氏县吞并西侧的泾阳县地盘，将泾阳降为驿站，始有河流名称——乌水。

秦汉期间，陇山周边西戎（狄戎）部落或小国，一旦被征服或隶属，设县治时，"县有蛮夷者"则为道，道设置于少数民族聚居区，其管理当与一般的县有所区别。所谓道"以故俗治"，即尊重少数民族固有的风俗习惯，同时减免财赋负担。另外，道并非自治单位，从出土的秦简看，道的案件需要上移至郡，道的长官不具备法治方面的自主权。[②] 史书记载有獂道、狄道、月氏道等，唯不见乌氏道。

乌氏倮之后，乌氏县大姓屡屡登上历史舞台，扮演不同角色。东汉时期，乌氏县人梁氏家族地位显赫。梁族先后有7人封侯，2人为

---

① 《汉书》，中华书局1962年标点本，第1615页。
② 周振鹤等：《中国行政区划通史·秦汉卷》，复旦大学出版社2017年版，第6页。

大将军，还有3位皇后、3位驸马，为宦者60余位。直到延熹二年（159），皇后梁莹病逝，汉桓帝将大将军梁冀家诛灭三族，风云梁府轰然倒塌。

乌氏县人张轨于公元301年被晋朝封为凉州刺史，治河西姑臧。凉州成为西晋末年北方乐土。西晋亡国后，张氏家族据守凉州，长期使用晋愍帝建兴年号，实为割据政权，达76年，史称前凉。西晋五胡乱华时，匈奴、鲜卑、羯、氐、羌为代表的五族中，繁衍在陇山周边的乌氏后裔分支——氐族崛起。临渭氐苻坚和略阳氐吕光等枭雄称霸，苻坚在长安建立前秦国，吕光在姑臧建立后凉国。

北魏末年，经历关陇起义，乌氏县废而又立，人丁尽散。支撑到西魏，废除乌氏县，保留乌氏驿、乌氏乡。乌氏驿时而沉寂，时而纷乱。史载，唐天宝十五载（756）五月，安史之乱爆发，潼关失守，太子李亨率数百人，由奉天北上，六月中旬抵达乌氏驿。此后，乌氏驿、乌氏乡（今彭阳县吴堡附近）随着大唐帝国覆灭，两地名随之消失。直到金代时，乌氏县城、乌氏驿故地改置为平凉府。明朝韩藩定居平凉城。从此，平凉成为千万古乌氏县人的乡愁。

五　歇马殿　柳湖公园　平凉

汉唐丝绸之路，给平凉城郊留下了歇马殿的故事。

东汉明帝永平八年（65），汉朝郎中蔡愔（愔）、博士秦景一行赴天竺迎佛取经。"初，帝闻西域有神，其名曰佛，因遣使之天竺求其道，得其书及沙门以来。"[①]回途经今平凉城外时，因连日阴雨，在驿马店休整。梵僧滞留当地，传教月余。后因八匹白马驮经有功，汉明帝将"藏经寺"命名为"白马寺"，将境内驻留过佛经的马店改为"歇马殿"。宋、元以后，歇马殿沦为驿站。《高僧传》卷一云："汉永平中，明皇帝夜梦金人飞空而至，乃大集群臣以占所梦。通人傅毅奉

---

① 《资治通鉴》，中华书局1956年版，第1447页。

答:'臣闻西域有神,其名曰佛,陛下所梦,将必是乎。'帝以为然,即遣郎中蔡愔、博士弟子秦景等,使往天竺,寻访佛法。愔等于彼遇见摩腾,乃要还汉地。腾誓志弘通,不惮疲苦,冒涉流沙,至乎雒邑。明帝甚加赏接,于城西门外立精舍以处之,汉地有沙门之始也……腾译《四十二章经》一卷,初缄在兰台石室第十四间中。腾所住处,今雒阳城西雍门外白马寺是也。相传云:外国国王尝毁破诸寺,唯招提寺未及毁坏。夜有一白马绕塔悲鸣,即以启王,王即停坏诸寺。因改'招提'以为'白马'。故诸寺立名多则取焉。"①

歇马殿位于平凉崆峒大道北侧。20 世纪 80 年代,重修了大殿。明朝时也有过修缮,给院种植两株国槐,迄今已 500 余年。

受战乱影响,平凉城内遗留下来的古遗址为明朝塔、明清城隍庙和明藩王府②遗址等。至明朝藩王入驻,平凉城的格局才确定下来。

春色萧条白日斜,平凉西北见天涯。
惟余青草王孙路,不入朱门帝子家。
宛马如云开汉苑,秦兵二月走胡沙。
欲投万里封侯笔,愧我谈经鬓有华。③

明嘉靖三十六年(1557),陕西按察司提学副使李攀龙路过平凉,借古咏今,写下《平凉》诗。此时,蒙古鞑靼俺答汗活跃在固原镇和宁夏镇明长城边上,攻势凶猛。

此时,丝绸之路的历史使命不得已告终。明王朝被北元蒙古鞑靼、瓦剌势力打得晕头转向。河西走廊肃州以西又被吐鲁番满速儿罕侵扰多年,明朝已放弃玉门、瓜州、沙州以西的土地控制权,以嘉峪关设

---

① (梁)释慧皎撰,汤用彤校注:《高僧传》,中华书局 1992 年版,第 1—2 页。
② 明洪武二十四年(1391)平凉最初受封亲王为安王朱楹,永乐六年(1408)就藩平凉,永乐十五年(1417)薨,谥号"惠",因其无子,安封国除。永乐二十二年(1424),原封于辽宁开原的韩王松改封甘肃平凉,韩王共传十代,历时 218 年。
③ (明)李攀龙:《沧溟先生集》,上海古籍出版社 2014 年版,第 257 页。

立国界。直到 200 年后的清朝雍正年间，才收复瓜州、沙州。经历同治之乱，清朝光绪初年，左宗棠收复新疆。此时，国家间丝绸贸易终结，只有民用商品贸易沿原先的古丝路延续下来。

平凉城内的柳湖公园有一眼暖泉，为柳湖的水源。泉旁立有左宗棠题写的"暖泉"石碑，刻有"平凉高寒，水泉甚冽，此独以暖称"等铭文。柳湖始建于北宋神宗熙宁元年（1068），渭州太守蔡挺引泉成湖，沿湖植柳，得名柳湖。明嘉靖年间，韩藩昭王占为苑囿，明武宗敕赐崇文书院。清乾隆五年（1740），改名"百泉书院"，后改为"高山书院"。同治年间，毁于战火。清同治八年（1869），陕甘总督左宗棠进驻平凉，从军费中拨出白银 2600 两，修复柳湖，更名前书院为"柳湖书院"，题写"柳湖"匾额。由此可见，左宗棠与柳湖的一段情结。左宗棠因目睹会宁、安定赤地千里，满目疮痍，苦瘠甲天下，下令修复长武县至兰州公路，沿要道种植杨树、榆树、柳树。西北的植树经验，来自平凉。后来，随着湘军挺进新疆哈密，大道两侧种植了柳树。其间，左宗棠巡视肃州酒泉，发现拴在柳树下的毛驴正在啃树皮。盛怒之下，把毛驴牵到鼓楼前斩首示众，并张贴告示，告诫民众："今后若有毛驴毁坏树木者，驴和驴主同罪，一律斩首！"

仅从陕西长武县到甘肃会宁县 300 多千米，活树曾达 26.4 万株。除戈壁道路外，连绵数千里，绿如帷幄，后人称之为"左公柳"。

如今，古道边的柳树多为后世所补，残余"左公柳"仅数百棵。然而，左公柳早已根植于西北人的心中。

《元和郡县图志》记载："原州平凉县，本汉泾阳县地，今县西四十里泾阳故城是也。"[①] 出平凉城，沿泾河北岸西行 3 千米，到达虎山下。当地人指点说远处乱树丛中的土堆就是会盟坛。

大唐与吐蕃的平凉会盟也称平凉结盟，发生在德宗贞元三年（787）四月。当初文成公主和金城公主先后嫁给吐蕃赞布和亲，已成为过往。崛起的吐蕃借安史之乱，大唐西北边防空虚之时，破道而入。吐蕃大

[①] （唐）李吉甫：《元和郡县图志》，中华书局 1983 年版，第 59 页。

军于代宗广德元年（763）攻破泾州，直捣长安。德宗建中四年（783），日渐衰弱的唐朝与吐蕃签订和好盟约，称"清水会盟"。把泾州弹筝峡以西、陇州和凤州以西划给吐蕃。一年后，西北发生泾原卒乱，吐蕃军协助大唐平息内乱。独揽吐蕃朝政的大相尚结赞发现大唐帝国已经不堪一击，遂蓄势待发，欲消灭大唐。唐德宗贞元三年（787），尚结赞派人求和。被吐蕃折腾得失了斗志的唐德宗削去主战派李晟兵权，与吐蕃使者商定在平凉县会盟。四月十九日，唐朝使者浑瑊率文臣和数百官军赶到会盟坛，发现伏兵四起，立即东逃。吐蕃军追杀而来，500余大唐将士当即殒命。幸亏镇国节度使骆元光从潘原城冲来接应，浑瑊死里逃生。

平凉劫盟发生后，唐、蕃关系恶化，战事持续。吐蕃军大掠汧阳、吴山、华亭，劫走万余人。同期占领沙洲及河西大地。直到唐穆宗长庆元年（821）长庆会盟时才缓解。此时，吐蕃和大唐国力渐下，日薄西山。

六　萧关道

一座高耸的大山，一片斑驳的石刻，一龛不大的石窟，甚至残城破塞，都承载着古远的信息。萧关古道，与生俱有。天空阴沉，走在刀光剑影的萧关道上，梦想中的泾阳煞气弥漫。毕竟，它是守护关中及中央王朝的西北要塞。如若萧关孔洞大开，北方游牧民族的马蹄将沿着泾河东下，奔向关中，那么，长安将危机重重。

　　　　狁匪茹，整居焦获。侵镐及方，至于泾阳。[①]

这是《诗经·六月》中有关泾阳的诗。意思是，气焰嚣张的猃狁，在山顶湫泽焦获整军，欲从泾阳东下，侵我镐京城和方国。后世

[①] 阮元校刻：《毛诗正义》，中华书局2009年影印本，第909页。

依然如此。东汉建武二年（26）正月，赤眉军退出长安，西行抢掠。九月间，窜到陇县（张家川），遭到隗嚣部将杨广袭击，又被追杀到乌氏、泾阳间。赤眉军南逃陇山阳城、番须时，大雪冻死士兵无数，不得不狼狈东归。东汉建宁二年（168）七月，破羌将军段颎在泾阳大破先零羌，杀人无数。唐武德九年（626）四月，突厥颉利、突利二可汗合兵10余万，入侵泾州。泾州行军总管尉迟敬德率部迎战，双方在泾阳交战，突厥大败。

泾阳上游有两条小河，从崆峒山下流出，两河道形成天然古道。《通典》记载："汉高平县有笄头山，语讹亦曰汧屯山，泾水所出，一名崆峒山。"① 沿右侧公路，顺颉河，抵达安国镇。

安国古城位于安国镇土桥村，西距今平凉市17.5千米。《旧唐书》记载，唐德宗贞元七年（791），吐蕃攻破陇右多地，泾原节度使刘昌筑于此筑平凉城，后来改为"安国堡"，取"定安、安邦"之意。其实，早在开元五年（717），平凉城就从阳晋川南迁到今安国镇了。从安国镇土桥村西行5千米，到达颉河北岸油坊庄鸭儿沟口。据当地一位学者介绍，后塬上古城为汉代泾阳城遗址，可能是萧关入口。《读史方舆纪要》记载："萧关，在平凉府镇原县西北百四十里。"② 或许，这里是公元前166年匈奴入朝那、萧关，杀北地都尉孙印之处。泾阳城遗址的后山上，埋葬着明代安王。安王从南京应天府初到平凉，就落脚于此古城。数年后，修筑好如今的平凉城，藩王贵族才东迁新城安居。

半坡上的古泾阳城，由于修路及水沟冲刷，城墙残存不多，黄土层里夹杂灰陶片。沟口东、西两侧尚存两座烽燧。《魏书·地形志》载："泾阳前汉属安定，后汉罢，晋复。有薄落山，泾水出焉。"③ 在黄土塬周边还有数个更加破败的古城，沉默在颉河两岸。五胡乱华时，前赵、后赵在此设置陇东郡。唐玄宗开元五年（717），将阳晋川（今

---

① （唐）杜佑：《通典》，中华书局1988年点校本，第4521页。
② （清）顾祖禹：《读史方舆纪要》，中华书局2005年版，第2499页。
③ （北齐）收：《魏书》，中华书局1974年标点本，第2619页。

彭阳新集乡境内）的平凉县治移至颉河南岸（今安国镇）。自开元至天宝年间，岑参、高适等文人从军河西，就从此处平凉城出发，入萧关道，逾越六盘山，抵达原州。再西行 200 千米，抵达黄河岸边。

吐蕃于公元 763 年攻陷陇右渭州（治今襄武）、陇山大震关、原州、会州等十多州，大唐官兵集结于此，这里成为卡控关中的西北门户。公元 809 年，唐朝将渭州移设到此处，北宋延续渭州称呼。

古泾阳地势平缓，但卡控东西要道和北往原州的通道，为萧关古道的前哨及标志。10 千米外是群山环抱的蒿店。宝中铁路环绕蒿店大半个镇子，小镇形如牛胃，两头窄小，中间宽大。据当地学者介绍，"萧关"的"萧"字，可能源于当地生长的艾蒿。清朝数次开凿道路后，当地才有了蒿店地名。蒿店前身为唐朝节度使刘昌筑的胡谷堡，是护卫安国镇古平凉城的塞城。也有专家认为蒿店为唐朝萧关故地。

继续西行，两岸山势陡峭，进入 10 千米长的弹筝峡。唐监察御史储光羲经过此地，写有《使过弹筝峡》诗："鸟雀知天雪，群飞复群鸣。原田无遗粟，日暮满空城。达士忧世务，鄙夫念王程。晨过弹筝峡，马足凌兢行。双壁隐灵曜，莫能知晦明。皑皑坚冰白，漫漫阴云平。始信古人言，苦节不可贞。"[①] 被称为"金佛峡"的弹筝峡，峭壁上留有前代石刻，佛龛、庙宇遗址不少。弹筝峡，因颉河水流触石，加之风吹峡谷，声如弹筝，唐朝称名"弹筝峡"。相传，唐宋时因六盘、瓦亭、制胜三个关隘在此，称名"三关口"。以清末金石学家吴大澂为代表，认为此处便是汉唐萧关。

沿三关口往瓦亭峡前行。山谷寂静，峭立千仞，把公路夹在中间，大有一夫当关，万夫莫开之势。峡谷开阔处为瓦亭村，有"上古驿站铁瓦亭"盛名。从这里西行，可翻越六盘山。北行，直达固原。唐贞观二十年（646）八月，唐太宗李世民过泾州，逾越陇山关，到西瓦亭（今泾源县境）巡视大唐军牧马场，就是从这条古道而过。

---

① （清）彭定求等编：《全唐诗》，中华书局 1960 年版，第 1379 页。

古道穿明代所筑瓦亭城而过。当地人认为，瓦亭为汉朝那城，唐代称"驿藏关"，应为汉唐萧关。北宋于公元1007年修筑瓦亭寨，防御西夏。如今，瓦亭村归泾源县大湾乡管辖。

前些年，当地人修建了气势恢宏的萧关景观。宋代曾公亮在《武经总要》中认为，瓦亭寨为汉代朝那县地，古萧关。结合汉简"泾阳至平林置五十里"判断，此处并非汉代平林置。

萧关遗址究竟在哪里？自秦昭襄王灭义渠国后，在义渠都城（今宁县）设北地郡，至汉武帝执政初，北地郡未置萧关，不存在"北萧关"。公元前166年匈奴入朝那、萧关，《史记》始载萧关地名。汉武帝六巡安定郡，《史记》记载了前两次过"萧关"后，再不见"萧关"地名。到了东晋，徐广注释《史记·项羽本纪》"关中阻山河四塞"时，说"东函谷、南武关、西散关、北萧关"[1]拱卫关中屏障。其实，"山河四塞"源自战国说客苏秦所言"秦，四塞之国"，指河塞、关山而言。徐广首变"四塞"为"四关"，这"四关"渐被后世接受。

唐神龙元年（705），在原州西北清水河西岸设置萧关县。其间，西入弹筝峡的石门关、石峡关、木峡关、六盘关、驿藏关、制胜关，为吐蕃与唐朝反复争夺的六关。另有木崝关、瓦亭故关，均不在原州北唐朝萧关县境内（萧关在萧关县城附近）。萧关实为大唐文人对西北关卡文化带的泛称。北宋又北移萧关（至今同心县南），北防西夏。

七　新集乡　平凉古城

"泾阳至平林置五十里，平林置至高平八十里。"[2] 按照居延里程简所载，汉泾阳城离平林堡寨20.79千米。西汉时，三关口至瓦亭峡道路未开通，只能从泾阳古城北上，20千米即达彭阳新集乡洪河川。

---

[1]　《史记》，中华书局1959年标点本，第315页。
[2]　马怡、张荣强主编：《居延新简释校》，天津古籍出版社2013年版，第625页。

再而翻山，约 12.47 千米，到达彭阳县汉代朝那城。再走约 20.79 千米的山路，到达安定郡高平城。

清朝时，才凿通弹筝峡。中华人民共和国成立后修建通峡马路，312 国道通车后，替代了安国镇北往阳晋川古道，"平林"段萧关道被遗忘。"萧关迷北上，沧海欲东巡。"① 大唐杜甫诗作《伤春》中这一句所指的就是平林道。《汉书·武帝纪》记载，元封"四年（前 107）冬十月，行幸雍，祠五畤。通回中道，遂北出萧关"②。汉武帝第二次西巡时走过此道。唐肃宗至德元年（756），潼关失守，李亨坐困平凉城（安国镇）数日，决心北上。平林道上出现天兆，《旧唐书》记载："初发平凉，有彩云浮空，白鹤前引……"③ 六月十九日当天直达平凉郡原州城。

峁堡山下的洪（红）川河，晋朝时称"阳晋川"，古来富饶，西周至秦汉遗址众多。峁堡至姚河塬、刿堡一带，疑有汉置平林寨遗址。

西汉设丝路驿站"平林"置，或许受先前义渠、乌氏方言影响，以汉字记音。东汉受羌乱影响，安定郡两次内迁，驿站荒废。五胡十六国前期，鲜卑率受降东胡杂部南上，游牧于泾河流域。后来，占据关中的前秦国征讨张轨家族统治的前凉国（国都姑臧）。前秦皇始二年（352）十一月，前秦丞相苻雄出兵，进攻东晋秦州刺史王擢盘踞的陇东郡。王擢逃奔河西，投靠前凉国。前秦苻雄占据陇东郡后，约于公元 353—358 年，在高平城（今原州区）设平凉郡，管理今平凉部分地区、彭阳县、高平城。地名平凉，取立志平定前凉国之意。

考察人员认为，受民族语音差异影响，地名平凉或源于平林、平原等称谓。无论如何，平凉是一个移动的地名，更是移动的城池。

公元 358 年，前秦国在阳晋川设平凉城，匈奴休屠人金熙为平凉太守。尔后，前秦屡与后秦争夺萧关道要塞平凉城。先是公元 389 年，前秦国苻登攻陷平凉，交由尚书苻硕原戍守。前秦太初八年（393）

---

① （清）仇兆鳌：《杜诗详注》，中华书局 2015 年版，第 1311 页。
② 《汉书》，中华书局 1962 年标点本，第 195 页。
③ 《旧唐书》，中华书局 1975 年标点本，第 241 页。

七月，后秦太子姚兴率兵奔袭平凉城，大获而归。是年年底，姚苌离世，太子姚兴称帝。次年春，苻登听得姚兴称帝，出兵长安，结果大败，逃奔平凉城，又率众西逃马髦山。七月间，姚兴率军入古泾阳城，在马髦山南力斩苻登。十月，前秦亡国。

塞城平凉，从此瞩目，后来还成为胡夏赫连定称帝两年的都城。公元428年，北魏大军围攻上邽（今天水），流亡中的胡夏国主赫连昌被擒。兄弟赫连定急忙征集胡夏匈奴残部数万人，翻越陇山，逃奔原先封地平凉城，承继皇帝位，并大赦境内，改年号为胜光。在平凉城称帝的赫连定本是匈奴铁弗部人，胡夏国主赫连勃勃第五子。胡夏国主向来不设郡县，只管理城池。赫连定以平凉都城为大本营，出兵剿灭了盘踞在榆中苑川、临夏一带鲜卑乞伏部落建立的西秦国。多次出兵攻打强大的北魏军队，企图夺回北部统万城。

次年，即公元429年，赫连定将东部京兆阴盘县移至今平凉四十里铺泾河北曹湾庙底下古城，把控东西要道和通陇山要道。可是，盘踞平凉城一隅的胡夏国日渐衰败。是年十月，赫连定登上阴槃山（平凉四十里铺南山），北望故国。

北魏神䴥三年（430）十一月，北魏皇帝拓跋焘亲征胡夏。在鹑觚原打败赫连定。十二月间，攻克平凉城（阳晋川），赫连定率众逃入陇山。拓跋焘逼迫赫连定逃往陇右。公元431年秋天，赫连定逃到黄河边，图谋偷袭沮渠蒙逊建立的北凉国。半渡时分，吐谷浑3万大军杀出，俘获赫连定。赫连定被送到北魏国，次年被杀，胡夏亡国。数年后，北魏又智取北凉国，征服代国，终于统一了北方大地。

赫连定退出历史舞台90年后，另一位匈奴万俟丑奴在原州高平城称帝，堵塞萧关道，最终在平凉城落下马鞍，终结了称霸梦想。北魏孝昌元年（525）春，万俟丑奴率关陇起义军掠夺泾州城不久，征西将军崔延伯与大都督萧宝夤打败关中起义军，会师安定城（今水泉寺），兵力达12万，有铁马8000匹，筹备力夺高平城。四月间，屯聚在泾州西北35千米当原城的万俟丑奴，不时派轻骑前来安定挑战。崔延伯请求率军先驱，砍树造成木排，称"排城"，北上当原。交战前，起义军诈称带来了投降书。犹豫间，起义军轻骑蜂拥而来，杀入排城。崔延伯军队死伤近2万，只好退保泾州。胆量过人的崔延伯遭遇万俟丑奴这个苦主，羞愤难当，私自率兵出泾州城，在敌营3.5千米外扎营。崔延伯奇袭起义军，踏平数处栅寨。万俟丑奴发现魏军边战边抢夺财物，追逐女眷，遂进行反攻。乱战中，飞箭穿来，崔延伯中箭，遗恨而亡，北魏万余士兵阵亡。

大都督萧宝夤只好收拾残局，被动防守。当原之战大伤北魏元气，举国上下笼罩在一片悲哀声中。萧关道贸易完全中断。后来，萧宝夤与万俟丑奴数次交战，日久兵疲，大败而回，被削职为民。北魏孝明帝孝昌三年（527）春，朝廷起用萧宝夤为征西将军，管理关西。萧宝夤担心朝廷猜忌，渐有反叛动机。初冬，朝廷任命郦道元为关右大使。萧宝夤得知郦道元从洛阳来长安，担心于己不利，遂派人半路将其灭口。

萧宝夤举兵反叛，在长安城称大齐皇帝，改元隆绪。公元528年，萧宝夤部下侯终德反叛，袭击萧宝夤。萧宝夤带妻子投奔万俟丑奴。是年春，北魏朝廷大乱。先是皇帝元诩被胡太后毒死，接着发生河阴之变，尔朱氏反叛势力把胡太后和新立儿皇扔入黄河，屠杀皇亲2000余人。尔朱氏势力拥立孝庄皇帝元子攸，北魏名存实亡。

公元530年春天，北魏国派尔朱天光为统帅，贺拔岳、侯莫陈悦为副帅，欲进攻万俟丑奴盘踞的高平都城。围攻岐州的万俟丑奴闻知贺拔岳在渭水边，生擒了部下大将尉迟菩萨，急忙退守安定城。四月初夏，屯扎在陇山南麓的官军故意歇军、牧马，麻痹丑奴军队。北魏大军趁夜攻破陇关营栅，直逼泾州安定城下。万俟丑奴听得部下泾州刺史献城投降，慌忙沿古道撤往老巢高平城。贺拔岳率领轻骑追击一昼夜，双方力战。万俟丑奴刚逃到平凉城外长平坑（红河川），即被飞马追上。贺拔岳部将侯莫陈崇冲上前来，伸手将其拽入腋下。万俟丑奴的护卫队当即吓傻，不敢搭救帝王。大军见北魏骑兵陆续赶来，不敢鏖战，当即溃散。贺拔岳部下抓获高平城里的萧宝夤夫妇，连同丑奴一并送到京师。孝庄皇帝鉴于萧宝夤驸马身份，安派专人，在太仆寺的驼牛署赐死萧宝夤。而万俟丑奴被捆，在大街上晾晒三天，百姓看足后杀掉。追随万俟丑奴的匈奴部落从此退出了历史舞台，其后裔或远遁中亚等地，或改为刘姓等，大多融入当地各民族之中。

北周建德元年（572），泾州平凉郡于红河川新置了平凉县，成为平凉建县的开始。平凉县后来曾属原州（今固原）的平凉郡。而崆峒区东部仍为阴盘县，属泾州之下的安定郡。

红河川里的古平凉城见证了丝路风云，也见证了五胡乱华期间北魏帝国剿灭胡夏，以及活捉关陇起义军首领万俟丑奴等重大事件。然而时过境迁，曾经的风云平凉城，湮没于此。

固原市

一 姚河塬 朝那城 汉萧关

到达姚河塬时，那里正在进行考古发掘，遗址发现西周都邑。据现场考古人员介绍，自2017年春夏开始考古调查，遗址内陆续出土寺洼文化红陶罐、西周青铜车马器，还发现了西周前中期的城墙遗址、车马坑、祭祀遗坑、铸铜作坊、制陶作坊及墨书牛甲骨文。在甘、宁两省交界地汉平林置附近，有着如此深厚且连续的文化层。

两处车马坑，有三匹马齐驾和六匹马齐驾的遗痕。车轮直径特别高大，车轴似乎又粗又长，应该是为适应周边山地专门设计的高车。莫非此地葬有封国君王级别的大人物？是否与发现的牛甲骨文中"薛侯"有关？辐条长大的高车，是否与秦国称呼的高车部落相关？

汉朝以前，此地为大原、太原或朝那邑辖区。公元前272年，秦国灭义渠戎国后，设朝那邑，管理边关。有学者认为，"朝那"应读作"zhūnuò"，本为那戎部落。今静宁、庄浪、华亭、泾川等县至今仍有朝那池、朝那湫、朝那山、朝那沟、朝那庙的地名，其意就是现代汉语的龙池、龙山、龙沟、龙庙。[①] 汉文帝十四年（前166），匈奴单于率14万骑兵，进入朝那、萧关，杀北地都尉孙卬，朝野震动。或许，秦国朝那邑就设置在姚河塬西周城旧址附近。

---

① 薛方昱：《甘肃历史地理新证》，甘肃文化出版社2018年版，第49页。

从彭阳县的新集乡姚河塬北往茹河古城镇，是 10 千米的山路。茹河北岸的朝那邑古城三面环山，历经 2000 多年沧桑，古城遗址虽残缺不全，城池轮廓仍然清晰，彭固公路穿东、西城门而过。

《水经注疏补》引董祐诚说："朝那故城在今平凉县西北，与固原州西南接壤。"① 据《括地志》百泉县条载："朝那故城在原州百泉县西七十里，汉朝那县也。"② 同是唐代但稍后的《元和郡县图志》载："百泉县（今彭阳县），西至州（原州）九十里，本汉朝那县地，故城（朝那城）在今县理（彭阳县）西四十五里。"③ 彭阳县古城镇遗址被确认为西汉朝那城。

公元前 114 年，汉武帝设安定郡时，置朝那县，即今彭阳县的古城镇。东汉时，迁徙到甘肃灵台县西，朝那称县近 800 年，担负丝路安全的重任。清朝称"古城川堡"，民国称"古城"，沿用至今。

1977 年春，固原县古城大队农民郑月莲在村西挖水渠时，挖出三足秦汉铜鼎。铜鼎腹部刻有铭文"朝那""乌氏"。周身刻有"第廿九，五年，朝那，容二斗二升，重十二斤四两""今二斗一升，乌氏""今二斗一升，十一斤十五两"铭文。有"朝那"的一段铭文阴线深刻，有"乌氏"的一段铭文阴线浅刻。这件铜鼎具有粮食作物度量衡功能，为当时朝那、乌氏两县先后使用。

古城镇有一个黄寺村庄，疑为皇甫寺的异称。20 世纪 70 年代出土过相关石碑，后被毁坏。村北有多处汉墓，疑有皇甫族墓群。古城镇政府驻地西北角新建有皇甫谧文化广场，立有皇甫谧石造像。皇甫谧著有《黄帝三部针经》，被称为"世界针灸鼻祖"。皇甫谧出生于今甘肃灵台县朝那镇，其曾祖父雁门太守皇甫嵩为东汉名将，出生于朝那县。东汉安定郡皇甫家族成就卓越，显赫一时。

古城北面草庙乡出土伏波将军印。东汉建武八年（32），光武帝刘秀亲征隗嚣，拜马援为陇西太守。马援收降盘踞高平的高峻等割据

---

① （清）杨守敬、熊会贞：《水经注疏补》，中华书局 2014 年版，第 179 页。
② 贺次君：《括地志辑校》，中华书局 1980 年版，第 44 页。
③ （唐）李吉甫：《元和郡县图志》，中华书局 1983 年版，第 59 页。

势力,将高峻安置于朝那。数年间,平息羌胡混乱局面,被光武帝拜为伏波将军。有"聚米为山""老当益壮""马革裹尸"的典故被后世流传。其中,"马革裹尸"因立志报国,最为代表。"方今匈奴、乌桓尚扰北边,欲自请击之。男儿当死于边野,以马革裹尸还葬耳,何能卧床在儿女子手中耶?"[①] 为马援生前名言。

10千米外是海口村东海子水库。相传,这里为秦汉帝王祭祀的朝那湫渊。湫池原有水旺的两泉眼,常年流水,泉水清澈甘甜。苏林注释司马迁《史记·封禅书》说:"湫渊在安定朝那县,方四十里,停不流,冬夏不增减,不生草木。"[②] 目前,对朝那湫具体位置仍有争议。另有固原西海子之说,还有隆德县北联池之说,更有庄浪县郑河乡上寨村关山湫渊之说。神秘的朝那湫有诸多不解之谜,承载着华夏文明。

西周前期,戎狄停止进贡。周穆王率军队西征,抓获五位戎狄王,把部分戎狄迁徙到太原。或许,朝那姚河塬附近为其中一位戎狄王封地。西周于公元前771年灭亡不久,义渠戎崛起于泾水流域。义渠国或统领当地部族百余年。到了公元前623年,秦穆公采用由余谋略,讨伐西戎,攻灭西戎12个部落方国。遂开地千里,称霸西戎。此后,朝那湫成为秦人向天地神灵盟誓之地,也成为震慑和感化戎族部落的教化之地。祭祀活动延续到西汉中期才结束。

公元前312年,秦国惠文王派人石刻《诅楚文》,陈述楚王罪状,祈求天神佑秦,伐灭楚兵,然后分投于陇山朝那邑附近湫渊。不久,楚怀王战败于关中蓝田。朝那湫因灵异,被后世膜拜和祭祀。秦始皇称帝后,到朝那湫祭祀,并将朝那湫列入四大名川。北宋时,在关中及泾河流域发现三个刻辞雷同的篆刻。古陇山本有多处深潭,为地震带上的堰塞湖,称为"湫""湫渊"。反复地震,变更了山河。

汉朝丝绸之路经过彭阳县汉那古城遗址,向西北方向穿行,抵达

---

① 《后汉书》,中华书局1965年标点本,第841页。
② 《史记》,中华书局1959年标点本,第1373页。

安定郡郡治高平城。汉代萧关想必定设在这条古道上。唐代诗人卢照邻写有《上之回·回中道路险》诗："回中道路险，萧关烽候多。五营屯北地，万乘出西河。单于拜玉玺，天子按雕戈。振旅汾川曲，秋风横大歌。"①

唐前著作大多认为，汉唐萧关在陇山北麓。张守节《史记正义》中认为："今名陇山关，在原州平凉县界。"② 李吉甫《元和郡县图志》记载："萧关故城在（平高）县东南三十里。"③

二　高平城　固原　原州

萧关道，接边塞。固原市原州区城内正在改造，出土不少明代大青砖。施工人员介绍，固原城呈"回"字形构造。内城为汉朝安定郡治高平城旧址，城坚池深。北魏于436年置高平镇，又于534年改高平镇为平高县，置原州城。北周天和四年（569），原州城外扩。北宋在原州设置镇戎军。金朝升为镇戎州。元朝设开成路。

明朝时，蒙古鞑靼抢掠西北。正统十年（1445）置固原巡检司。取"故原州"谐音，得名"固原"。"固原"地名，沿袭至今。成化五年（1469）当地设固原卫，弘治十五年（1502）升为"固原州"，继而称为"固原镇"，成为明代九边重镇之一。万历三年（1575），用砖包裹了外城，为九边重镇固原镇。清朝，古城屡经战火摧毁。中华人民共和国成立后，挖防空洞，仅残存外城西北角、内城西南角。古城虽已残破，墙壁上刻满了无数战争的符号。时光在这里驻足，眷顾它的沧桑。和平年代，又赋予古城一串串特殊的地名符号。安定郡高平城、高平镇、平高县、原州、平凉郡、固原……

固原处于中原农耕文明与草原游牧文明的交汇带，周边出土了马厂彩陶、菜园彩陶和齐家玉器，佐证了4000多年前的新石器时代这里

---

① （清）彭定求等编：《全唐诗》，中华书局1960年版，第512页。
② 《史记》，中华书局1959年标点本，第2830页。
③ （唐）李吉甫：《元和郡县图志》，中华书局1983年版，第58页。

就有古人类繁衍生息。西汉时，该地成为丝绸之路的要塞。张骞离世前告诉汉武帝，月氏国无心东归，乌孙国还能争取，可联手钳制匈奴。汉武帝于公元前114年设天水郡（郡治平襄）、安定郡（郡治高平），以保障丝路安全，始有地名"高平"。安定郡东抵漆县，接近关中，西跨黄河；天水郡东抵陇山，西接黄河岸边的勇士县（今兰州至靖远河南段），丝绸之路初见雏形。

史学家把公元前114年定格为丝绸之路的开辟之年。汉武帝六次西巡安定郡，驻高平城。武帝胸怀开拓西域的壮志，着力把高平城建成国家防务与西域交流的门户。其中，武帝元鼎五年（前112）十月，汉武帝放心不下西北防务，首巡安定郡。随从数万骑，从雍地翻越陇山，抵达高平，北出萧关，西临祖厉河。汉武帝发现北地郡未筑巡边亭障，诛杀北地郡太守及其下属众多官员。汉武帝西巡，军威远播。乌孙国派使臣求亲，欲结联盟。元封三年（前108），汉将赵破奴击破车师，降服楼兰国。"从票侯赵破奴：元封三年，以匈河将军击楼兰，封浞野侯。"① 汉武帝下令修通回中道。次年，汉朝修通关中至高平的回中道。是年十月，汉武帝又率群臣重走回中道。到达安定郡高平县，发现百姓穷困，下令免除高平县、朝那县当年租赋。之后，他北出萧关，行至今河北地界，才回长安。第二年，分天下为十三州，各由刺史管辖。

公元前105年，汉使者抵达安息国，给安息国王带去了丝绸。安息国王也派使者来到长安，给汉武帝带来鸵鸟蛋和珍宝。汉朝把细君公主远嫁给乌孙国王，西域暂时安定，丝绸之路畅通。

汉太初元年（前104）秋八月，汉武帝第三次巡行安定郡，抵达高平城。两年后，汉武帝得知细君公主去世消息，决定给乌孙王军须靡再续汉家解忧公主，巩固汉乌结盟。汉朝已将长城从玉门筑到罗布泊，开垦西域轮台、渠犁一带田地，供给往来客商。此后，大汉王朝精心维护丝路战略大道。西域各国使者往来高平城，络绎不绝。

---

① 《汉书》，中华书局1962年标点本，第647—648页。

汉武帝太始四年（前93）十二月，汉武帝第四次到安定郡、北地郡巡察。公元前90年正月，汉武帝第五次巡视安定郡和北地郡。驻跸安定高平城时，月氏国使节送来大如雀卵、黑如桑椹的香四两，形如小狗、大似狸而色黄猛兽一头。不久，贰师将军李广利兵败匈奴，重蹈李陵投降的覆辙。各地农民起义，愈演愈烈。公元前87年正月，汉武帝最后一次抵达高平城，两个月后病逝。

汉武帝独有战略眼光，后世帝王和枭雄也大多注目高平城。东汉开国皇帝刘秀，为平定西北，两驻高平。西晋司马彪著《续汉书·郡国志》记载："安定郡，高平有第一城。"① 后世号称"高平第一城"。

西汉因外戚王莽篡权，于公元8年覆灭。10年后，赤眉、绿林军起义，长安大乱，白骨蔽野。皇室远亲刘秀崛起，于公元25年定都洛阳，史称东汉。2年后，光武帝刘秀占据长安城。不久，隗嚣割据势力称臣于蜀地公孙述。公元31年，隗嚣率3万步骑下陇，攻占安定郡及阴槃县（今长武县西北）。次年春，东汉大军沿陇山西北山道袭得略阳城，拉开陇右大战。光武帝刘秀亲率大军，西出漆县，征伐隗嚣。马援招降了盘踞高平城的隗嚣部下高峻，动员光武帝进驻高平城，会师河西五郡太守窦融，共同讨伐隗嚣。

在陇右大战期间，汉军退出高平城不久，高峻又回归隗嚣，独守高平。汉军又围攻高平城一年之久。公元33年正月，隗嚣病亡。次年，光武帝又率军亲征高平城，先派寇恂携带亲笔信，劝说高峻投降。高峻派军师皇甫文出城，会见寇恂。寇恂见皇甫文态度傲慢，喝令立斩。破了"两军交战，不斩来使"的老规矩后，高峻一时间恐慌，没了主意，只能开城投降，丝路又得以开通。

东汉中后期，西北羌胡大乱，高平城遭受洗劫。东晋五胡乱华时，前秦于358年夺得高平城，置平凉郡。35年后，高平被后秦夺去。其间，少年刘屈子结缘高平城，成长为胡夏开国国主。刘屈子以残暴闻名，或许与他的人生经历有关。他本是匈奴铁弗部首领刘卫辰之子。

---

① 《后汉书》，中华书局1965年标点本，第3519页。

刘卫辰曾被前秦皇帝苻坚任为西单于，统领河西部众，却不幸被北魏拓跋部灭门，仅少子赫连勃勃一人逃出。历经辗转，年少英俊的赫连勃勃得到高平公没奕于赏识，高平公把女儿嫁给赫连勃勃，提拔他做自己的参将，随后又推荐给后秦皇帝姚兴。

公元406年，后秦姚兴封赫连勃勃为安北将军、五原公，把鲜卑部以及杂族共2万余人分配给他，命他镇守祖上故地朔方。赫连勃勃却越过黄河，把河西鲜卑进贡给姚兴的8000匹马扣留，又假借牧马高平，杀害岳父没奕于，兼并高平军队。一时间，人马达数万。次年，赫连勃勃自立为王，国号大夏，史称胡夏，定都统万城（今靖边白城子），改姓为赫连，意为"帝室显赫，上与天连"。胡夏结盟北凉沮渠蒙逊，与后秦、南凉、北魏争夺疆土。

直到北魏拓跋焘亲征平凉赫连定，胡夏才于公元431年亡国。数年间，陇西诸部降服北魏。公元436年，北魏把"高平"改为"高平镇"。正光五年（524），北魏升高平镇为原州，"高平县"改称"平高县"。是年六月，发生关陇起义。从此，纷乱的原州走上了历史舞台。

原州，见证驼载丝路，和北魏、西魏以及北周更迭的国运。原州，因乡绅李贤，牵一发而动陇右。解密原州，从发掘李贤墓开始。1983年9月，考古队来到固原城南郊，探测深沟村墓群后，锁定封土破坏最严重的一座古墓，进行抢救性发掘。掘开甬道口封土，发现此墓有盗洞，甬道和墓室早年塌方。清理墟土，发现一块墓志石盖和数只彩绘陶俑。墓志盖刻有篆书"魏故李氏吴郡君之铭"，为吴姓女墓主。清理墓室拐角早年塌方的墟土时，出土阳刻楷书"大周柱国河西公墓铭"墓志盖。墓志铭阴刻"大周使持节柱国大将军大都督原泾秦河渭夏陇成幽灵十州诸军事原州刺史河西桓公墓志铭：公讳贤，字贤和，原州平高人。本姓李，汉将（李）陵之后也。十世祖俟地归……"

公元502年，李贤出生于北魏高平镇，祖籍陇西成纪（秦安），为西汉名将李广、李陵后裔。李陵祖父李广协助霍去病战匈奴时，在漠北迷路。朝廷问责，飞将军愤愧自杀。小叔李敢也被霍去病射杀。公元前99年，汉武帝派李陵为出酒泉攻击匈奴的李广利护送辎重，李陵却请求率步兵袭击单于王庭。李陵率部行至浚稽山时，遭遇匈奴单于骑兵围困，兵败降敌。不久，汉将公孙敖谎报李陵为匈奴操练兵马。汉武帝动怒，族灭了李陵全家。李陵断绝与汉朝的联系，20多年后离世。相传，李陵降后，娶妻匈奴女拓跋，后代以拓跋为姓。400年后，强大的鲜卑各部落南下，将李陵后裔李贤的十世祖俟地归收归部下。俟地归协助北魏皇室统一北方有功，成为鲜卑拓跋部族首领，其后代定居陇山西北。

李贤曾祖李富为陇西郡守，祖父李斌为高平镇将，父亲李文保在高平任官吏。李贤善读史书，能审时度势。时逢北魏正光五年（524）六月，关陇发生起义。新设置的原州（正光五年即524年，北魏升高平镇为原州，附郭的高平县改称平高县）被起义军占据。北魏武泰元年（528），北魏宫廷内乱，七月间匈奴万俟丑奴在原州高平城称帝，对垒北魏。次年九月，又攻克东秦州，杀刺史高之朗，控制了泾、渭流域，堵塞了丝路。

公元530年初夏，北魏统帅尔朱天光率贺拔岳，在平凉城外长平坑活捉万俟丑奴。高平城内乡绅李贤，作为北魏大军内应，谎称万俟丑奴起义军大胜，骗得守城起义军出城再支援，一举将起义军残部6000人赶入西北牵屯山。青年李贤因睿智，升任原州主簿。不久，北魏孝武帝为抗衡高欢，授贺拔岳都管雍、原等十三州军事，任宇文泰为夏州刺史。二月，贺拔岳前往灵州途中，被侯莫陈悦的女婿杀害。孝武帝任命宇文泰为大都督，总管西北军权。

原州李贤配合宇文泰，赶走北魏大将侯莫陈悦，夺回高平城。宇文泰在李贤家住了1个月后，带李贤随军东征。此后，李贤追随宇文泰南征北战。后因护卫洛阳城里的魏孝武帝，投奔长安大都督宇文泰，因功镇守原州。从此，李贤深得大都督宇文泰信赖。

公元535年，北魏分裂为东魏、西魏后，西魏朝政被权臣宇文泰掌控。李贤升为骠骑大将军，命运又与西魏相连。公元554年，宇文泰升李贤为河西郡公。宇文泰还曾把两位小公子宇文邕、宇文宪委托给李贤妻子吴辉抚养了6年。宇文泰死后，宇文氏家族势力强大，废了西魏帝。公元 557 年正月，宇文觉建立了北周王朝，建都长安。4 年后，宇文邕称帝。

北周武帝宇文邕即位后，两次回到原州。此时，李贤已调任瓜州刺史达 3 年之久。周武帝宇文邕对李贤宠信有加，派官员持诏书，前往瓜州慰劳李贤，赐其衣裘、被褥和自己所佩带的一条 13 环金腰带，金装鞍勒良马一匹、杂彩 500 段、银钱 1 万。李贤家里的男女老少都得到封赏，兄弟全部封官，哥哥李穆升为太师。

数年后，李贤上任河州总管、三州七防诸军事、河州刺史，经略河西，官位达到鼎盛。李贤一方面打击柔然，力阻西羌，联合吐谷浑，另一方面屯垦河西广设斥堠，使得边疆宁定，威名大震，升为大将军。北周天和四年（569）三月，李贤于长安病逝，时年 66 岁。武帝宇文邕悲恸不已，追赠李贤为"柱国大将军"等殊荣，谥曰"桓"。后世称"河西桓公"。李贤的灵柩运回原州后，与结发妻子吴辉合葬。夫人吴辉 38 岁时（约公元 548），卒于西魏时原州，早逝于李贤约 21 年。吴辉因抚养宇文邕兄弟有功，赐姓宇文氏，曾被宇文泰收养为侄女。

李贤夫妇合葬墓出土文物数百件。专家认定，鎏金银壶、玻璃碗出产于波斯萨珊王朝。鎏金银壶图案描绘的是为争夺金苹果，引发特洛伊战役的古希腊神话故事。玻璃碗和鎏金银壶为国宝级文物，它们沿丝路，从中亚过河西，约在北魏至北周时期，从西域运抵瓜州或原州。也不排除为西晋末至北魏，从洛阳王室流转到长安的奢侈品。

随葬品中陶驼、陶驴为手工捏制，做工憨笨，牲畜神态坚韧、朴实。其他古墓葬中并不多见，陶驴尤其罕见。侧映西魏至北周的原州为驴载和驼载丝路要塞。到了隋唐，陶驼愈加精美，以洛阳唐三彩最为典型。丝路大道上，驼载运输取代汉晋以来马匹运输，被称为"沙漠之舟"的骆驼才成为丝路运载的符号。在春秋战国时，北方戎狄等游牧民族有饲养骆驼和驴、骡的记载，中原人把它们当作稀罕物种。两汉期间，河西及中原道上的丝路运输以马匹为主要运载工具。汉简和汉文献把骆驼称作"橐他""橐驼""橐佗"。虽然西域天山下和中亚陆续输入奇畜骆驼和驴、骡，热衷于良马的中原人仍未适应养驼、训驼和驼运。

　　参考汉简，汉驿路实为驴马骡道。凡遇沙漠，则沿边缘绕行。到了西晋中后期，粟特商胡涌入，成链驼队穿越沙漠，直抵都城洛阳和长安。中原人逐渐习惯喂养和调教骆驼，驼载运输逐渐成为主要运输工具。诗人陆机的《洛阳记》引当时俗语，"金马门外聚群贤，铜驼陌上集少年"[1]，再现西晋洛阳城大街上铜驼络绎不绝的热闹景观。公元384年，前秦吕光从西域赶来2000头骆驼。由此，河西驼数骤增。

　　隋唐之交，突厥从葫芦河南上入侵原州。唐朝贞观年间在原州北部的他楼县安置受降突厥。其间，中亚粟特人史姓定居原州。原州、会州、凉州成为粟特商胡贸易中转站，史、康、安、何、石、曹、米等昭武九姓生活在原州，不少人还娶妻生子，长期居家。原州留下来的墓葬品和墓葬壁画，大多反映异域风情。

　　唐王朝在原州设中都督府，管辖七州军事。原州成为唐朝军马牧场基地和监管中心。安史之乱后，吐蕃夺得原州达80余年。此后的北宋至金、元，当地争战不休，丝绸北道衰落了。

三　清水河　黄铎堡

　　　陇西流水向西流，自古相传到此愁。
　　　添却征人无限泪，怪来呜咽已千秋。[2]

　　北宋宰相王安石《陇东西》诗，更能表达西出原州的情绪。

　　北出原州城外5千米，战国长城遗址隐约横亘于崇山峻岭之间。从陇西、静宁、原州、彭阳、环县、定边、榆林的战国长城过去，便是塞外。唐诗《出塞》灵感来自秦汉长城，借汉朝北伐匈奴事件喻大唐得失，抒发个人对历史的追忆与现实的忧虑。

---

[1] （宋）李昉等编：《太平御览》，中华书局1960年版，第770页。
[2] 北京大学古文献研究所：《全宋诗》，北京大学出版社1995年版，第6707页。

多数古人都把汉萧关定位在原州即高平城东南。考虑司马迁《史记》中提到汉武帝驻安定郡高平后，北出萧关的史实，结合战国秦长城过高平城北，以及山川地理特征，推测关塞设置区间，汉代萧关位于原州北十里铺至陇山北麓之间。

贞观二十年（646）八月，唐太宗李世民从长安出发，过泾州（今甘肃泾川），越陇山（今六盘山），到西瓦亭（今宁夏泾源县境），巡视唐军牧马场，沿葫芦河谷到萧关（唐萧关已迁至固原北50千米的李旺堡，今海原县李旺镇）到达灵州（今同心县豫旺一带），接受敕勒九姓酋长投降，后来古灵州称"受降城"。

秦汉至晋，发源于六盘山、北流入黄河的这条河称"乌水""高平川水"。唐朝时称"蔚茹水"或"葫芦河"，北宋称"胡卢河"，明朝称"清水河"。据当地传说，这里的一营至八营为杨家将镇守的营盘。

这里也是历史上杨家将故事发生的背景之一。京剧《杨门女将·探谷》源于宋夏战争大背景中的葫芦河谷。在北宋确有杨家将第三代后人杨文广其人，即为传说中的杨宗保本人或其后裔，在西夏王元昊去世后，与西夏军作战。北宋庆历五年（1045），杨文广曾得到范仲淹重用，做过镇将，后被韩琦派去筑筚篥城（通渭堡），大胜西夏骑兵。后任命为泾州知州、镇戎军知军，管辖过固原地区。清水河头营也称"杨郎"，以纪念他驻防。

清水河川修建的八座管理战马的营盘，其地名源自明代，有头营至八营，这些地名与宋代杨家将镇守营盘本无直接关联。明洪武三十年（1397）在陇山下设置马政管理战马，永乐四年（1406）置苑马寺。仅平凉苑马寺就领长乐等6监、开城等24苑。明弘治年间在固原设陕西苑马寺长乐监，设开城、广宁、黑水三苑。开成苑驻头营，领南北长60千米，东西阔40千米牧地，沿清水河两岸设置8个马营，即头营至八营。广宁苑驻州城，领东北一带长50千米，阔25千米牧地。黑水苑驻黑城，领西北一带牧地。

另外，唐朝时还在原州设监牧使，以原州刺史为都督牧使，管辖东、西、南、北4使50监。监牧地东西约300千米，南北约200千米。天宝中期，牧马总数为31.9万匹。唐时，属原州的有高平、百泉、萧关3县，今西吉县西北部和海原县北部则属今甘肃省靖远县。当时原州境内还设有石门、木峡、六盘、石峡、驿藏、陇山、制胜七关。大唐遭遇安史之乱后，太子李亨奔平凉郡，获得万匹马，重新杀回长安。到了五代十国至北宋时期，当地为吐蕃长期占据。

距峡门口不远，路南有一处城墙高大的土城，当地称作"黄铎堡"。"黄铎堡 唐于此处置石门关。宋初称旧石门城。绍圣四年（1097）章楶改筑，赐名平夏城。大观二年（1108）扩城，置怀德军。曾设驿站，名石门驿。明代指挥使黄铎居此，遂为今名。"[①] 古城呈长方形，外城的西北角套有内城，卡控着清水河川与西侧石门峡口。城内大部变成田地，北侧盖有不少院落。村民说，近年来，城内外挖出了唐朝和宋朝、西夏时期文物，还挖出成堆人骨。

西夏开国皇帝李元昊在世时，与北宋打了3场漂亮的奇袭战。从此，北宋无力西顾。两国抗衡40多年后，北宋才向西拓疆。宋绍圣四年（1097）春天，泾原路经略使章楶采用扎营结垒的战术，纵深西夏领地。四月，章楶动用近20万军民、数千车辆、1.6万头牲口，历时22天，在石门峡口外川源上抢筑城池。边城筑毕，宋哲宗于绍圣四年（1097）赐名"平夏城"，取"立志平定西夏"之意。平夏城旧名"石门城"，大观二年（1108），升为"怀德军"。[②] 此时，唐萧关尚在西夏国境，平夏城堵截了西夏军马场的出口和商道。

修筑平夏城初期，章楶要求宋军以静制动。宋将熙河路主帅姚雄率部策应。小梁太后调集甘州、右厢、卓罗、韦州、中寨和天都山6个监军司10万余军队，交由阿埋指挥六军，阻止宋军筑城。熙河路主帅姚雄攻击其中一个西夏监军司，斩首3000，俘虏3万余。可是，折可适部队在没烟峡激战西夏军时，西夏军假意撤离，折可适率部追击20千米才回返，损失骑兵千余人。其间，姚雄部下指挥官苗履不见折

[①] 崔乃夫主编：《中华人民共和国地名大词典》，商务印书馆2002年版，第5757页。
[②] 郭黎安：《宋史地理志汇释》，安徽教育出版社2003年版，第109页。

可适部队踪影，擅自派出2000多骑兵增援。

适逢烟尘弥漫，埋伏在没烟峡沟内的西夏军杀出，冲断宋军援兵。宋军千余名骑兵被追击，慌乱中坠入山崖。宋军熙河路损失惨重，重蹈好水川之战覆辙。朝廷大惊，追究责任，众人把冒进责任推卸给折可适。最终，姚雄、苗履、折可适等将领被降职。

宋军内部虽有不和，仍在西夏前沿携力筑堡、骚扰。平夏城犹如插入西夏腹地的钉子，威胁周边高原牧场。"谍者传西人语，'唱歌作乐田地，都被汉家占却'，又云'夺我饭碗'"①。小梁太后难忍众怨，强装自信，调拨30万大军，亲征宋军。十月，西夏军直逼北宋泾原路10万大军而来。夏崇宗随母小梁太后列阵百里，围困平夏城。西夏高车日夜攻城，每轮攻击后，两军阵亡无数。宋军守城大将郭成亲率近5000名士兵，死死守住平夏城。西夏军疾攻13昼夜后，城壕沟里堆满了西夏将士的尸体。

平夏城周边四个护卫堡寨，同样经历了血雨腥风般的攻击。恰遇大风，摧毁攻城高车，继而大雪降临。小梁太后见部下伤亡众多，已无力回天，气得号啕大哭，匆忙收兵。宋将外援姚雄和姚古率将士展开追击。半道又杀出折可适的伏兵。西夏兵马遭受重创，损兵2万、羊马数万。史称"平夏城之战"。平夏城之战结束10年后，北宋怀德军驻守，又称"怀德军城"。清代，驻军黄铎在外城西北角内筑堡，沿称"黄铎堡"。

史载，平夏城东至结沟堡7.5千米，西至石门堡6.5千米，南至灵平寨6千米，北至通峡寨9千米，五城牢牢地控制着葫芦川和峡门口要塞。

四 须弥山石窟 石城堡

西行10千米，进入石门峡。峡内溪水淙淙，两侧山坡开满粉红色

---

① （宋）李焘：《续资治通鉴长编》，中华书局1993年版，第11524页。

的杏花。沟南有一座古城池遗址，应为北宋时期守卫峡门的石门堡。须弥山景区后有景区博物馆。馆舍宏大，文化脉络布局清晰。丝路开通、佛教东传、须弥之光、佛窟集萃等主题展厅，穿越上下2000年，纵横数万里。在展厅一角，藏有李贤夫妇合葬墓出土的鎏金银壶、玻璃碗和青金戒指。

"须弥"为梵文音译，意为宝山。景区内有130多处石窟，部分造像、壁画清晰。北魏晚期开凿须弥山石窟，历经西魏、北周、隋唐营造，宋、元、明、清各代都参与修葺。

考察人员参观了唐代彬州大佛寺石窟、北魏风格的泾川石窟。对于古道边第三个石窟——须弥山石窟，将从历史角度审视。须弥山大佛或早于唐朝，为北周时期代表作。彬州大佛有可能仿效须弥山大佛轮廓雕刻而成。两佛身高及面部轮廓尺寸接近，眉宇间均有白毫即吉祥痣，仅佛衣和手势不同而已。因游客大多平看彬州大佛、仰观须弥山大佛，观察角度有别，其视觉效果自然不同，尤其面部表情变化较大。彬州大佛受潮湿脱落影响，北宋及明清时多次重塑，补以泥胎。而须弥山大佛仅受风化脱色及地震灾害影响，仍保持初雕时原貌。子孙宫崖面上的窟室中，方形塔柱四立面开龛，大多为北魏开凿，第十四窟佛像面部丰满，端坐居中，为北魏早期。第二十四和第三十二窟佛面清癯，垂袍修长，菩萨穿汉式对襟袖，符合北魏孝文帝推行服式改制，由夹领小袖改穿为汉装，从中可以捕捉到些许当年鲜卑汉化的影子。

第四十五窟、第四十九窟等窟存留大型造像，幔帐式佛龛内安置腹部鼓出的立佛，旁边侍立身材敦实的菩萨。绕塔柱一圈的龛顶，雕有伎乐飞天。佛座雕刻吹笛、弹琵琶、击羯鼓的艺伎。造像属北周风格，显示原州境内当时受宠于西魏丞相宇文泰和北周皇帝宇文邕，加之高官李贤对故土的经营，使得当地人民安居乐业，丝路商胡生活富足，胡乐歌舞盛况空前。第五十四窟、第六十二窟等窟，均沿三面窟壁开"凹"字形佛龛造像。菩萨脚踏莲花座，丰腴优美的身段婀娜多姿，丝巾半披，袒胸露臂。个个云髻高挽，宛如隋唐贵妇。众多写实作品，彰显出大唐开放的社会形态。唐代时，须弥山石窟升级为景云寺下院，前来学习的各民族僧人数量大增。须弥山石窟中，题刻有唐"大中三年吕中万"、北宋"绍圣四年三月二十二日收复陇干姚雄记"、西夏"奢单都四年"、金"大定二十一年"等墨迹，映射出原州沉浮史。

一号窟下道旁悬崖边，遗存有数处石凿柱痕。唐宋石门关设置于此处。古人在石窟下开凿马道，建空心楼，构成卡门。唐朝中后期，石门关和其南部的木峡关、六盘关构成战略关口，北部萧关仍侧重于国家间商贸功能，守军力量薄弱。

古道逆石门水而上，途经李俊堡。再沿月亮山北麓杨明河西行，过九羊谷，西抵屈吴山下。若北出园河，可到达天都山石窟及西安州。此道平缓，适合驼运，为唐宋丝路连接原州和会州乌兰关的支道，也是明清茶马商道。古道兴衰牵动须弥山石窟、天都山石窟的香火。

深藏大山中的古道，并不引人注意。李俊堡"在州西北百七十里。其地亦曰李俊沟，亦曰酸枣沟。天顺中官军讨满四时，分道进兵处也"[①]。从李俊堡西行5千米，折向西南侧沟，有四座废弃窟。窟内有北宋将领题修石窟记载。残破的石像和伎乐阵容，依然散发着北周至隋唐时期造像艺术的魅力。这四个废窟本为须弥山石窟的姊妹窟。后来，明朝满四起义，把这里变成激战区，石窟被破坏。

南行数千米，进入西吉县蝉窑村。五胡乱华时，鲜卑没奕于联合陇西鲜卑乞伏乾归部众，于鸣蝉堡击败鲜卑大兜部，鸣蝉堡应为石城堡前身。前行到大山脚下，两沟交汇处，便是满四起义的石城堡。

满四祖上是蒙古头领巴丹。明朝建立，巴丹率部归附，授平凉卫正千户畜牧官。百年后，巴丹曾孙满俊承袭家业，有马匹数百、牛羊数千，定居固原里三岔沟（铁家沟），因排行老四，人称满四。成化年间（1465—1487），西北官兵和藩王薪酬低，勒索求存，百姓苦不堪言。成化四年（1468）四月，满俊杀了贪官固原指挥马杰手下一位

---

① （清）顾祖禹：《读史方舆纪要》，中华书局2005年版，第2808页。

上门敲诈的巡捕。受好友李俊教唆，满家营300多人随满俊起事。起义军首先抢夺开城、硝河城，又夺得固原城广宁苑马寺军马和弓矢器械。适逢荒年，仅两个月时间，周边2万百姓蜂拥而来。满俊率部转战到百里外的月亮山下，盘踞天险石城堡。

石城堡周边石山突兀，为丹霞地貌。古人在天然石背顶上，垒石建堡，墙高城深，能容数千人，易守难攻。唐朝时，称"吐蕃石堡"。相传，成吉思汗攻打吉州外围此堡时，被毒箭射穿了膝盖。明朝陆续调集近10万大军，围攻石城堡。半年间，历经大大小小300多次争夺战，才活捉满俊。复仇的官兵大开杀戒，斩首7600余人，俘虏2600余人，沟涧血流数日不止。继而，焚毁石城堡。

考察人员沿石梯登上石城堡旧迹。周边石峰耸立，拱卫古堡。半山凿有藏身洞，山顶还开凿了3处深水池。从水池石缝里捡到一枚北宋元丰年间（1078—1085）铁钱，可能为北宋或西夏守城军人使用，亦可能为明朝起义军所用。海原县南华山至西吉县月亮山麓，古来草场丰腴，适宜放养军马和牛羊，为游牧民族栖息之地。

中卫市

一 黑城子 海原城

1922年美国《国家地理》杂志发表的《在山走动的地方》，描述了1920年12月16日晚发生在甘肃海原（今归宁夏）的大地震。民国《固原县志》中也有相关记载："李俊堡西山崩堕，沟壅成湖。三营至海原杨郎镇间，地裂而复合，黑泉涌而旋凝。有盐骆驼七八链，驼五只为一链，中途陨没。"[①]

陨没驼链的古道，正是北下黑城之路。再西入苋麻河，从郑旗至海原县城，为汉至隋唐时前往黄河边会州城的古道。

2008年，宁夏将原州区西北黑城镇划归海原县，次年改名为"三河镇"。"三河"源于清水河与苋麻河、寺口子河交汇之地。数年前在黑城遗址附近开挖土方时，发现大量北宋耀州瓷片，表明黑城筑城时间不晚于北宋时期。三河镇黑城村一带，本是汉唐商贸驿站。北宋时称"通峡寨"，归镇戎军管，设置于没烟前峡出口。通峡寨管硖口、东河湾、古高平、惠民和结沟五堡。附近有唐堡、红城子、四营、代店等古地名。

明朝赐前峡蒙古哈剌部为皇姓朱，因当地回族避讳，遂取"哈剌"，本意"黑"姓，才有黑水、黑水城、黑城、黑城子称呼。明清时，黑城

---

① 民国《固原县志》，上海古籍出版社2018年版，第27页。

子战略位置非常重要。《读史方舆纪要》记载,成化年间"黑城子,在州西北。或谓之红城子。官军由此讨满四"①。明朝设在固原长乐监的3个马苑,广宁苑和开远苑已被满四掠夺,黑水苑(黑城子)提供了战马。

黑城子为蒙古军前哨,或许是成吉思汗的亡身之地。三河镇取代黑城镇后,不知黑城村地名能否保存下去。毕竟,古地名是有影响力的,它蕴含悠久的历史和人文情结。

北宋在黑堡村、撒台至郑旗乡之间,修筑过荡羌寨。史载:"荡羌寨,地名没烟峡,元符元年进筑,赐名。后属怀德军。"②北宋称荡羌寨下的这段河谷为"没烟前峡",明代称"黑水河"。没烟峡地名或来源于鲜卑没移部落。"没移"音同"摩移",接近"没烟"。没移部落迁徙到葫芦川后,首领没奕干被后秦国封为高平公。宋夏时,没移部落已融入党项羌及熟藏部。元昊皇后摩移氏的老家就在附近。

如此说来,地名演变还受民族及其迁徙、定居影响。

考察队到达海原县城的次日,大雾萦绕海原城。海原地名的影响力,一部分来自1920年的大地震。县城有地震博物馆,震湖、震柳、合并的峡谷、移动的大山、没了屋顶的屋舍、堵塞道路的尸骸……地震后,寒冷、饥饿、瘟疫蔓延。博物馆把1920年8.5级地震(烈度达12度)的景象,运用多媒体等手段再现了出来。地震造成23万余人死亡,海城死亡73604人。据统计,近2000年里,当地发生大地震不下5次。城外有一大片墓地。当地人说,这片坟场在1920年大地震后,安葬了数万遇难者。

海原地名,源于清代引用蒙语"海喇",也写为"亥拉""哈拉",相近于俄语哈拉少,意为美好的牧场。海喇秃、海喇都意为天堂之城。海原县在历史上长期属于原州、会州,直到西夏抢占熟藏部控制的天都山以后,才渐渐以独立的历史地名出现于史册。西夏经营今海原县

---

① (清)顾祖禹:《读史方舆纪要》,中华书局2005年版,第2808页。
② 《宋史》,中华书局1985年标点本,第2161页。

境，225 年，留下了天都山汉语地名和南牟会、东牟会等熟藏部吐蕃用语地名。其间增加了北宋天都寨、西安州、临羌寨、荡羌寨等城堡名称。党项之后，蒙古官兵经营 140 年，遗留萨里川、海喇都、撒台、脱烈等不少具有蒙语特色的地名。

史载，成吉思汗二十二年（1227）"秋七月壬午，不豫。己丑，崩于萨里川哈老徒之行宫"[①]。有学者认为，此处的"哈老徒"就是"海喇都"。[②] 考察人员认为此说法有一定道理。明朝时，还从蒙古部落中产生黑姓、李姓、铁姓等姓氏。清朝由盐茶厅改为海城县。因与外地海城县重名，民国三年（1914）改为海原县。海原地名文化丰厚，地名演变脉络清晰，但当地最有影响力的地名为"西安州"，它有着鲜活的历史故事，犹如一部编年体史话。

元明移民后裔把天都寨称为"柳城""柳州城"，跟古柳树有关。县城西南耙子洼的天都寨遗址，位于南华山下不远处。古城外有居民院落，巷子里柳树成荫。古城废弃于清光绪七年（1881），四角有敌台，马面完好。城内耕地散落青砖和宋、明、清瓷片。考察人员捡到一截碎玉镯、两枚北宋铁钱和灵武瓷片、耀州瓷片。

"天都砦，元符二年，洒水平新砦赐名天都。东至临羌砦二十里，西至西安州二十六里，南至天都山一十里，北至绥戎堡六十五里。"[③] 古城西夏时称"东牟会"，地名源自吐蕃语。元代豫王驻此城，称名"海喇都堡"。明朝初，徐达突袭天都山下，末代豫王阿剌忒纳失里弃城北逃。不久，当地成为明藩王牧地。

城外立有"柳州城址"保护碑。据当地人介绍，柳州城、柳城为清末年间当地俗称。史书记载中，当地并没有州级别的柳州城或柳城地名。不过，成吉思汗命丧萨里川哈老徒的地方，或许正在此城。

---

① 《元史》，中华书局 1976 年标点本，第 25 页。
② 李进兴：《成吉思汗"哈老徒行宫"遗物与遗址考述》，《宁夏史志》2007 年第 1 期。
③ 《宋史》，中华书局 1977 年标点本，第 2161 页。

二 天都山

天都山下，古来好牧场，曾是羌人的游牧地。西晋时，鲜卑南下，占据丰腴的草场。海原灿烂的人文史，应该从李元昊说起。北宋仁宗宝元元年（1038），元昊称帝，立白高大夏国。因在夏州之西，史称西夏。次年上表北宋："臣祖宗本出帝胄，当东晋之末运，创后魏之初基。"① 不愿沿袭唐赐李姓、宋赐赵姓，只承认是北魏拓跋后裔。

北魏孝文帝主张汉化，改族姓拓跋氏为汉姓元氏，自称元宏。李德明给儿子起名元昊，意即继承北魏先祖遗志，成就霸业。宋仁宗接到元昊上表后，大为震惊，"诏削夺官爵、互市，揭榜于边，募人能擒元昊若斩首献者，即为定难军节度使。"②

北宋与西夏拉开大战帷幕。宋仁宗康定元年（1040）正月，三川口战役中，宋军损失惨重。次年春二月，元昊出兵天都山，发动好水川（今宁夏隆德西北）战役。韩琦不听范仲淹劝阻，派环庆副都部署任福率5万大兵出原州，深入西夏羊牧隆城。宋将任福一路追杀西夏老弱残兵，被诱入好水川。宋军无意间撞开堵道的泥盒，盒内数百只鸽子飞出，盘旋于上空。埋伏在好水川沟壑里的10万西夏精兵，以鸽子盘旋处为信号，合围宋军。任福等数十员大将阵亡，1.8万宋军仅逃出千人。

好水川大战，打得总指挥范仲淹颜面尽失，只得灰溜溜收兵。泾州知州滕子京借机给老朋友范仲淹接风压惊，宰杀牛羊，借祭祀阵亡将士，大宴逃回来的官兵。此事传到北宋朝廷，范仲淹即被弹劾。不久，滕子京也因动用公使钱设宴被贬官，任巴陵郡岳州知州。元昊凯旋回师，纵马驰骋于天都山下。西夏众将齐聚天都山下南牟会行宫，

---

① 《宋史》，中华书局1977年标点本，第13995页。
② 《宋史》，中华书局1977年标点本，第13996页。

庆祝好水川胜仗。从此，西夏对北宋强硬起来。后有一日，文武大臣簇拥元昊，游览天都山风光。元昊登高览胜，心情大好，略表遗憾之情。太师张元心领神会，上奏："天都山下的南牟会城仅容兵马，应在山内密建离宫，好让夏王处理军政大事，又可小憩养神，思谋天下大事，何乐不为？"众将领附和赞成。

元昊遂命汉人张元为国相，着手建离宫，以迎娶摩移氏。辽重熙十一年（1042）八月，数座大殿和离宫竣工，隐没在苍翠的天都山群峰之中。元昊大喜，趁秋高气爽，迎娶摩移氏。摩移氏是大臣摩移皆山的掌上明珠，成长于葫芦河边他楼城，本与元昊长子宁明定下娃娃亲。拜见元昊时被元昊相中，成了西夏皇后。

九月中旬，元昊点左、右厢兵10万，一路出彭阳城，向渭州（古平凉）发动攻击；另一路从刘璠堡（隆德）出击，引宋军西出陇山。宋军最终在镇戎军（原州）西北20千米的定川寨陷入重围。西夏军截断水路和粮草道。宋将葛怀敏率众将从城东南突围，才冲出1千米路，发现前方壕桥已断，欲返回时，后路被西夏军切断。经过一番鏖战，西夏军斩杀葛怀敏等16员宋将，轻松俘获定川寨外9400余名宋兵、600匹战马，仅寨内葛怀敏的儿子等千人生还。

完胜定川寨后，元昊挥师南下，直抵渭州，大肆抢掠。定川寨之战，西夏军满载金银珠宝回归天都山。元昊将战利品秘密存放于天都山聚宝洞中。公元1044年，宋、夏签订《庆历和议》。元昊向北宋称臣，改称国主，每年能从宋朝得到白银7万两、绢15万匹、茶3万斤。

南华山灵光寺，曾是元昊携摩移氏栖居的行宫。公元1081年，北宋太监李宪亲征西夏，放火烧毁，2米厚的瓦砾仍存。苏联收藏的西夏地形图，有地名"天都山""西安州"。其中，在"天都山"东偏北标有"萧关"，北部的国信驿路连接北宋汴京与萧关。先前从长安、乾州、邠州、渭州（平凉）达原州的驿道废止。

李元昊常在天都山下处理与北宋、青唐唃厮啰及辽国的国事。然而，世事无常。天都山之恋，改变了元昊的命运。公元1048年元宵佳节夜，元昊与皇后摩移氏饮酒后就寝。太子宁令哥为哥哥宁明抑郁而亡和生母遭受冷落而打抱不平，遂行刺。宁令哥挥刀削去元昊鼻子。元昊因失血过多，次日离世。天都山见证了西夏国的崛起、兴盛与灭亡。

早年，元昊的爷爷李继迁不想臣服北宋，躲入沙漠地斤泽地区，与北宋抗衡了20年之久，夺得夏州、银州，借吐蕃部落四分五裂之机，伺机突破灵州、萧关、会州，最终占据了天都山。孙子元昊掌握军权后，志在拓疆，欲截断宋朝丝路商道命脉。1032年冬天，元昊指挥党项羌军队出天都山，突袭吐蕃统治的河塞会州城。开通了灵州、天都山往会州及河西凉州的茶马盐战略通道。公元1227年夏，被蒙古军连年征伐的西夏粮尽援绝，西夏末主李德旺前来天都山下，献城投降。存在了190年的西夏亡国。

西夏人占据天都山牧场225年，为何没留下具有党项特色的地名，更不见西夏墓葬等文物见证？

考察人员认为，西夏党项部落以游牧为生，虽然他们迁徙到西北之前的根为东北鲜卑拓跋，但历经800多年战乱、迁徙，在黄河上游和白龙江流域已被羌人吐蕃同化，称之为"党项羌"。到了李继迁时代，融合了陕北人生活习性和当地文化。虽然元昊创设了西夏文，但西夏重用汉族文臣武将，主流仍用汉字，民族语言大部分汉化，因此，鲜有党项特色的地名。

三　西安州

到达西安城，远远看见厚实的城墙，高大的柳树簇拥城池。北宋哲宗元符二年（1099），苗履将军在西夏所筑南牟会新城东侧夯筑如此气派的城池，对垒西夏，称之为"西安州"。寓意西部边陲安定，人民生活长治久安。当地西安地名要比陕西省西安市的明代"西安"地名早270年。

西安州城墙遗址，近年来发现过陶窑遗址数处，专家鉴定为西夏民窑。另外，还出土了汉代五铢钱、唐代菱花铜镜、西夏陶盆及坩埚、明代宣德炉等器物。如此看来，古城本为丝路驿站，难怪宋、夏力争其贸易控制权。

唐末宋初，今海原县及其周边被吐蕃人占据，夹杂羌胡后裔。他们受汉文化影响，称为"熟藏部"。该地因须弥山等石窟群被熟藏部膜拜，称为"鼏摩会"或"南牟会"，出自吐蕃语。公元985—1002年，李元昊祖父李继迁屡掠天都山下，变成灵州党项控制的地盘。西夏立国，元昊在这里指挥3场大战，对垒北宋。在古城西南建7座大殿，迎娶摩移氏。不久，通过"庆历议和"，获得北宋进贡。此后，每当盛夏，元昊必到天都山下避暑，处理西夏国事与周边贸易。

北宋第六位皇帝宋神宗即位后，大胆起用王安石为宰相，通过富国强兵的变法运动，国力强盛，中止对西夏进贡。数年间，宋将夺得宗喀国河州至宁河地盘，宗喀国国主董毡投靠北宋，打开了原汉唐丝路东段南道，连接原先青海道，对西夏边疆构成威胁。公元1081年夏，北宋宦官李宪为总指挥，带兵30万分五路讨伐西夏。李宪部下攻克兰州、榆中和会州南部，兵临天都山。熙河军将西夏行宫南牟会城付之一炬，转而猛攻萧关周边。结果，汇于灵州城下的四路大军被西夏军掘开黄河渠水，淹死无数。宋军溃败，只好回撤。不久，西夏重新修筑南牟会新城，周边新建7个军堡，驻兵把守。北宋失去了天都山，还失去了横山地区。

平夏城大战改变了北宋和西夏的对峙局面。是年冬，一贯作战保守的章楶抽调万名精骑，分六路突袭南牟会及周边军营，活捉统军阿埋和监军妹勒，摧毁西寿保泰军司，北宋又占领天都山及满丁川（兴仁堡）。宋军指挥官章楶在天都山下西夏行宫南牟会新城旧址，历时数月修复旧城。1098年，设置西安州指挥部，州城北连萧关道。章楶又在西安州西25千米外设通会堡，占领出产白、红两种盐的干盐池和小红沟盐池，盐运足以维持熙河路军费支出。两年间，北宋开通茶马盐道，由西安州城东穿没烟峡，抵达平夏城，西接新筑成的会州城、兰州，把触角伸向河湟及河西东南端。

北宋才消灭盟友宗喀国，新崛起的金国强兵就杀往都城汴京。西夏乾顺帝坐山观虎斗。就在北宋灭亡前数月，借西北驻军撤往中原之机，西夏大军围困兰州城，出兵抢占宋朝西安州及天都寨。时值宋靖康元年（1126）九月，西夏兵临西安州城下。州判任得敬派自己的两兄弟杀了知州，带领全州官兵、百姓，投降西夏国。10 年后，任得敬将女儿献给乾顺为妻，由此升迁为中书令、国相。西夏国夺得天都山后，改"西安州"为"南威州"，又名"安州"，交由任得敬掌管。期间，中原受金国侵袭，战乱人口大量流入西夏。

西夏与金国通好，用重金换得金国青海的乐州、积石州和廓州，西夏版图达到极盛，国力日渐鼎盛。安州终于安定，平静百年。公元 1227 年，成吉思汗的蒙古军占领安州。随后，元朝将安州复名为"西安州"，属开城路。元朝数代豫王居住在附近海喇都堡。明洪武二年（1369）春，征虏大将军徐达率 20 万西路大军，西征秦陇及临洮、兰州城后，明军转攻东北部的静宁州、隆德城和原州开城。徐达派 5000 步骑，突袭西安州、海喇都堡。豫王家属被押往京师，当地成为明藩王牧地。成化年间（1465—1487），满四起义被镇压后，明朝将"固原所"升为"固原卫"，增设西安州守御千户所，给州城内筑隔墙一道，隔分为南、北二城，北城为百姓和商旅居住区。

四 唐宋萧关

"自魏晋以后，关中多故，萧关皆为孔道。"《读史方舆纪要》卷五十二所载萧关，是一个维护国家尊严、商旅安全的保障点和补给站。萧关的地名文化已不是一个固定的关口，其内涵超越了文化带。

唐中宗神龙三年（707），在白草军城置萧关县，南距原州 70 千米。唐萧关城位于蔚茹河西岸，即七营北嘴古城遗址。

处于荒塬上的北嘴城虽已破败，城墙轮廓仍然清晰。北墙外护城壕可见，残破的北门仍然屹立。这就是唐宋萧关城。

城内散落着唐代陶瓷碎片。城池残墙高约 5 米，周长约 2500 米，外城套有内城。萧关城移驻白草军城不久，大唐进入鼎盛期。无数文人墨客从军，从这里西去会州，再从乌兰津渡过黄河，至凉州、甘州、沙州及西域。萧关城渐替代北部的萧关，萧关道上诗词流淌。安史之乱发生后，太子李亨曾路过萧关城。当时，朔方节度判官杜鸿渐率步骑数千，到白草军奉迎从原州北上的太子李亨。数万人北出萧关城不久，龙卷风从李亨所憩屋顶腾空而去，众人认为吉祥。大军抵达黄河边后，东去灵武。七月中旬，李亨称帝，收复河山。

自贞观年间（627—649），吐蕃与大唐时战时和。借安史之乱，大唐把精兵调往潼关时机，吐蕃派出吐谷浑与党项主力侵入陇右、长安。唐代宗广德元年（763），吐蕃攻陷萧关、原州，丝绸之路萧关道中断80多年。西域通长安的灵州道开通，由灵州道绕经凉州或甘州。吐蕃衰败后，于唐宣宗大中三年（849）二月将萧关、石门、石峡等七关归还。两年后，唐朝在原白草军故地新置武州，直管萧关县。唐僖宗即位后，宦官奢靡，军备松懈。唐僖宗中和四年（884），吐蕃又趁机攻占原州一带。武州及萧关县沦陷，侨治到泾州潘原县（今平凉四十里铺），75年后废除了萧关县。其间，吐蕃和大唐均衰亡，河西不宁，时断时续的萧关道维持到西夏时期。

丝绸北道衰落后，萧关失去作用，成为寄托情怀的文化符号。

隋唐之交，为防突厥和吐蕃沿蔚茹河入侵原州，将萧关道防御力量重点布局在折死沟河汇入蔚茹河处的他楼城附近。相当于把原州城外汉萧关北移百余里。他楼城卡控蔚茹河下游，成为隋唐象征意义上的萧关。受其影响，北宋又在唐石峡头筑萧关城。

他楼城，黄土高原上一个陌生而又充满想象力的古地名。

地名他楼城见于东晋史。五胡乱华时，鲜卑没奕于率部游牧于高平川，初归附前秦国。东晋太元十六年（391）秋"八月，乾归帅骑一万讨没奕干，没奕干奔他楼城，乾归射之，中目"[①]。陇西鲜卑乞伏乾归率万骑，征讨没奕于。混战中，没奕于的一只眼被射中，逃奔他楼城。隋唐时，他楼一度称为"太楼""地楼"，通常写为"他楼"。

[①]《资治通鉴》，中华书局1956年版，第3400页。

考察人员认为，地名"他楼"或为鲜卑语，或源自"塌楼"之谐音，有可能曾为古羌人石垒的土堡碉楼，日久塌陷，后人由此命名。隋初，突厥从石门关、木峡关等处入侵中原，隋军反击。突厥败退后，请求通市和好。隋朝在汉萧关外设立缘边县他楼县。《元和郡县图志》记载："本隋他楼县，大业元年置，神龙三年废。"① 据晚清杨守敬的考证："按隋有他楼县，在今固原州北。"②

唐武德四年（621）九月，突厥颉利可汗率部南下，屡攻原州。贞观四年（630），唐军大败突厥，俘获颉利可汗。为安置银州受降突厥，两年后在他楼县设缘州，不久县州俱废。20 年后，唐朝新置他楼县。《元和郡县图志》记载："萧关县，中。南至州一百八十里。本隋他楼县，大业元年置，神龙三年废。别立萧关县，以去州阔远，御史中丞侯全德奏于故白草军城置，因取萧关为名。"③ 唐神龙三年（707），御史侯全德上奏，称他楼县离原州太远，管理不便。朝廷遂废除他楼县，在汉萧关之北的白草军城设萧关县。北宋宝元元年（1038），西夏李元昊立国，疆域范围"东尽黄河，西界玉门，南接萧关，北控大漠，地方万余里"④。其"南接萧关"，指唐朝原白草军城设置的萧关县。唐萧关成为北宋、西夏的临时国界。

考察人员沿小路，攀登石峡口庙山。四望清水河川，竟有四座古城。其中，高崖乡草场村西边田里城墙遗址较为显眼。极目远眺，两河交汇处临近戈壁大川。草场村西侧古城内散落着唐宋灰陶片和明、清瓷片。据当地村民说，此城就是红古城。明朝为巩固宁灵之地，设红古城游击。红古城在明代时就有"古堡"之称，或为宋萧关。

据当地人介绍，石峡口古城就是萧关城。就近出土过东汉陶壶和唐代铜铸如来佛像等珍贵文物。西河（古称"肥水"）古河道出口处

---

① （唐）李吉甫：《元和郡县图志》，中华书局 1983 年版，第 60 页。
② （清）杨守敬：《隋书地理志考证》，湖北人民出版社、湖北教育出版社 1997 年版，第 119 页。
③ （唐）李吉甫：《元和郡县图志》，中华书局 1983 年版，第 60 页。
④ （清）吴广成撰，胡玉冰校注：《西夏书事校注》，上海古籍出版社 2021 年版，第 158 页。

的古城，接近正方形，周长约1900米，规模如塞城，或为唐代石峡关。城内有十字墙，应为元朝或明朝分割，作为兵营和草料场。入西河口不远处，建有石峡口水库。

　　唐朝中后期，把石峡口建置成关。石峡关与石门、木峡、萧关等并列为原州七关。唐石峡关久被吐蕃侵占，并不出名。北宋崇宁四年（1105）筑成威德关。① 约于大观二年（1108）改称"萧关"（唐石峡关），萧关管辖通关堡、山西堡和临川堡。② 萧关城驻军近20年，北宋因金国侵袭，亡了国。北宋萧关成为宋夏边界的代号，仅昙花一现，未承担丝路作用。

---

① 《宋史》，中华书局1977年标点本，第2161页。
② （清）顾祖禹：《读史方舆纪要》，中华书局2005年版，第2790页。

吴忠市

半个城　同心城　三水县　韦州

　　位于清真寺的半个城遗址，长320米，宽240米，处于滩地高台，易守难攻。控扼会州、灵州、韦州要道，宋夏时，洪水冲刷，城墙塌陷，官书称"割沓城"，民间后称"半个城""半角城"。

　　半个城古来繁华，曾为往来驼队落脚的驿站。周边有5个古城，还发现两处无封土匈奴墓地，头朝北方。倒墩子匈奴墓地位于同心城南王团镇。1983—1985年，出土千余件文物。墓葬中骨骸足高头低，头向北方。出土波浪纹陶罐、透雕铜带饰、铜环等青铜遗物，与蒙古、苏联外贝加尔匈奴墓出土的同类遗物特征接近，匈奴文化特征明显。其中有6座偏洞室墓，随葬牛头和羊头，推断匈奴文化融入了羌戎文化。墓中均有西汉铸造的五铢钱和少量铁器，断定墓葬年代为西汉中晚期。随葬品中，20多件透雕铜带饰最有特色，有双龙、双驼、双马、虎食羊、双羊、龟龙、人物车马等图案，俗称"斯基泰铜牌"。

　　王团镇地名来源于清代王家团庄，倒墩子地名源于倾倒的明代烽燧。自从王团镇倒墩子村发现匈奴墓葬后，倒墩子地名蜚声中外。而同期，在同心城西北李家套子红尖疙瘩山下，因修建引黄河水渠，挖出木椁墓、石棺墓、砖石墓。随葬品有剑、漆器、耳杯、青铜车辖、雕牛和雕双羊青铜透雕牌饰。还出土流通于公元14—40年货泉钱币。李家套子匈奴墓地南接杨家河湾汉代古城，东望河东岸半个城遗址，埋葬品丰富，丧葬习俗受汉、羌文化影响，为东汉墓地。倒墩子和李家套子成片匈奴墓地，印证了匈奴部落曾在丝绸古道边繁衍生息。要解开匈奴家园史，还需东往下马关镇。明朝在预旺城下马房北红城水筑内边，设下马关城，为"下马关"地名由来。下马关镇红城水上塬古城遗址出土过汉代陶片、唐代瓷片、唐三彩等文物。《汉书·地理志》记载："三水，属国都尉治，有盐官，莽曰广延亭。"①北魏郦道元《水经注》记载："肥水东北出峡，注于高平川，水东有山，山东有三水县故城，本属国都尉治，王莽之广延亭也。西南去安定郡三百四十里。"②《元和郡县图志》记载："三水县以县界有罗川谷，三泉并流，故以为名。"③ 由此考证，汉代安定郡三水城在同心县下马关镇红城水上塬村。

自汉武帝元狩二年（前121），霍去病西征河西走廊，匈奴归附，汉朝在河南缘边五郡设属国。公元前114年在安定郡三水县设属国都尉，管理受降匈奴。东汉中后期，三水县没入羌胡叛乱。生活在三水县的匈奴部落消失了，部分匈奴或东迁，其后裔卷入了后来鲜卑南迁的队伍之中。以鲜卑为代表的游牧文明又与中原文明碰撞、交融，终被强大生命力的中华文明所兼容。

唐朝时，青海吐谷浑被吐蕃打败，残部到此生活达90年。唐高宗咸亨三年（672），唐朝在汉三水县故地新设安乐州，安置被吐蕃亡国的吐谷浑诺曷钵和弘化公主，治所在今红城水古城遗址。唐玄宗开元二十二年（734），改名"长乐州"。公元756年，当地被吐蕃攻占。

下马关赵家庙村曾出土吐谷浑家族慕容神威的墓志铭。末代首领慕容神威于公元756年正月病逝于长乐州。是年冬天，被吐蕃军击溃的吐谷浑流散于今陕北、山西，称为"退浑"，融入历史潮流之中。唐宣宗大中三年（849），唐朝从吐蕃接收安乐州，改名为"威州"

---

① 《汉书》，中华书局1962年版，第1615页。
② 陈桥驿：《水经注校证》，中华书局2007年版，第54页。
③ （唐）李吉甫：《元和郡县图志》，中华书局1983年版，第62页。

（韦州古城），管理鸣沙县（今中宁县）和温池县（今惠安堡）两县。威州地名，或许取自慕容神威的"威"字。

西夏李元昊称帝后，沿袭威州谐音为"韦州"，设静塞军司，对抗北宋。北宋亡国前，西夏夺回西安州，更名为"南威州"，以区别唐威州。清同治十三年（1874），在下马关设平远县。1928年改为预旺县。1936年底，废预旺县，迁往半个城，设同心县。

同心城处于内蒙古高原与黄土高原交汇带，最重要的交通枢纽。2000年前，汉朝安置归降匈奴，成为匈奴部落最后的家园；1400年前，隋唐两朝均安置过受降突厥，守护缘边；1300年前，又成为鲜卑慕容贵族消亡前的安乐之土。北宋朝廷认识到，北出萧关，夺下半个城，折向高平川西，渡黄河，可达凉州。遗憾的是，北宋筑控完此城后，即攻夺河湟，触角刚伸向河西，就被东北女真军亡了国。半个城作为同心城前身，民间自宋元明清沿袭，一直称呼到民国年间。半个城，凝聚地名情感近千年，成为同心城的历史符号。

白银市

一　喊叫水　北滩镇北山尾

同喊（同心—喊叫水）线上有朱家套子、哈家套子、田家套子等地名，西南侧古驼道上有沙套子、上原套、徐套、申家套、草套、白套等地名。"套"意为小河湾，当地人大多拦洪筑坝，灌溉坝田。

相比宁南地区，同喊线公路边土地更为干旱、贫瘠，难见流水和树丛。正如喊叫水、上流水、下流水、井沟和打麦水等地名，凡称呼中有"水""泉""井"等字的古道边，大多缺水，地名多体现百姓对水的渴望和重视，驼队必须清楚低洼处泉源和隐蔽的井口。

喊叫水，是一个和马帮驼队相关的地名。相传，数百年前，数链驼队路过，呼喊找水，由此得名"喊叫水"。喊叫水为河东古道上，驼马连续东行两日，唯一有水资源的驿站。艰苦的生存环境，没能难住生息在荒凉大地上的村民。他们世代压砂保墒，聚洪水，开坝田，抗争风沙和干旱。当地群众通过种植旱硒砂瓜、圈养羊致富。村里新盖了不少瓦房，还有人去县城置房。人畜用水刚刚解决，引黄滴溉工程即将解决大量耕地用水难题。

车过喊叫水、兴仁堡、郝家集，进入甘肃靖远县境内五合镇。

当地古称"白塔"，俗称"白茨林""白疙瘩"。20世纪60年代，合并五个小公社，得名"五合"。古道南有唐代墓群，当地出土鎏金铜度母佛像。从五合镇西往东升镇、北滩镇途中，道北有小红沟硝盐池。《元和郡县图志》记载："河池，西去州（会州）一百二十里。其地春夏因雨水生盐，雨多盐少，雨少盐多，远望似河，故名河池。"①古代小红沟盐池东西长十数千米，疑为唐代河池。唐末，小红沟盐场被吐蕃控制。硝盐池周边有刘寨柯、贾寨柯、朱寨柯、会宁寨柯、任寨柯等众多寨柯，原为西寿保泰军司所筑守护盐池的堡寨。当年蒙古军强攻西夏，这些堡寨抛射蒺藜流弹，滞缓了成吉思汗进攻灵州、盐州的节奏。

20 世纪 80 年代，兴电工程引黄河水浇灌昔日风沙肆虐的锁黄川。沿路楼舍齐整，绿树合村。田地里大面积种植枸杞、玉米。如今，"靖远枸杞"成为中国国家地理标志产品，也给农民带来了财富。

沿北滩镇大墩梁、小砚台、墩墩滩明代烽燧西行，到达北山尾村，便是鎏金银盘的出土地。鎏金银盘亦称"波斯银盘"或"罗马银盘"，被定为国家一级文物，在世界各地巡展，为丝路奢侈品贸易见证。1988 年夏秋之际，甘肃省靖远县北滩乡北山东街庄一农家新建房舍，在房基下发现一件神像纹鎏金银盘，经甘肃省博物馆鉴定为东罗马帝国早期遗物。银盘圆形，矮圈足，直径 31 厘米，高 4.4 厘米，重 3180 克。② 银盘表面镀金，内部银质氧化，浮雕图案精美。缠枝葡萄纹环绕盘心，希腊神话中造酒神狄俄尼索斯裸体卷发，侧倚狮兽。宙斯等十二大神铸在内周，神话图案有更深刻的寓意。罗马银盘底部刻有大夏文字，类似大同市出土的银盘字体，代表价值。两银盘均为波斯萨珊王朝时期制造，其铸造风格与原州出土的北周李贤墓内鎏金银瓶相近，还与青海都兰县血渭一号大墓出土的金银器风格相似。它们均为粟特商胡从中亚带来，成为王公贵族的奢侈品。

北魏至北周时期，驼运兴起。世代以贸易为生的粟特商胡，把中亚波斯萨珊王朝和东罗马帝国时期金银酒具、盘碟、佛教圣器等奢侈品及艺术品，从大夏国通道，进入天山南路，分走河西走廊或汉时羌

---

① （唐）李吉甫：《元和郡县图志》，中华书局 1983 年版，第 98 页。
② 初师宾：《甘肃靖远新出东罗马鎏金银盘略考》，《文物》1990 年第 5 期。

中道，到达平城（大同）、洛阳或长安等大都市，与中原进行茶叶、丝绸、纸张、瓷器等物资交易，再运回大夏国、波斯等地。

从马背上来的鲜卑人生性好强、炫富，尊崇佛教。北魏拓跋贵族对奢侈品和佛教用品的需求，远远超过百年前的西晋。粟特人喜欢跟生性爽直的鲜卑部落进行交易，牟取高额利润。北魏贵族寻欢作乐，底层百姓饥不度日，边关将士反抗情绪升温。据《魏书》记载，北魏正光五年（524）"三月，沃野镇人破落（六）韩拔陵聚众反，杀镇将，号真王元年。……夏四月，高平酋长胡琛反，自称高平王，攻镇以应拔陵"①。三月，沃野镇人破落（六）韩拔陵率众起义。四月，赫连勃勃后裔赫连恩等人响应起义，推举敕勒族酋长胡琛为高平王，夺得高平镇、薄骨律镇（今灵武县西南）。4年后，即梁武帝大通二年（528），高平义军首领胡琛被杀，万俟丑奴在高平镇称天子，劫持商道。时逢波斯国给北魏进贡狮子，被起义军截获，遂自立年号为神兽元年。"是月，万俟丑奴自称天子，置百官。会波斯国献师子于魏，丑奴留之，改元神兽。"② 另外，魏晋时期，迁徙青海白兰牧地的鲜卑吐谷浑，虽历西魏、北周和隋唐打击，仍长久控制羌中道。直到中唐，吐蕃击溃吐谷浑后，被大唐安置在河东安乐州。粟特人追随吐谷浑慕容贵族达400年之久，贸易通道延伸到安乐州。吐蕃又借安史之乱，侵占河东，终灭长乐州（原安乐州）的慕容贵族。

靖远北滩古来为半沙漠地带，东西100多千米川道延伸至葫芦河半个城。西晋时称"高平川西"，西夏称"满丁川"，明代称"锁黄川"，清代至民国年间称"兴堡子川"。从发现罗马银盘处往西，翻越花岘村，出鸾沟、旱沟，直达黄河乌兰津古渡。道直且平缓，适合驼队运输。

二　论古

站在罗马银盘出土地四望，祁连山余脉黑山紧连中卫香山，横亘

---

① 《魏书》，中华书局1974年标点本，第235页。
② 《资治通鉴》，中华书局1956年版，第4838页。

在北边，烽台山高高隆起，东望大川。川南为六盘山余脉乌兰哈思吉山，雪峰耸立处称名大峁槐山。洁白的雪峰成为商贾前行的路标。雪山北麓，历代为牧马场。水草丰腴，溪流淙淙。松林茂密的半山上，耸立着唐宋古寺。寺因山得名，称为"雪山寺"，蔚为壮观。

大山下的川塬上，分布着六队、八队、九队、十队、十一队等七个古老队名。这些队名，出自明代庆藩王设在香山的马苑马队。明代嘉靖年间（1522—1566），在马队中心的山头建有沙古堆堡，清朝称"沙疙瘩堡"。沙古堆、沙疙瘩源于山下成片古墓群，民间称为"乱古堆"或"乱骨堆"。

自成吉思汗攻打黄河九渡，河东军民惨遭屠杀，或为随军奴。古道久无人烟，地名尽失。直到明万历年间（1573—1620），守边将士对乱骨遍地的墓群争论不休，以"乱古堆"谐音改为"论古"。1968年，改为"永新"，沿用至今。清朝时，当地尚有18座封土大墓，无封土的墓更多。相传，乱古堆为成吉思汗真身安葬地。但蒙古流传，大汗及元蒙帝王墓均无封土，乱古堆不符合蒙葬史实。

永新乡政府南侧台地，附近有7座大墓。论古大墓封土规模宏大，外表有将相陵寝规格，类似定西巉口汉墓、海原县乱堆子汉墓，比白银平川区杨崖湾汉墓封土略大。从盗洞送出的墓穴土堆中发现了锈斑铁箭头、骨骸、外青釉陶片。因村民取土方，从台地东南角挖出了穹顶用梯形汉青砖。村民说，清朝时，地表时常露出骨骸。20世纪70年代修公路时，铲平过一座大墓，墓穴里有马骨，无墓主遗骸。数年前，村北养鸡场挖出层层人骨。山梁上成堆大圆石，圆形大石块均重约20千克，不同于西夏城内3千克重的卵石。

西晋泰始年间（265—274），陇右大旱，北地、安定羌胡纷纷起义。迁徙陇右不久的鲜卑部落，也因争夺草场，冲突漫延。萧关道受阻。秦州刺史胡烈上任一年，未赈济灾民，盲目动武镇压。西晋泰始六年（270）春，胡烈在高平川集结重兵，欲镇压麦田山鲜卑部落。此举激起鲜卑人反叛。酋长秃发树机能一呼百应，声势浩大。六月初，胡烈率10万晋军，北出高平城，奔向高平川西，决战雪山下万斛堆大滩。初战，晋军使用大型抛石机和强弩，把鲜卑人打得血肉乱飞。鲜卑大败，南逃雪山，晋军穷追不舍。刚愎自用的胡烈率大军飞马追入沟内。鲜卑伏兵万箭齐发，巨大的礌石从雪山上滚落下来，晋军瞬间成为笼中之物。胡烈见兵困深谷，部下伤亡惨重，长叹一声，挥剑自刎。部下见主帅胡烈自杀，士气大挫，10万生灵命绝雪山下。史载："六月戊午，秦州刺史胡烈击叛虏于万斛堆，力战，死之。"①

鲜卑人面对万斛堆开战大胜，杀性顿起，乘胜杀往高平城，缴获高平城里的辎重、粮草和无数军马。丝绸北道完全中断，陇右大乱9年，拉开了秦凉之乱的帷幕。西晋泰始七年（271）四月，鲜卑起义军又联合北地郡攻金城郡，将凉州刺史牵弘击杀于青山。②

万斛堆之战，为鲜卑族对抗西晋首场大战，成为"五胡乱华"的前兆。西晋低估了鲜卑实力，4位封疆大吏殒命陇右。万斛堆之战，战场位于高平川西，正是鲜卑酋长秃发树机能崛起之地。民间所称"乱古堆"，与史载胡烈阵亡的"万斛堆"环境相投。

当地还有窟陀水、道人庄、营门、羊卧铺、青羊水、急三湾、套晃湾、黑山及喜鹊沟等元明清地名，每个地名都有其独特的内涵。地名是地方文化的名片，也是旅游文化的符号。像论古这样的古地名，镌刻着民族历史记忆，是战地及传统文化的标志。谨慎地期望，保护"论古"地名文化遗产，将来有一天，能恢复"永新村"为"论古村"，给后代还原真实村名。

三　旱沟　大庙

离开永新村，顺砂河而下，进入旱沟。沟壑左侧尽是绵延的黄土大山，危峰兀立的黑山侧立在车行右前方。旱沟地名已有数百年历史。全长几十千米的季节性河沟，只有在夏秋发洪水时节，才展示它的凶

---

① 《晋书》，中华书局1974年标点本，第59页。
② 《晋书》，中华书局1974年标点本，第60页。

猛与威力。这几年雨水好,每隔数千米河道里便会涌出清泉。近年,旱沟两侧台地和其支流出土了5000年前的尖底陶瓶和大量半山—马厂彩陶。距今5000—4000年,古人类在这里繁衍生息。每隔5千米,大山上总有烽火台指路。

涌动的黄河,向北缓缓流淌,横堵在古道尽头。到达甘肃黄河右岸最后一村,即靖远县最边远的大庙堡。大庙村处于黄河流域河谷地带,西与景泰县交界,北与内蒙古和宁夏交界,距县城130多千米,为靖远最边远的村庄,是甘肃黄河右岸最后一村。文峰山下,被梨园包裹的大庙堡落后而恬静。河流是孕育文明的摇篮,四水归一的大庙堡民风淳厚,人杰地灵,近500年来,这个村庄是靖远北部文化中心和贸易交流中心。

明朝时,潘育龙将军、宁夏总兵王性善成长于大庙堡。因战功阵亡的千总吕梦麒,被明朝崇祯皇帝封为将军,当地立有忠贞祠。晚清,堡内文峰书院就出了宋邦彦、王清海、王继志三大举人即知县。宋邦彦东去日本求学,追随孙中山,加入同盟会,后任咸阳知县,因刚正不阿,指责都军欺压百姓,被驻军杀害。王清海任海城书院山长及民勤知县。王继志担任《秦凤报》主编、《陕西通志》总纂,后任金塔知县,著有《伤寒论》,被评为"甘肃近代十大中医名家"。

如今,"大庙香水梨"获中国农产品地理标志。大庙堡已举办四届梨花节,成为中国美丽乡村及国家127个生态文明村之一。

大庙堡建于明万历三年(1575),城池有护城河,西城墙临黄河。堡城东侧半山水渠原为明边墙,夯筑于公元1571年,为嘉峪关至山海关明万里长城中守卫河塞的一段。大庙堡长城北控急三湾、黑山峡。沿黄河南岸而上,至北城滩墩,设有三个空心敌楼。明清至民国年间,大庙堡兴盛400多年,为水旱码头,筏运通达银川、包头。清朝同治年间(1862—1875),自西兰大道开通以后,原州至凉州的北路驿站衰退。1937年,兰宁公路从上游安宁渡通过,北线及大庙堡落寂。

登上文峰山,远望峡谷的金坪寨,烽台、古道、黄河、渡船交映,

"黄河远上白云间，一片孤城万仞山"的图画，展现在眼前。古道沿峡谷半山绕过处，称为"乱道洼"。古道下侧，黄河咆哮。

金坪寨俗名沙金坪，曾归大庙堡管辖，因出产砂金得名。入金坪寨的路口，古称"卡门"，为出入乌兰关津的卡口。唐朝后期，渡口南台筑有月台堡寨。公元813年，吐蕃在月台下建成乌兰浮桥。元朝时，称为"白卜渡"，庄浪路巡检司设置于此。清朝同治五年（1866）夏秋间，金坪寨曾为靖远县衙临时驻地。顾祖禹《读史方舆纪要》引《元志》："自兰州而东过北卜渡至鸣沙河，过应理州正东行，至宁夏路。"① 卜音同堡（bǔ），"北卜渡"为元、明时期称谓，清朝以后称"金坪渡"。今渡口由铁船往来摆渡。因水流湍急，夜不渡客；逢黄河涨水，船渡不通。汉唐车马不息的古道，变得阻埂而萧条，不见昔日光彩。

四　乌兰津　北城滩古城　五佛寺　迭烈逊渡口　祖厉县　虎豹口

公元前114年，汉朝为开通丝路，析陇西郡北部置天水郡（郡治平襄即今通渭），郡管榆中、勇士两县临近黄河，又析北地郡西南部置安定郡（郡治高平，即今原州），归安定郡管辖的祖厉、鹑阴两县把控黄河。两年后，汉武帝首巡安定郡，西临黄河，瞻望河西。

汉武帝元鼎六年（前111），汉武帝派李息率10万汉军西击湟水流域叛羌，修筑令居塞，过武威，抵达酒泉。分批向天水郡、河西移民实边。无数移民和大军要从兰州上游八盘峡出口至靖远北部黑山峡入口之间的黄河渡口过河，直达河西及河湟流域。

冬天，黄河结冰后，丝绸北道由高平城直至凉州。而春夏秋三季，须依靠官渡，把天险大河变成通途。丝路地名考察人员沿150千米长的黄河岸搜寻，发现黄河大拐弯处有乌兰津、迭烈逊、索桥、北卜渡、虎豹口、青石津、金城渡、风陵渡等不同朝代的古渡口。

---

① （清）顾祖禹：《读史方舆纪要》，中华书局2005年版，第2966页。

间。当地人坚称老城前身必定古老，跟昌灵山寺庙兴盛息息相关。因清末修缮昌灵山寺庙时，发现"敬德重建"砖刻，定为唐代寺庙。东部寿鹿山寺庙及河东靖远雪山寺，均发现"尉迟敬德敕建"刻字。明朝初，禁绝新建寺庙，各地借敬德曾督修的权威，假旧修新。尉迟敬德本是于阗胡人后裔，铁匠出身，信奉道教。随李世民发动玄武门之变，李世民弑兄李建成，敬德斩弟李元吉，逼李渊退帝位。敬德血手带功，又为大唐开国元老，受李世民尊崇。敬德以手握竹节铁鞭的护法神形象，与持金锏的秦琼列为道教门神。

昌灵山、昌龄山称谓均源于明代的小松山，因山上旧有灵隐寺而得名昌灵山。巍巍昌灵山横卧在腾格里沙漠南缘，西夏时就为避暑胜地。每年盛夏"六月六"庙会时，山间香烟缭绕，游人络绎不绝。

今天的丝绸之路北道，受西兰、新兰大道开通影响，相对衰落了。明代边墙也只发挥了几十年防御作用，大明王朝便灭亡了。风蚀的残墙，必将成为记忆，给后世人带来对历史往事的缅怀与猜想。

界称为"石窟鼻祖"。此后,佛教在北魏达到兴盛。

西魏、北周至隋唐时期,当地屡受突厥和吐蕃轮番侵扰,先后置废武威郡、凉州总管府、凉州都督府、陇右道、武威郡等州郡府,但姑臧县自西汉未变,姑臧城始终为丝路都会,繁花似锦。

唐代诗人岑参途经凉州,写有:"凉州七里十万家,胡人半解弹琵琶……一生大笑能几回,斗酒相逢须醉倒。"① 此处"七里"也有作"七城"的。这首诗把州治姑臧城多元文化的风情与个人情怀,痛快淋漓地表达了出来。《资治通鉴》记载:"武威大城之中,小城有七。"胡三省注谓:"武威郡,凉州,治姑臧,旧城匈奴所筑,南北七里,东西三里。张氏据河西,又增筑四城,箱各千步,并旧城为五。余二城未知谁所筑也。"② 诗史互证,岑参"凉州七里十万家"即为"南北七里"的写实佳作。姑臧乐舞历经五凉国发酵,西域乐舞渗透,最终成就西凉伎、凉州曲。

作为中国西部最大的古都姑臧,它曾与长安、洛阳、邺城齐名。安史之乱发生后,吐蕃控制姑臧城,称为"西凉府"。具有多民族文化特色的姑臧地名,交融、激荡了1200余年后,终被朝代更替所湮灭。涤荡起伏的姑臧城之名,随同汉唐丝绸之路的命运,宣告终结。

五 凉州 雷台

玄宗梦游凉州的故事,使凉州声名大噪。西凉伎舞、凉州乐舞、凉州词风靡,增添了凉州文化的魅力。诸多文人墨客留下了以凉州为名的千古名篇。而州治姑臧似乎显得有些低调,默默地衬托着凉州。不久,安史之乱发生,成为大唐盛极而衰的转折点。唐朝被迫放弃陇右及河西大地,吐蕃军借机占据河西及凉州,把"姑臧城"改为"西凉府"。

---

① (清)彭定求等编:《全唐诗》,中华书局1960年版,第2055页。
② 《资治通鉴》,中华书局1956年版,第7132页。

匈奴犁汗王率4000骑兵，战败于焉支山下。降部或被西汉安置于焉支山下，为专设的骊靬苑牧马。犁汗王也称"犁汗王"，其降部是否改称"犁轩"不得而知。400多年后，史籍出现骊靬戎。东晋永和十年（354），前凉张祚"遣其将和昊伐骊靬戎于南山，大败而还"①。唐朝史学家颜师古注解《汉书·张骞传》："靬，即大秦国。张掖郡骊靬县，盖取此国为名耳。"②似乎有悖史实。

从有关骊靬的名称先后来看，先有骊靬苑（约前78—前60），后有骊靬县（约前36年底），再有杂合民族骊靬戎。北魏时，省骊靬县，其地并入彰县。北周复置，写作"力乾"。隋朝将力乾并入番和县，力乾从此废除。骊靬共立县600多年。后世把骊靬也写作犁轩、黎靬、黎轩。可是，"黎轩"国名初由张骞传入。《史记·大宛列传》记载："骞身所至者大宛、大月氏、大夏、康居，而传闻其旁大国五六。"③"大国五六"中，有黎轩国。公元前115年，汉武帝初开丝绸之路，"置酒泉郡以通西北国。因益发使抵安息、奄蔡、黎轩、条支和身毒国"④。汉使返还时，安息王"以大鸟卵及黎轩善眩人（魔术师）献于汉"⑤。黎轩国虽小，却已存在。

骊靬周边今有马鞍山、鞍鞯山等马文化地名。"骊"意为黑骏马，音同乌鳌山"鳌"、合黎山"黎"，泛指大青山。"靬"指铠甲。"骊靬"称呼出现在霍去病西征之后，为擅长加工皮革和铠甲的小月氏杂合了匈奴降部。继而接纳陈汤从西域带回来的部分战俘，一并安置在骊靬县境内，壮大了骊靬戎。陈汤带回来的部分战俘，亦不排除他们属大月氏后裔的可能。近年来，永昌水泉子村等地发现的汉墓，部分古人遗骸长大，疑为外来族，或为骊靬人，或为月氏遗种。未来考古定能揭开骊靬戎谜底。

---

① 《晋书》，中华书局1974年标点本，第2247页。
② 《汉书》，中华书局1962年标点本，第2694页。
③ 《史记》，中华书局1959年标点本，第3160页。
④ 《史记》，中华书局1959年标点本，第3170页。
⑤ 《史记》，中华书局1959年标点本，第3173页。

从此，艾黎沿丝路古道勘察古遗址，收藏文物，研究中国文化。

艾黎的足迹还遍及各地古窑址，寻找瓷器及瓷片源头，断代历史。并在山丹培黎工艺学校开设校办陶瓷厂，成为山丹陶瓷厂前身。

1979年6月，艾黎第四次到访山丹，参观山丹县文物时，看到当年他们垦荒发现的"四坝文化"陶器后，决定将自己收藏的3977件文物全部捐赠给山丹县。后来，成立了"艾黎捐赠文物陈列馆"。艾黎收藏品中，陶器、瓷器、铜器、玉石器、瓦当较多，有唐代《华严经》刻本以及嘉庆十七年（1812）制《大清万年一统地理全图》、清代《明十三陵图》《环海图》等文物，十分珍贵。明代四喜娃娃摔跤的铜像，憨态可掬，最为吸引眼球。还有一尊被称为"山丹县博物馆镇馆之宝"的"唐代胡腾舞铜人"雕像，舞姿精美迷人，堪称稀世杰作，正是艾黎从西安的古董摊点收得的一件，现在被鉴定为国家一级文物，为盛唐西域文化东渐的例证之一。

艾黎不同于前期进入中国的盗掠者，借探险或考察名义，四处疯狂盗挖，带走了大批中国文物。艾黎在遗嘱中写道："我收藏的艺术品剩余部分交给山丹文化馆的朋友们，我账上结余的钱也全数交给他们用以支付运输和陈列费用。"[①]

艾黎终身未婚，抚养了两名中国孤儿。1987年底，艾黎在北京病逝前，嘱托将骨灰一半撒在四坝滩上，另一半安葬在何克陵墓旁，他要陪伴早逝的老朋友何克，哥俩永远与山丹人民在一起。艾黎在自传中写道："我在中国工作和生活了许多年，我仍是一个新西兰人，但我也变成了一个中国人。"[②] 如今，山丹南湖公园外的苍松翠柏之下，伫立着艾黎与老朋友何克的两座墓碑。两位国际主义战士把青春甚至生命都献给了西北，也受到中国人民的尊敬和无数参观者的敬仰。大爱无疆，山丹县也与艾黎的家乡新西兰克莱斯特彻奇市塞尔温区缔结

[①] 兰州城市学院路易·艾黎研究中心编：《艾黎自传》，甘肃人民出版社2017年版，第224页。

[②] 兰州城市学院路易·艾黎研究中心编：《艾黎自传》，甘肃人民出版社2017年版，第295页。

西魏初年（535），渭州刺史可朱浑道元因与高欢私通，遭宇文泰攻击。"道元世居怀朔，与东魏丞相欢善。……泰欲击之，道元帅所部三千户西北渡乌兰津抵灵州。"① 出现"乌兰津"最早记载。大统十四年（548），西魏丞相宇文泰西巡，在东汉鹯阴县地设立会州。到了他的儿子北周武帝宇文邕当政时，于保定二年（562），废会州为会宁防。会宁防下会宁关承担着乌兰津官渡安全的防务使命。

"乌兰"源于西魏，为汉代霍去病"逾乌鳌"中"乌鳌"的转音，意为"黛青色大山"，出自突厥语。乌兰、乌鳌发音还相近后来的阿尔泰语"乌拉"，即宏大的感叹语，亦近于俄语"乌拉"（Ypa!），表达强烈语气。元蒙时期，大量使用"乌兰"，意为"如骏马奔腾般的山脉"。乌兰津及会宁关是西魏、北周至隋唐时，黄河上游最大关津，为丝绸北路上最繁忙的渡口。《敦煌·水部式》记载，开元五年会州管下会宁关有船五十。开元二十七年（739）编修的《唐六典》记载，有三艘官船。唐安史之乱以后，会州会宁关被吐蕃控制。《旧唐书·吐蕃下》记载，贞元"十六年六月，盐州破吐蕃于乌兰桥下"②。唐宪宗元和八年（813），吐蕃贿赂灵盐节度使王泌，于此复筑乌兰桥。宋夏时，会州被西夏占据。

关津古渡旧址约位于金坪寨至北城滩古城之间。

从金坪寨西行，黄河南岸路侧有碾子沟、南沟台明代烽燧。碾子沟口的一段边墙气势犹在，村民将边墙掏洞为自家驴圈，未被破坏。路过仁和村、义合村，道路两边全是稻田，犹如进入江南水乡。这一富饶的河湾形成于元末黄河洪水切割，开发于明末清初。明朝以前，台地尚存，当地称为"塔儿湾"及"白草川"，东南有古道通往南山。

抵达黄河倒流处，河水从东往西流，称为"车木峡"。

北城滩古城遗址被枣树林簇拥，周边有汉、唐墓葬群，还出土了大量开元钱币和唐代墓志。令人疑惑不解的是，古城遗址外东北不远

---

① 《资治通鉴》，中华书局1956年版，第4860页。
② 《旧唐书》，中华书局1975年标点本，第5259页。

处，汉代墓葬群位于一级台地，而唐代墓葬群位于二级台地。20世纪60年代，修城池内被耕地淤泥添土掩盖（厚1—2米）。城墙夯土高大、厚实。原城墙上立有文物保护碑，定为唐代古城。周围散落着西夏剔花瓷片和舂米石。考察人员测量瓮城砂石粒和夯土厚度，断定瓮城为西夏补筑。北城滩古城的修筑年代尚无法确定。其规模、地理位置和战略防御地位，非一般城池可比，列为黄河岸边第一塞城并不为过。

当地故老传，先有河东塔儿湾城和大庙（下游），后有河西五方寺。相传，朝廷被贬大官坐镇塔儿湾城，修缮了对岸石窟。

当年，唐朝原宰相娄师德率兵抵抗吐蕃，职务因战绩时有升降，最终累死会州城的地方，或为北城滩古城。娄师德迷信宿命论，生前有可能修缮五方寺。河西五佛寺石窟处于丝路要冲，窟内有中心塔柱，佛龛内雕塑有晚唐至西夏风格的佛像。五佛寺古称"五方寺"，初因供奉五方佛而得名。因窟周石壁镶有无数巴掌大的西夏渡金砖佛，俗称"千佛洞"。1983年，窟内发现木印西夏文《金光明最胜王经》佛经残片，弥足珍贵。五佛寺民间称"盐寺"，因明清时寺前为驼队交易察汗青盐、白墩子白盐和青海青盐的盐场。后又称"沿寺"，"沿"或为"盐"之讹，又或因寺院设在黄河沿上而得名。丝绸之路也是佛教传播之路。黄河沿岸，五佛寺石窟的下游有中卫石空寺石窟，黄河上游有法泉寺石窟、寺儿湾石窟、炳灵寺石窟。

明代松山新边墙修成后，明万历二十九年（1601）于哈思吉堡北5千米修筑索桥，为黄河上游继兰州镇远浮桥（建于1385）后第二索桥。河上用24只木船连接，建成浮桥，后被河水冲毁，用船筏摆渡。山陕通往河西商道由兰州北移于此，快了三日的行程。南岸山头立有山陕修路碑，歌颂山西商人胡正宽等捐资修路的志士，可见明清哈思吉堡商道的繁华。石门乡小口为历史上的民间古渡。因山高路陡，不适合大批商贾驼队行走，所以并不是西出东进的主要关津。沿黄河而上，可达明代迭烈逊古渡口。

雄踞山崖的北武当庙尚在修缮。石崖西侧，明代空心楼石砌地基已经风化，施工人员正用水泥封堵危墙。有碑记载，迭烈逊堡在此。"迭烈逊"出自唐代熟藏部吐蕃语，源自突厥语系的蒙古语。"迭烈"同"达赉"，指泱泱大水。也有学者认为"迭烈逊"是藏语"明天去"之意，意即当日不能赶到，次日方能渡河。①西夏光定十二年（1222），在此建索桥。在桥头修堡护卫，始称"迭烈逊堡"。《读史方舆纪要》记载："迭烈逊堡，卫北九十里。西夏所置，元因之。明初元将贺宗哲攻凤翔不克，自固原之六盘山遁去，明师追之，复由迭烈逊渡河遁。后设巡司于此，每岁冬增兵戍守。"②明洪武三年（1370），明朝设迭烈逊巡检司，戍防渡口。明宣德七年（1432）五月，陕西布政司造船8艘，每艘由11人操持。开通平凉府开城县至迭烈逊旧道。河西旧道通大小冰道，北至尾泉、中泉，达锁罕堡。锁罕堡可西达庄浪卫、松山、凉州。相比走定西、兰州，往甘凉，可近250多千米。后因鞑靼占据松山，繁忙了百年的迭烈逊渡口废弃。1937年，兰宁公路在此设安宁渡，用汽船摆渡。当地人说，从安宁渡过河往返兰州和宁夏，相比绕靖远城道路，少走35千米。渡口附近黄湾村还发现了汉墓群，出土了东汉五铢钱币和"祖厉"买地契。

祖厉的另外一个名字为"鹯阴"，312国道西侧有一座新修的"鹯阴古城"牌坊，方形古城墙遗址依稀可见，城墙下立有文物保护牌"鹯州城遗址"。城墙大部分损坏，但遗留夯土细密，城墙根基厚实，护城河宽大，城门面山背河。城内水渠边散布汉瓦碎片，听村民说，20世纪80年代平整城池时，还发现有粮窖和陶管。古城南墙大部分开辟为水渠，沿水渠西去500米，即为"柳州城遗址"。站在高处观察，城内辟为耕田，城墙马面完好，规模雷同海喇都城。两城相距2000米，竟然不约而同地争称"柳州城"。城池内散落着古代瓦当，图案模糊。水渠各处零星散落北宋耀州窑青瓷片和西夏黑瓷片。在城内新挖开的断土层中，还能看到北宋湖田窑超薄瓷片。这种薄瓷曾在

---

① 刘再聪：《关于迭烈逊渡口的几个问题》，《中国历史地理论丛》2004年第1期。
② （清）顾祖禹：《读史方舆纪要》，中华书局2005年版，第2968页。

靖远县五合镇板尾沟山南磨子沟三角城（北宋时期西夏城）发现过。历史记载中，西北本无"柳州城"。西北两城定名"柳州"，均是讹传所致。此古城疑为北宋城池，使用不久即废。分析断土层内灰烬和瓦砾等，应毁于西夏和北宋或金国之间的战火中。

南侧鹯州城亦不存在，汉代在黄河边未设置州级大城。东汉因羌乱，安帝永初五年（111）前后，鹯阴县改名"鹯阴县"，内附武威郡。祖厉县也内迁陇关。200年后，西晋怀帝永嘉五年（311），洛阳沦陷，怀帝被掳，中原和关中地区的很多士族、百姓流入凉州。前凉张轨于姑臧西北置武兴郡，分西平（今青海西宁）郡界置晋兴郡，以处流民。永嘉之乱，"及京都陷，（张）斐等皆没于贼。中州避难来者日月相继，分武威置武兴郡以居之"①。遗留在祖厉县的居民被张轨迁往姑臧北部。结合汉武帝设置安定郡、天水郡，打通大河通道的战略判断：今祖厉河（苦水河）以西为天水郡勇士县；红山峡至黑山峡之间应为鹯阴县，东汉后称此段黄河为鹯阴河；祖厉县位于黄河右岸的两县之间。

《汉书·武帝纪》记载："五年（前112）冬十月，行幸雍，祠五畤。遂逾陇，登空同，西临祖厉河而还。"②《水经注》记载："河水东北流，迳安定祖厉县故城西北。汉武帝元鼎三年（前114），幸雍，遂逾陇登空同，西临祖厉河而还，即于此也。"③ 史籍中首现"祖厉"。"祖厉"，发音为"嗟赉"，意为"浅绿色大山"。"祖"同"祖"，白亮之意。"厉"同"螯"，绿山之意。祖厉、乌螯、乌兰泛指河边大山。汉代，河西大山称"乌螯山"。西魏至隋唐时，红山峡群山称"乌兰山"。

牙沟水东侧古城西距黄河3千米，东倚水泉尖山，应为西汉祖厉城。汉武帝西巡祖厉河（黄河分段称呼）时，可能驻跸过。位于平川区牙沟水的两座古城规模宏大。从两大古城东北过水泉城，连接北滩

---

① 《晋书》，中华书局1974年标点本，第2225页。
② 《汉书》，中华书局1962年标点本，第195页。
③ 陈桥驿：《水经注校证》，中华书局2007年版，第52页。

及同心。东过打拉池城，到杨崖湾汉城后，一支道东接干盐池、西安州，另一支道接屈吴山东麓，至石门关古道，入葫芦河，达原州。两大古城战略位置非常重要，北临黄河处，应设有古渡口。

相距不远的陡城堡和月河湾城，传说为唐代古城。陡城堡形胜如同迭烈逊堡，筑于河东石崖上。层层砂土如夯土墙，其实为古淤积层。城池规模小，原为私家城堡，并非唐城。明万历十八年（1590），明朝将领在私堡基础上，"添建重楼，以壮防御"。管辖迭烈逊堡、水泉堡，防御松山鞑靼渡河。

陡城堡上游4千米处有月河湾古城，位于石碑水注入黄河交汇处台地。月河湾古城已垦为农田，仅有半截城墙遗址。地面文化层堆积丰富，多为宋代残砖碎瓦，应为当年北宋筹备攻夺河西的桥头堡。月河湾地名因黄河湾形似弯月而得名。从西南而来的黄河水，在这一带转向西北，形成"几"字形千里大拐弯。

南侧十余千米外还有法泉寺沟口大坝古城遗址。遗址城池被农田破坏。城池接近古河床，散有古瓷片，难以断代时代。《元和郡县图志》记载："黄河堰，开元七年，河流渐逼州城，（会州）刺史安敬忠率团练兵起作，拔河水向西北流，遂免淹没。"[①] 而黄河对岸高崖上耸立一座不规则古城，俗称"三角城"。为西夏夯筑风格，城周却有汉墓。

靖远县城处于苦水河注入黄河处南岸台地。苦水河上游有两条大支流，交汇于郭城驿。东南侧支流称"祖厉河"，西南侧支流及郭城驿北入黄河段，明清时称"苦水河"。贯穿南北的苦水河是历史上陇西、临洮、河州、榆中通往会州及靖远的孔道。霍去病率万骑出陇西，奇袭河西，就从苦水河川道出兵，从今靖远城附近过黄河冰桥，转战千里。北宋末，会州州治敷文县城置于此。后来，金国占据会州。西夏反复争夺，会州城废，遂南移郭城驿。明正统二年（1437）在此建靖房卫城，清初称"靖远卫"。靖远境内驰名渡口，当属县城上游的

---

① （唐）李吉甫：《元和郡县图志》，中华书局1983年版，第97页。

虎豹口。1936年10月下旬，红军三大主力会师后，红四方面军奉命从虎豹口北渡黄河，执行宁夏战役计划。从此"虎豹口"成为红色渡口。

明朝嘉靖年间的河防地图上标有"虎豹墩"烽火台，烽台西侧通往黄河渡口的南沟口称为"虎豹口"，始为"虎豹口"地名由来。至于为何称"虎豹"，其义已不可考。虎豹墩遗址位于今虎豹口西路军渡河纪念碑东山顶处，考察人员在山顶发现残瓦遗存，其余痕迹已因绿化损毁，荡然无存。虎豹口地处河靖坪西北营防滩，南通若笠塬、大小路（芦）及安定、会宁。虎豹口古渡明清时期兴盛，地界汉属天水郡。地名受方言影响，写为"河包口""和保口"，另有"虎帮割"等称呼，其地名含义多因写法改变而多有附会，其义亦不可采信。清朝光绪年间（1875—1908），靖远知县储英翰树碑，撰写《和保口官渡记》，官方称名"和保口"。20世纪末，恢复"虎豹口"旧名，以缅怀革命先烈，弘扬渡河精神。虎豹口，成为传承红色文化的教育基地。

时过境迁，历代由官方驻军把守的河津官渡，大多消失在历史的长河中，不见踪迹，仅从沿河两侧古道及古城大概判断渡口位置。滔滔黄河水，孕育了中华文明。黄河流经靖远150千米，黄河古城、古渡、石窟、岩画、石壁题字，构成了一幅恢宏的历史画卷。

五　景泰　媪围　索桥　锁罕堡

传统上提到河西地区总是习惯性以河西五市为主，其实景泰才是丝绸之路北线河西第一县。景泰县建县较晚，1933年析出靖远县黄河西岸（时称北区）之五佛、芦塘和中泉三地，与原皋兰红水分县[①]之地合并，设景泰县（治芦塘城）。初定"靖泰"，取靖远之"靖"和境

[①] 清乾隆年间在红水堡设县丞一员，称为"红水分县"，1913年升为"红水县"。治所在甘肃景泰县西寺滩乡宽沟。

向进发，沿着今天的泾河河谷经高平、媪围，抵达武威，全程720千米，合汉里为1730里。在今天索桥渡口渡过黄河，经媪围、居延、䚅里、揟次、小张掖等地到达汉武威郡治姑臧。横贯武威郡的驿道共7个驿站，全长472汉里，约196千米。媪围、揟次、小张掖、姑臧、显美为西汉末至东汉初的县城，居延置为两县之间的军事驿站，䚅里为郡、县、乡以下行政建制"里"所在地。

姑臧，据《西河旧事》记载，凉州城是原匈奴盖臧城，变为后来的姑臧是音讹的缘故。其南山有谷水，北流至武威入休屠泽。谷水，当地人称作"郭河"，"谷""郭"系音近而讹。据清人陈澧的说法，武威县沙河出县南境山，北流至镇番县出边，入休屠泽。[1] 因此，郭河、沙河都是指《西河旧事》的谷水。

河西是农耕文明与游牧文明相碰撞的文化带，自汉代兴盛繁华，也曾几度繁华与萧条。成吉思汗率蒙古铁骑踏平河西走廊后，村无炊烟，当地文明几近中断。松山，在永安堡东南5千米。山上多松柏，出泉水，土地肥饶。[2] 明代松山新边守护的商道依稀可辨，东西往来的大通道上，似乎只有明代烽燧重合了部分汉唐丝路烽燧，散布在北道的山梁上。隐隐能感受到大汉经略河西的宏图大略，汉武大帝的梦想从此向西延伸。

居延置，一个与水洼、海子或匈奴部落名称有关的汉代地名。居延是一片重要的绿洲，从这个绿洲到下一个绿洲之间，不过是一队又一队骆驼的接力赛而已。在汉唐时代，昌岭山（明代称小松山）南、北麓均有东、西往来的大通道。

昌岭山东麓的明代"三眼井堡"，旧名"氾水关"，西通大靖，东连媪围，或为汉塞旧址。古称"氾水关"，"三眼井旧名氾水关，系蒙古鞑靼东来西去之要道"[3]，历来是南北通道的关口。明代是套部蒙古南下青海、盘踞松山、交通河套的大道。昌岭山南麓的白茨水，处于

---

[1] 周振鹤：《汉书地理志汇释》，安徽教育出版社2006年版，第357页。
[2] （清）李迪等：《甘肃通志》，兰州大学出版社2018年点校本，第263页。
[3] 景泰县县志编纂委员会办公室校印：《创修红水县志》，1989年版，第35页。

两沟交汇处，有汉代纹绳灰陶片，从位置和里程判断，或许为居延置。从白茨水西往新堡子、大路沟、南台子，沿山路可达大靖。

从景泰县芦阳镇东行 10 千米，到达鸾沟古城，有学者认为是汉代的媪围县县治所在。① 其地群山起伏，南边有砂河流经。出鸾沟媪围古城，沿明代边墙西行，到达昌岭山北麓龙口村，村东有红墩子汉代烽燧和老婆水（当地称"老婆子水"）汉代遗址，老婆子水之得名，据当地老人讲，很早以前，在遗址东边的坡地上有一处建筑，曾有一老妇人开一旅店卖茶水，东来西往的客人就将此水称为"老婆子水"。② 此地也发现过灰陶片。龙口村因泉水喷涌、甘甜而得名。红墩子烽燧下山梁，已平整为公路，或设居延置。此处北控白墩子盐池，东控漫水滩，汉代把成片水域称为"居延"。

出龙口村，沿 308 省道前行。路南沟里有明代红水城，曾为清代红水分县的县治所在地。红水之名，来自该地土质多为红黏土，遇水后水色发红。21 世纪初，城里居民迁往北部 4 个山镇。沿 308 省道西行，这一线实施退耕还林后，植被丰厚，明代边墙及烽燧保存较为完整。车行 20 千米，进入古浪县境大岭村，眼前出现成片废弃的房屋，村民已被异地安置了。

数千米外道路右前方有一座废弃的古城，当地人称为"老城"。地名"老城"并不见史籍记载。苍老的城池守望着河山，历经风雨的城墙已残破不堪，不知道它伫立了多少年。询问当地老人，只知道他们从小就称它为老城，没有人知道它原来的名称和历史。老城建在森林密布的昌灵山北沟口，通往山口的大道从老城中间穿过。老城又为东、西往来大道要冲。城墙夯筑厚实、规整，城内砂石遍地，屋舍多为石头砌成。古城已萧条多时，城内仅有两户牧羊人家。城西村庄，称为"老城村"。西北 4 千米处有地名"关庄子"，为"暗门遗址"。

---

① 李并成：《河西走廊东部新发现的一条汉长城——汉揟次县至媪围县段长城勘察》，《敦煌研究》1996 年第 4 期。
② 高启安、沈渭显：《汉居延置所在置喙——以居延里程简 E. P. T59：582 为中心》，《敦煌研究》2013 年第 5 期。

暗门东侧沟里泉水涌出，临近明边墙，适合驻军固守。

城墙土层夹有疑似唐代淡黄色瓦片，又见到村民从附近挖出的汉唐灰陶罐。村民还说，南城门出土过长3米铁质偃月大刀，重约90千克，属于镇城器物。地名"老城"并不老，仅是清代至民国年间称呼。明代筑松山新边时，在此修建阿坝营，称为"阿坝城"。阿坝音同"俄博"，来自唐宋吐蕃语，意为"牦牛滩"。北坡边墙有两个烽火台并连，称"双墩"，为甘肃镇与固原镇管辖分界墩。可惜，松山新边修成30多年后，大明王朝灭亡。官兵喧嚣过后，城池的主人公消失了，从此静寂了几十年。清初，村民受游牧而来的蒙古族袭扰，迁往他处。现在的居民多为清代移民后裔。

松山新边始建于明代万历二十七年（1599）三月，是年夏天竣工，之后续有扩建。乾隆《皋兰县志》记载："红水城，周遭三百六十丈，高三丈二尺。永泰城，古老虎城也。"① 明万历三十三年（1605），总督李汶上疏请修筑边防工事得到许可，万历三十五年（1607）邢云路奉命修建，名曰"永泰城"。在永泰城南30千米筑有镇虏堡，镇虏南筑有保定堡，从万历三十五年（1607）三月起到次年建成。自黄河西岸的乌兰哈思吉索桥，至古浪县泗水堡，全长200千米。索桥渡口北侧之边墙遗迹清晰可见，边墙伸入黄河岸边的"老龙头"遗迹尚存。称名"新边"以区别于庄浪河明代边墙。以老城阿坝营分界，东部沿边建有红水城、三眼井堡、大芦塘堡、小芦塘堡、索桥堡、永泰堡，西部沿边建有阿坝营、裴家营、大靖营、土门堡、王府营、夹山岭堡、永丰堡、泗水堡和松山城。这15个城堡与新边构成明王朝的松山防线。

老城地理位置十分重要。明代筑阿坝城前，旧址应为北周至唐代古城，具备唐代乌兰县管辖城池特征，或为新泉军的牧马城。唐代新泉军配有千名官兵，驻地在凉州东北175千米外，即营盘水至甘塘之

---

① 乾隆《皋兰县志》卷4《建置·城池》，载《中国地方志集成·甘肃府县志辑》，凤凰出版社2009年影印本，第52页。

武威市

一 大靖 土门 古浪

大靖南依祁连山，北临腾格里大漠，为河西富邑，曾为甘肃省四大名镇之一，2007年被评为"国家历史文化名镇"。大靖繁华不逊于一般县城。秦汉之交，这里水草丰美，南依祁连雪山及松林，被匈奴遫（sù）濮部落占据。《史记·卫将军骠骑列传》记载："骠骑将军率戎士逾乌盭，讨遫濮，涉狐奴。"① 元狩二年（前121）春霍去病讨伐的遫濮，为匈奴大姓，盘踞在沙漠包裹的绿洲里，正是霍去病河西首战地。

居延置至鰈里九十里，鰈里至揟次九十里。居延置以西九十里为鰈里。② 经李并成研究，古浪县大靖镇北1千米许原有一座汉唐时期的古城址，今名"古城头"。驿站鰈里为扑獖下的"里"，即村镇，位于今古城头近侧。③ 鰈（chè）意同叉，指腰带扣。有玉钩鰈、金钩鰈。"鰈里"意为"如腰带般弯曲入怀的村庄"。三国初设扑獖县，前凉改为魏安。后周为白山县者也。④ 扑音近濮，与匈奴遫濮部落有关。北魏置魏安郡，隋朝设白山县，唐初改名"白山戍"。元代称"扑

---

① 《史记》，中华书局1959年标点本，第2929页。
② 汉简所记一里合今415.8米。
③ 李并成：《汉代河西走廊东段交通路线考》，《敦煌学辑刊》2011年第1期。
④ 周振鹤：《汉书地理志汇释》，安徽教育出版社2006年版，第356页。

沙",意为"街市"。明末始称大靖,当时将河东靖虏卫城守兵移居此守卫,或取"靖虏"之靖为大靖,即安定边远之意。

明代万历年间立有荡空松山碑,上载:"(松)山以西扒沙为凉古屯地,山以东芦塘为靖虏膏腴之地。"扒沙即大靖,古来为凉州屯田之地。万历二十七年(1599),大明军队集结万人,打败元蒙阿赤兔势力,收复松山,始将当地改名为大靖。元代至清代时,大靖与西边土门子均为河西贸易集散地,各地商旅往来不绝,大靖素有"塞外小北京"之称。清朝至民国年间,秦晋商人之间流传:"要想挣银子,走一趟大靖、土门子。"

土门古城位于明长城南侧。公元前111年之后,在此附近设揩次县,首属张掖郡。揩次遗址难寻,《汉书·地理志》记载,苍松县"南山,松峡水所出,北至揩次入海"[①]。揩次也写为"且(沮)次""揖次",本意为低洼潮湿处的驿舍。另外,秦汉之前的商周时代,"堞"和"次"本指驿道边设置的馆舍。后来,以车传递称为"传",以马传递称为"驿"。约公元前67年,揩次县属新置武威郡管辖。王莽称帝时,改为"播德县"。北周时并入昌松县。明朝时,当地为哨马营,隶属古浪守御千户所。正统三年(1438)六月,巡抚都御史罗亨信改为土门。"土门"或因临近两土墩台所设关卡而得名。明代筑松山新边之前,已沿宁定、双塔至土笼台、直灭台之间修筑了两墩台,称名为"土字二墩",卡控东西往来古道。考察人员认为,土门或源自鲜卑语"图们""图蛮",指河水汇聚之地,图蛮的口称要比地名"土字二墩"早千百余年。

土门镇外村庄,处处被绿树环绕,规整的田地一直延伸到沙漠边缘。进入繁华的小城,一座标志性建筑——山陕会馆出现在眼前。山陕会馆建于明万历二十七年(1599),与黄河明末哈思吉索桥及清代山陕碑有必然联系,凝聚了山、陕商人的古道情感。布匹、砖茶、皮革、烟草和日用品源源不断地驮运而来,再从土门穿越河西,前往

---

① 《汉书》,中华书局1962年标点本,第1612页。

新疆。

饱经沧桑的山陕会馆,见证了明清时期土门厚重的商贸史。质朴的土门传统而厚重,在民国时期就赢得"西北小长安"的赞誉。无论汉唐丝路,还是明清河西商道,沿途地名印迹依然熠熠生辉。土门——丝绸之路上遗落的一块璞玉,亦农亦战的军屯后裔生息的沃土。

土门镇东山坡有一座清凉寺,从大雄宝殿外那棵苍劲的古老柏树就能判断出先前庙宇已有近千年历史。寺内大殿屋檐下立有重修清凉寺志碑,记载了寺院初建于晚唐吐蕃占领河西期间(810—820),为山西五台山清凉寺游僧化缘,弘扬大乘华严宗派的佛教理念。可惜,公元1226年夏,成吉思汗的蒙古铁骑火攻寺院,僧众殉难,寺院化为灰烬,只有旧台址上栽植的柏树依然顽强地生长着。清代古浪知县徐思靖写有《柏台春暮》诗:

柏台之春春已暮,桃花烂漫罂花吐。
暮时谁晓柏台春,柏台知春春早沦。
岁寒正是春时节,无奈人间并不识。
但宅柏影何青青,怪煞人酣我独醒。[①]

古浪故城筑于元代,位于峡内黑松驿台地,因古浪河得名。河水古称"松陕水",后有"古尔浪洼"之称。考察人员认为古浪之音出自西夏时期的"唃啰""唃厮啰""搠啰",即"佛子""圣山"之意。类似东部永登县在西夏时称呼"卓和啰"(明代改称"庄浪卫"),均为鲜卑语及党项语夹杂吐蕃语的发音。明洪武五年(1372),宋国公冯胜平定河西,"居人逃散,和戎境虚"。洪武十年(1377)凉州千户江亨防守和戎,因旧水名改为"古浪",修筑古浪城。在黑松驿设古浪卫,正统三年(1438)改为"古浪千户所",属陕西行都指挥使司。

[①] 乾隆《古浪县志》,载《中国地方志集成·甘肃府县志辑》,凤凰出版社2009年影印本,第467页。

清雍正二年（1724）新置古浪县，在今址。

大峡内的古浪县城古来为要塞，正是西路军九军折戟之地。1936年11月，九军激战马家军，3000余名红军牺牲在古浪城内外。考察人员还在今古浪县城南发现了一个名称很有特点的建筑，名为"天祝藏族自治县古浪面粉厂"，当为1958年撤销古浪县建置，整体划归天祝藏族自治县的明证。

考察人员还发现土门镇至西湖镇以北有汉长城遗址，隐现在沙漠中。西出古浪县土门子，远望永丰滩，明代200千米松山新边于此终结。驼载北道，承载着北风凛冽的苍茫，写满了精彩的地名传奇。

二　鸾鸟　张义堡　高沟堡

出古浪县境再往西北部，隐约可以看见戈壁滩里汉长城遗址。丝绸之路北线与中线在此融合。前方就是出入河西走廊的十字路口——小张掖。丝绸之路中道，即陇山—秦州—兰州—永登段，过乌鞘岭，出古浪峡，与丝绸北道汇集在张掖。

破城子《驿置道里簿》记载北线驿站："鱳里至揟次九十里，揟次至小张掖六十里。"悬泉置《驿置道里簿》记载了南线驿站："仓松去鸾鸟六十五里，鸾鸟去小张掖六十里，小张掖去姑臧六十七里。"鸾鸟地名来历已不可考，史料记载有《山海经》中"有鸟焉，其状如翟而五采文，名曰鸾鸟，见则天下安宁"[1] 等关于鸾鸟的多次记述，鸾鸟为古代祥瑞和谐的化身。《逸周书·王会》中还有"丘羌鸾鸟"[2] 的只言片语，为氐羌人献鸾鸟的记载。当地有鸾鸟山，应与此地原先为羌人所居有关，地名就取象征美好意义的鸾鸟为名。

当地人认为张义堡为汉代张掖城。张义堡位于凉州区南65千米处的张义镇，为明代所筑。清代设张义营，置守备，雍正二年（1724）

---

[1] 袁珂：《山海经校注》，上海古籍出版社1980年版，第35页。
[2] 黄怀信、张懋镕、田旭东：《逸周书汇校集注》，上海古籍出版社1995年版，第917页。

改设都司。张义堡位于"县东南一百二十里，周围二百丈，高三丈五尺，厚一丈五尺，门一座"。《军制》："设守备一员，马战兵二十名，马匹铁盔甲数如马战兵。守兵四十五名，绵盔甲数如守兵。大神炮三位，小铁炮六位，子母炮一位。大小鸟枪二十七杆。"① 位于山区的张义堡城周长0.5千米，方位与汉简不符。

初名张掖时，古城也不在今张掖市甘州区。今凉州区东南20多千米处武家寨至高墙一带，曾经应该是汉代张掖县城所在地。

汉初，匈奴屡侵边，汉朝蓄势备战多年。公元前121年春，骠骑将军霍去病"讨遬濮，涉狐奴，历五王国"②，从狐奴水边，抓获匈奴单于王子。10年间，称此地为"张掖"，意为"张国臂掖，以通西域"。对于"张掖"一名的来历，另有学者认为是张掖附近猪野泽"猪野""猪野""涿邪"等名称的别译，是早在汉取河西之前就已经有的古地名。这当然不排除汉将其译写成"张掖"二字的确寓有"张国臂掖"的意图。③

张掖郡设置40多年后，析出武威郡。早先设立的张掖县到了分设武威郡时（前67），因地处郡治姑臧旁，就地划归武威郡。此后常称"小张掖"，以区分张掖郡。张掖县一直到三国曹魏时才撤除。西晋时，旧地归姑臧县。唐朝时，南山冷龙岭还设过张掖守捉。

汉代河西五郡始设年代，史学家争论了百年，大概为：汉元狩二年（前121），首设酒泉郡（郡治位于泽索谷至䜌得城间）；元鼎六年（前111），酒泉郡析置张掖郡和敦煌郡；始元六年（前81），析张掖郡东部置金城郡；地节三年（前67）后，置武威郡。

河西五郡设置受移民进程影响。张骞于公元前115年第二次出使西域，乌孙、月氏不想东返河西故地，汉朝只能移民实边。《汉书·武帝纪》记载，元鼎六年（前111）秋，"遣浮沮将军公孙贺出九原，

---

① 乾隆《武威县志》，载《中国地方志集成·甘肃府县志辑》，凤凰出版社2009年影印本，第368页。
② 《史记》，中华书局1959年标点本，第2929页。
③ 李并成：《"张掖"释名》，《河西学院学报》1990年第2期。

匈河将军赵破奴出令居,皆二千余里,不见虏而还。乃分武威、酒泉地置张掖、敦煌郡,徙民以实之"①。移民近10万,奠定河西屯田、置城的基础。

位于长城乡的高沟堡,曾是姑臧县东大门,早年就有民谚流传:"先有高沟堡,后有凉州城。"高沟堡南距古张掖城约25千米,西距凉州区25千米,城堡被北面和东面沙漠包围。边城虽然残垣断壁,但因周边受农耕影响小,为凉州区内保存最好的古城遗址。城东西长250米,南北宽135米。城周有汉代墓葬,地表遗物有汉代红陶、灰陶残片和汉砖瓦,发掘出五铢钱币、唐代铜佛、珊瑚、玛瑙、玉器、珍珠等,还发现过带有西夏文字的瓷片。城池内,近代人修筑了一座庙宇,却不见香火袅袅,更显得幽静而空寂。

为何称名"高沟堡?"因城堡处于高沟村,还是因高城墩被深壕沟护卫,今天已经无法厘清其中的关系。《读史方舆纪要》记载为"扒里寨",这只代表元代的称呼。明、清方志中记载为"高沟堡"。显然,高沟堡称名于明清时期。它的前身始终为谜,或与汉代小张掖城有关。

附近有黑木林湖,俗称"龙王泉""黑墨湖"。汉代时,城周水草丰美,适宜放牧和耕田。隋唐时,凉州牧马监设在就近,对外防御吐蕃和突厥侵边,古城对保卫凉州的安全发挥过作用。后来,因上游大量开田,消耗了水资源,下游沙化,耕田荒芜,古城渐渐尘封在沙漠之中。推测古城始建于两汉,早于三国曹魏时设立的凉州(州治姑臧),是汉代张掖城、姑臧城的姊妹城。自汉唐至西夏、元、明、清时均使用,为通往内蒙古、宁夏、河东至长安的丝路要塞和互市场所。从附近有暗门、月城、官街、前营马场、西湖马场等明代遗留地名推断,明代时,高沟堡为少数民族与凉州卫互市的榷场。

《读史方舆纪要》中记载,扒里寨在凉州卫东北。"扒里"出自元朝统治时的蒙语地名,大意为市场。到了明代,因古堡位于红水河川

---

① 《汉书》,中华书局1962年标点本,第189页。

西侧，称名"高沟堡"。蒙古鞑靼时常逾越沙漠，沿红水河河谷南上，抢掠凉州村镇。明代时，此堡位置非常重要，称此地为"甘肃寇门"。明代所筑长城（边墙）沿着红水河道西岸，从东南部的永丰滩、吴家井蜿蜒北来，一座座烽墩相随，散布在田野里。长城经过高沟堡后，向西北十二墩迤逦而下，隐没在腾格里大沙漠边缘。城堡东临月城，西至长城镇的中沙墩。内城东北角城墙上有一座高12米的烽火墩，称为"火药局"。墙下有甬道通往外城墩台，这种构造雷同空心敌楼。城池西墙正中土台上有龙王庙遗址，寺庙建于明洪武十四年（1381）。原有铁钟一口，毁于1958年秋。清朝时，高沟堡设守备把守，配有步兵45人，骑兵20人，土炮10台。

今天，只余荒城废垒，眼前景象与清代张翊所见一样：

> 姑臧宫阙已成灰，一曲悲笳怨落梅。
> 碧草春留苏武泽，晴烟晓护李陵台。①

三 发放镇 双树 张清堡

发放镇位于武威市凉州城区东北郊。明初山陕往河西移民时，在此设立管理移民发放的机构，称"发放亭"。如今，当地称名"发放村"。同期，还有安置寨，在村北3千米处，现称"安置村"。多年前，政府将发放村和安置村等村组建成发放镇。2004年，发放镇又合并了双树乡。"双树"，因当地有双树堡而得名，双树堡之名清代即有记载。②

当地人对于自己的原籍大都语焉不详，有的说来自陕西大柳树，有的说来自山西大槐树。但武威确有以"大柳树"为名的地名，据乾

---

① 《武威市志》，兰州大学出版社1998年版，第970页。
② 乾隆《武威县志》，载《中国地方志集成·甘肃府县志辑》，凤凰出版社2009年影印本，第367页。

内永泰城之"泰",后将"靖"雅化为"景",意为"景象繁荣、国泰民安",定名"景泰"。1978年,随着景泰川因上水工程得以开发,县城从芦塘城迁往今之一条山镇。

媪围,黄河西岸第一城。对于媪围一名的各种记载历来多有出入,而其确切的地理位置也并见歧说。据《汉书·地理志》记载,武威郡下有媪围县。① 三国曹魏时省并。媪围,南唐徐锴所撰《说文解字系传》中"媪"字下引汉媪围县为用字例,"围"作"闱"。② 然徐锴以前不见"媪围"之"围"作"闱"例,不知徐锴此说何据。后代文献记载或因字形相近而多有讹误,或"媪"讹作"温","围"讹作"圄"。据《资治通鉴》:"勃勃天姿雄健,御军严整,未可轻也。不如从温围北渡,趣万斛堆,阻水结营,扼其咽喉,百战百胜之术也。胡三省注:温围,水名,《水经》:河水北过武威媪围县东北。温围即汉之媪闱县欤?"③ 历史上的媪围城故址据《大清一统志》记载,位于"皋兰县东北"。④ 今人周振鹤、钱林书据此认为媪围县治所故址即位于今甘肃皋兰县北部。⑤ 对于"媪围城"一名的来历,以及"媪围"与"媪围水"的关系,多以为"媪围"因附近"媪围水"而得名,但对"媪围"二字的解释历来多有分歧。钱伯泉认为"渥洼"和"媪围"是同一地名的不同汉字音译。"渥洼"和"媪围"很可能原是月氏语的地名。因为匈奴人的语言与月氏相近,继续使用了这个地名。⑥

从黄河边五佛寺出发,车辆钻出山谷后,南拐,进入松山新边⑦

---

① 《汉书》,中华书局1962年标点本,第1612页。
② (南唐)徐锴:《说文解字系传》卷24,清道光十九年(1839)祁寯藻刻本。
③ 《资治通鉴》,中华书局1956年版,第3659页。
④ 《嘉庆重修一统志》卷253,四部丛刊续编·史部,1934年上海涵芬楼影印清史改馆藏进呈写本,第6页。
⑤ 周振鹤:《汉书地理志汇释》,安徽教育出版社2006年版,第357页;钱林书:《续汉书郡国志汇释》,安徽教育出版社2007年版,第354页。
⑥ 钱伯泉:《渥洼水天马史事辩正》,《甘肃社会科学》2006年第3期。
⑦ 明万历二十六年(1598),兵部尚书兼三边总督李汶、大司马兼甘肃巡抚田乐、甘肃总兵达云等收复大、小松山(今天的天祝、永登、古浪、景泰等地区),后所筑的从景泰索桥渡口到古浪泗水镇的新长城,称为"松山新边"。

内，接近明代所筑的大芦塘城外后，又东行，到达弯沟古城遗址。公路北侧古城遗址隐约可见，城东夯筑残墙犹存痕迹，古城池轮廓不规则，从半山延伸到河川田地里，半山残墙有西夏扩城风格，散布绳纹灰陶片和历代瓷片。附近有汉墓群，东边张家台遗址出土过半山彩陶。

沿城南砂河东去 10 千米，直达明代索桥[①]，但黄河两岸崖高路陡，驼链难行。从古城西南翻越大坡，咬牙沟古道通黄河盐寺渡口。附近的南山，东接黄河，一名"米哈山"，蒙语意为"肉山"，为祁连山东麓末梢。米哈山以西，高耸入云的老虎山和遍布森林的寿鹿山形成天然屏障（老虎山为寿鹿山主峰，海拔 3321 米）。在米哈山和老虎山的豁口处，一条小河缓缓流淌，与古城北部麦窝水交汇于城东，古城山梁被两条小河道相围。

西汉媪围县城的确切位置无考。北魏《水经注》描述媪围县黄河水"又东北过武威媪围县南。河水迳其界东北流，县西南有泉源，东迳其县南，又东北入河也"[②]。从《汉书·地理志》《后汉书·郡国志》中零星的记载检索，媪围县属武威郡 10 县之一，媪围城为武威郡下 14 城之一，疑与武威郡同设置于汉宣帝地节三年（前 67）。

汉将李息、徐自为西逐诸羌后，于公元前 111 年冬筑令居塞后，移民河西，置酒泉郡、张掖郡以保障丝路通畅。汉宣帝地节三年（前 67），汉朝在松山北部缘边沙漠增修长城，保护内置的媪围县、揗次县。原先由祖厉城渡河至令居塞的南道北移，转由媪围城快马至姑臧的北道，传置道更为快捷。再后来，媪围县存在 300 多年，废于曹魏末期。此后，处于丝路要塞的媪围城犹存，偶见史载。

媪围城临近黄河，卡控河塞。东汉以后，称呼此段黄河为"温围水""媪围水（河）"，先前称呼的"鹯阴河"不见史载。鹯阴，西汉

[①] 明代在靖远县境内黄河上游修建的桥梁之一，是当时由西安经平凉和固原、海原再经靖远、景泰至武威的必经之桥。康熙《重纂靖远卫志》记载："哈思吉堡西南六里至黄河岸，又三四里到大口子、小口子，即昔年初建索桥之地也。盖隆庆初创设船桥以通往，寻因河水泛涨漂没无存，仍以船渡，其码头故迹犹存。"

[②] 陈桥驿：《水经注校证》，中华书局 2007 年版，第 52 页。

时作"鹯阴",《后汉书》李贤注谓:"凉州姑臧县东南有鹯阴县故城,因水以为名。"① 即"鹯阴"之名来自于"鹯阴河",这里自古为通往河西的重要渡口,称"鹯阴口"或"鹯阴河口",南北朝以后称"乌兰津"。鹯阴县故址,位于黄河西岸,今靖远县西北。②

西晋咸宁五年(279)冬,马隆讨伐凉州秃发树机能,西渡温围水后,即开战。公元407年冬,南凉秃发傉檀率众东追赫连勃勃,从媪围北入冰桥。30年后,北魏拓跋焘讨伐北凉国,又从媪围前往凉州。此后,有关津渡地名"媪围"从史籍中消失。百年后,史籍出现"乌兰津"。北周至隋唐时期,当地设置乌兰县。③ 1974年靖远县双龙公社北城滩出土的《乌兰县京兆府醴泉县丰泉墓志》砖有铭文:"乌兰县京兆府醴泉县丰泉。"④ 京兆府,唐开元元年(713)设置,是府作为行政区划的开端。唐玄宗把长安所在的雍州改为"京兆府",京兆府的首长为"京兆尹"。领万年、长安、新丰、渭南、郑、华阴、蓝田、鄠、盩厔、始平、武功、上宜、醴泉、泾阳、云阳、三原、宜君、同官、华原、富平、栎阳、高陵22县。出土的这一墓志砖对于研究唐代乌兰关关址、乌兰县县址问题具有重要价值。乌兰城设置在媪围古城,还是黄河东岸的靖远北城滩古城(遗迹尚存),至今尚无确证。或许媪围古城就在城南锁罕堡附近,从锁罕堡东去尾泉,亦可抵达黄河岸边。

逆媪围城南部砂河而上,车过明代芦塘城,继续向西南行驶。抵达喜泉镇后,拐入镇学校东南巷道,找到锁罕堡遗址。城墙内夯有不少汉唐灰陶片,地面有明清瓦砾,城北有汉墓群。古城初为汉唐遗址,后因战乱、地震,城池屡建屡废,民国年间称为"新堡子"。锁罕堡卡控山垭要道,因山为塞,为汉代令居塞辅城。古城连接黄河渡口,后来成为北周乌兰城,继而为唐朝新泉军管辖城。唐代因新泉军而筑

---

① 《后汉书》,中华书局1965年标点本,第276页。
② 钱林书:《续汉书郡国志汇释》,安徽教育出版社2007年版,第354页。
③ (清)李迪等:《甘肃通志》,兰州大学出版社2018年点校本,第721页。
④ 靖远县博物馆编:《靖远精品文物图录》,陕西人民出版社2016年版,第199页。

新泉城，大足初郭元振置，宋为"新泉寨"，废于金代。① 元末明初，蒙古部落游牧于此。明代嘉靖年间（1522—1566），蒙鞑宾兔、阿赤兔部落为打通青海至河套通道，又盘踞30多年。后因部落首领速罕秃得名"速秃堡"。明军进驻后，修缮城堡，称名"速罕秃营"。营盘东接西番窑，迭烈逊渡口，西接庄浪卫，北控苏海图（盐池）、芦塘。公元1598年，松山新边墙建成，又建大、小芦塘堡和索桥堡，军事通道和商道北移，撤速罕秃营，民间渐讹传古堡为"锁罕堡"。1954年，锁罕堡城南挖出一口清泉，改名为"兴泉堡"，2001年称"喜泉镇"。

景泰境内历史文化城堡丰富，还有明代永泰城、宽沟堡、红水堡、镇房堡、三眼井堡，清代至民国年间的泰和堡、张家堡、一条山堡等。唯老虎山古城和官草沟烽燧为汉唐遗存，均为小规模塞城。境内分布多处远古时期的岩画，雕刻有鹿、马、羊、狼、太阳等图腾，为春秋战国及更早的土著遗留下来的杰作。

20世纪70年代，引黄河提灌工程上马，迁入山区移民。昔日荒凉的景泰川郁郁葱葱，成为米粮川。农产品形成品牌优势，景泰枸杞、条山梨、龙湾苹果、翠柳山羊肉成为国家农产品地理标志。寿鹿山森林、龟城、黄河石林、五佛沿寺等著名景点，引得无数游客观光。

六　居延置　三眼井　老婆水　老城

"媪围至居延置九十里，居延置至觻里九十里，觻里至揟次九十里，揟次至小张掖六十里，小张掖去姑臧六十七里。姑臧去显美七十五里。"②

汉简中记载的是长安通往河西走廊的北道。北道开通的时间较早，河西郡、县设立时就已经开通了，线路也较为顺直。由长安向西北方

---

① （清）李迪等：《甘肃通志》，兰州大学出版社2018年点校本，第721页。
② 转述自里程简。居延里程简（E.P.T59：582）发现于1974年，出土于居延破城子。该简中间有缺，仍记载了汉代长安到坻池的地名及历程，是当时东西交通及丝绸之路的重要历史文献明证。

隆《武威县志》记载，村社有大柳树堡。①

明初大规模移民，有数次专为填河西、固边塞而移民。每一波移民，都有说不尽的分离伤情，都有个人的无奈和朝廷的强迫。数代后，渐融入当地多民族生活，再难寻根问祖。百年后，乡音皆无。他们中偶尔有人能说出大概州县，鲜有人知道先祖生活过的村庄。

　　　　问我故乡在何处，山西洪洞大槐树。
　　　　祖先故居叫什么，大槐树下老鹳窝。
　　　　谁是古槐迁来人，脱履小趾验甲形。

这是明朝移民流传下来的歌谣，曲调已失传。屯田实边的往事，变成了断断续续的传说。河西大地，自汉武帝移民以来，朱元璋大规模移民，移民后裔已到20多代。没有移民开荒，边塞何以安定。

清水乡政府东2千米有一棵古槐，位于张清堡村。远望古槐树，枝繁叶茂，树冠蔽日。树根裸露，如龙爪盘地。槐围近7米，树高15米。村民相传，古槐本是唐代尉迟敬德的系马桩，后来长成大树，保存下来。常有人前来焚香，祭祀。

　　　　秦中花鸟已应阑，塞外风沙犹自寒。
　　　　夜听胡笳折杨柳，教人意气忆长安。②

青山依旧在，几度夕阳红。古槐见证过战争，见证过灾难，也见证过和平盛世，它坚持陪伴日出而作、日落而息的村民。

明朝开国皇帝朱元璋派宋国公冯胜、颍国公傅友德将军平定河西后，在西凉州设立凉州卫，属陕西行都司管辖。明朝扩建凉州城，兴建官署、学舍，砖包城墙，文庙、大云寺、清应寺、罗什寺陆续建成，

---

　　① 乾隆《武威县志》，载《中国地方志集成·甘肃府县志辑》，凤凰出版社2009年影印本，第367页。

　　② （清）彭定求等编：《全唐诗》，中华书局1960年版，第1605页。

具有浓厚的中原文化底蕴，奠定了近代凉州城的基本格局。明代凉州卫长期防御来自漠北和松山的鞑靼，保障商道安全。凉州军民时垦田，时防鞑靼袭扰，度过了数百年风云岁月。

光阴似箭，四季轮回，岁月更迭。斯人已去，化为尘埃。只有古槐依旧，在风雨中守候着它的土地，静静地凝望祁连雪山和北部长城及腾格里大漠，注视着曾经远离故土的先辈一个个逝去，而他们的后裔渐渐适应了西北边陲，融于当地的生活，把家园建设得愈加美丽。

四　姑臧　皇娘娘台　沙井　鸠摩罗什寺

深入旧时姑臧的凉州城区，就走进了武威几千年的历史烟云，南城门、文庙、西夏博物馆、鸠摩罗什寺、百塔寺、海藏寺等古迹遗存，如同一幅幅绚烂的历史画卷缓缓展现在眼前。这里为汉唐缯绢交易集散地，是酒文化的故乡，西凉曲发源地，也是佛教东传的大都会，曾为十六国时期前凉、后凉、南凉、北凉的都城。

姑臧古城位置目前无法确指。一说位于现在的凉州区城区，一说位于城区东北侧。据乾隆《武威县志》记载，姑臧位于武威县"东北二里。汉制县，属武威郡治，又名"龙城"。晋、隋因之，唐为凉州治"①。金羊镇赵水坑有一高出四周的土台。田野里残砖碎瓦散布，残垣断壁尚存。一块残碑上留有"甘肃省文物局"字样，西边不远处，便是雷台。

姑臧音同盖臧，地名来源于南部盖臧山。秦汉时，游牧为生的羌、乌孙、月氏和匈奴轮番生息。匈奴称"盖臧"，西汉称为"姑臧"。高山流水，牧野草青，流沙挡北。姑臧因位于走廊中部的冲积洪积扇，水热组合良好，古来美丽富饶，适合人类繁衍生息。汉、月氏、羌、匈奴、回鹘、吐蕃、党项等不同民族的文明碰撞、交融，最终形成包

---

① 乾隆《武威县志》卷一《地里志·古迹》，载《中国地方志集成·甘肃府县志辑》，凤凰出版社 2009 年影印本，第 387 页。

容的中华文明。

皇娘娘台、磨嘴子出土了马家窑文化彩陶,海藏寺遗址出土了齐家文化陶器和玉器,民勤沙井子及暖泉沙井文化遗址出土了青铜器及彩陶。早在5000—3000年前,这里就是先民对外交流的前沿。皇娘娘台,位于武威市凉州区金羊镇宋家园村,又叫"尹夫人台",位于今凉州城西的尹台寺。现在为人所称道的是以皇娘娘台命名的"皇台酒",皇台酒厂就位于尹台寺旁边。

尹夫人是东晋十六国时期西凉王李暠的妻子,在李暠创建的西凉政绩中,尹夫人居功至伟,为此有人把西凉政权称为"李尹政权"。东晋元熙二年(420),西凉被北凉沮渠蒙逊所灭,尹夫人被沮渠蒙逊掳到国都姑臧,蒙逊在西汉末年窦融所筑的台基上为尹夫人治居所。后李渊在尹夫人台的基础上修建了尹台寺,后人也称为"皇娘娘台"。

说到沙井文化的命名地,则位于民勤县城西南20千米的沙井村沙漠中。考察人员来到遗址附近,眼前是一片荒漠戈壁。因是深秋时节,只有风沙伴随着梭梭地摇曳,未发现遗址保护标志,遗址具体位置难以找寻。文字记载遗址以柳湖墩为中心,四周延伸1千米。在沙岭相间的平地上,暴露大量遗物,包括石斧、带孔石刀、石镞;陶器为夹砂粗红陶,器型有单耳或双耳罐、筒形杯和鬲等,饰绳饰纹、彩绘条纹、三角纹或鸟纹;还有青铜刀和三棱镞、金耳环、贝和绿松石等。发现有城郭遗迹。沙井文化系我国西北地区的青铜文化,其年代相当于中原地区的周代。① 凉州区北部的民勤县是沙井文化代表区,自1923年瑞典学者安特生的助手白万玉调查以来,出土了大量彩陶、小件青铜器、金耳环等。部分学者认为创造沙井文化的古人,应为早期的西戎人或月氏人。2006年,凉州区张义镇南部河湾村出土了一件青铜器。器物体形浑圆硕大,有三个虎耳,具有月氏或匈奴草原文化特点。

公元前121年,霍去病击败匈奴,河西纳入西汉版图。丝绸之路

---

① 郭方忠、张克复、吕靖华:《甘肃大辞典》,甘肃文化出版社2000年版,第481页。

于公元前114年开通，姑臧城东接枢纽张掖县城，西连显美县城。其间，在姑臧城北150千米置武威县（今民勤县内），北控沙漠。地名武威，彰显大汉帝国的武功军威。从此，姑臧城地位日益重要，先后成为西汉置武威郡、王莽新朝时置雍州、三国曹魏政权时置凉州的治所。

西域人仰慕姑臧，携金银器、葡萄酒、亚麻布等特产，交换中原缯布丝绸。中原人遭遇战乱，前来逃难。姑臧人口曾一度达20万。2005年11月，凉州区磨咀子古墓群中一座汉墓坍塌，考古发掘出一批保存完好的丝绸，鉴定为西汉末至东汉初期织造。

东汉至三国时，姑臧成为葡萄酒交易之地。三国名将孟达的父亲孟佗，因给权倾朝野的宦官张让赠送一斗葡萄酒，获得凉州刺史的官职。从西方传入的葡萄种植技术和酿酒技艺，在姑臧生根。

姑臧物产丰富，人杰地灵，当地还出了不少影响历史的名人。东汉中郎将段颎平定羌乱，一生战功显赫。三国谋士贾诩一生算无遗策，每计皆中，一言可以覆城，先后追随董卓、李傕、段煨、张绣、曹操、曹丕等人，官至太尉。尤其在曹、袁争霸时，贾诩规劝张绣投奔仇敌曹操帐下，老谋深算的曹操即把贾诩当作心腹重用。

西晋末，中原大乱，进入五胡十六国时期。以富庶著称的姑臧城，遭前秦、后秦、前赵等割据势力征伐，前凉、后凉、南凉、北凉先后把国都立在姑臧城，致力于农牧业。唐初，李轨建大凉国，立都姑臧。被称为五凉之都的姑臧古来贸易兴盛。五凉统治河西及陇右的时间虽短暂，却能礼优贤士，倡兴儒学，推广佛道。相比同期的乱世中原，反而传承和发扬了中原文化精髓。

西晋"八王之乱"发生后，在宫廷任职的张轨，目睹皇室夺权内弑，预感内乱将至，请求外任凉州刺史。张轨纳贤士，固大族，养生息，于中原文化有存亡继绝之功。西晋亡国前后，中原内战不息，生灵涂炭。关中传唱童谣："秦川中，血没腕，唯有凉州倚柱观……"①

---

① 《晋书》，中华书局1974年标点本，第2229页。

西晋官民纷纷逃往凉州姑臧。张轨扩建姑臧城垣，增筑四城，安置流民。《水经注》引王隐《晋书》："大缮宫殿观阁，采绮妆饰。"[1] 又设武兴郡、晋兴郡。张轨经营河西、河湟有方，劝课农桑，办贵族学堂，文化经济繁荣。同期，撒马尔罕的粟特商团，沿丝路东来。粟特商团初入敦煌、姑臧，以输入中亚商品为主，经营金银器、樟脑、胡椒粉、麝香、白石墨（作抹脸增白粉用）和亚麻布等。

1907 年，斯坦因从敦煌西烽燧下发掘出粟特文信札。信件大概从姑臧城寄出，积压驿站。意为：三年来，金城—姑臧—敦煌间亚麻布销路很好，当地人换穿亚麻衣。长安、邺城大乱，我从姑臧派往洛阳的团队罹难。匈奴攻陷洛阳，皇帝逃走，印度人和粟特人饿死了。

这封信约写于公元 312 年夏，正值西晋遭遇天灾连年，匈奴人刘聪入侵的永嘉之乱。匈汉兵攻陷洛阳，掳走晋怀帝司马炽。其间，凉州刺史张轨最为忠诚。每年给都西晋朝廷上贡，屡派凉州兵马，救援洛阳、长安。

公元 314 年，张轨病逝前给儿子张寔留下"务安百姓，上思报国，下以宁家，素棺薄葬"[2] 的遗命。后西晋亡国，张寔立国，称臣于东晋，史称"前凉"。

公元 376 年，日益强大的前秦国派大军，秦将苟苌、毛盛、梁熙、姚苌等统步、骑 13 万从清石津西渡黄河，攻灭前凉。存在了 76 年的张氏政权灭亡。清石津在今甘肃兰州市西北黄河滨青石山下。《晋书·苻坚载记》："梁熙、王统等自清石津攻其将梁粲于河会城，陷之。"[3] 10 年后，前秦大将吕光西征归来，恰逢中原大乱，前秦太安元年（385）七月，前秦王苻坚被后秦姚苌缢杀于新平佛寺，滞留姑臧的吕光自称"三河王"，尔后建立短暂的后凉国。吕光西征返回，"众咸请还，光从之，以驼二万余头致外国珍宝及奇伎异戏、殊禽怪兽千有余品，骏

---

[1] 陈桥驿：《水经注校证》，中华书局 2007 年版，第 953 页。
[2] 《晋书》，中华书局 1974 年标点本，第 2226 页。
[3] 《晋书》，中华书局 1974 年标点本，第 2897 页。

马万余匹"①,从西域带回无数财宝,2万匹骆驼、马匹、杂畜、西域的艺人乐师及各种奇珍异兽计有千余。河西驼运开始兴盛,姑臧更加富裕。

前秦太安元年(385),吕光迎西域高僧鸠摩罗什到姑臧讲学译经,驻留姑臧16年,翻译佛教经典,为后来北凉佛教东传奠定了基础。鸠摩罗什在凉州一直住在鸠摩罗什寺,当地称"罗什寺",位于武威市北大街北端。据《罗什寺碑》记载:"凉地建塔,始自于秦。"相传寺内罗什寺塔为葬鸠摩罗什舌头舍利而建。塔屡圮屡建,今存塔为1934年重建。武威是佛教传播的重要节点,佛寺众多,以清代武威县的范围来看,历代修建直至清代的佛寺就有大云寺、清应寺、罗什寺、安国寺、洞儿寺、西来寺、地藏寺、清佛寺、海潮寺、白衣寺等。②

鸠摩罗什的才学引起后秦国主姚苌、姚兴父子仰慕。姚兴称帝后,出兵10万,攻陷姑臧城后,请他到长安讲佛,达15年。

公元406年,南凉王秃发傉檀臣服后秦国,进驻姑臧城,任凉州刺史。数年后,姑臧城遭遇饥荒,被北凉攻克,北凉移都于此。北凉国主沮渠蒙逊遍读史书,通晓天文,尊崇佛教,重用西域高僧昙无谶讲法礼佛,译出《金光明经》《大涅槃经》等150多卷。又在城南天梯山刻凿佛像。天梯山石窟位于今天武威市凉州区张义镇常水村(以前为中路乡,2004年后中路乡并入张义镇)的天梯山南麓。乾隆《甘肃通志》:"天梯山,在县南八十里。其山高峻,路径曲折如梯。"③ 姑臧成为西来佛教的传播、发散地。

沮渠蒙逊离世后,志在统一北方的北魏拓跋焘,借妹妹金城公主被北凉宫廷下毒事件,于公元439年夏出兵,征服北凉。北魏将姑臧城内外20万余户迁往内地平城(今大同),其中有能工巧匠,后来刻凿大同云冈石窟、洛阳石窟、麦积山等石窟。天梯山石窟因此被学术

---

① 《晋书》,中华书局1974年标点本,第3056页。
② 乾隆《武威县志》,载《中国地方志集成·甘肃府县志辑》,凤凰出版社2009年影印本,第398页。
③ (清)李迪等:《甘肃通志》,兰州大学出版社2018年点校本,第304页。

北宋立国初，西凉府虽归附北宋，仍然自治。李元昊夺得河西后，立国西夏，西凉府成为西夏辅郡，设置甘州甘肃军司，《宋史》记载："有左右厢十二监军司，曰左厢神勇，曰石州祥……曰甘州甘肃……"[①]是为"甘肃"一名的由来。又据《元史》："山丹州，唐为删丹县，隶甘州。宋初为夏国所有，置甘肃军。"[②] 甘州甘肃监军司，治今张掖山丹县。属甘肃军司（治甘州）管辖，（"甘肃"一名首次正式出现），卡断了中原通往河西的贸易通道。河西道丝路贸易衰落，转移到青唐路即原汉代羌中道，吐蕃宗喀国控制的青唐城（西宁）贸易兴盛。

北宋大军压境河湟，消灭了原盟友宗喀国，最终没能光复西夏控制的西凉府。却因国都汴京兵力空虚，被长驱直入的金兵攻陷，亡了国。到了南宋时期，更是鞭长莫及，宋军终未抵达祁连山下。元代降西凉府为西凉州，归甘肃行省直辖，在今凉州区西北设永昌路。明朝设凉州卫后，加固城池，防御鞑靼。清朝雍正皇帝改为武威县。1985年撤县设武威市。2001年设凉州区，属武威市。

地名凉州最初并不在河西。元封五年（前106），西汉分天下为13州，各置一刺史，史称"十三部刺史"。凉州刺史部设在陇山西部陇城。东汉应劭《地理风俗记》记载，汉武帝元朔三年（前126）改雍州为凉州，以其西行，土地寒凉故也。《汉书·地理志》中记载的凉州刺史部范围内的郡县数目，汉初只有陇西郡。汉武帝元狩二年（前121），开地河西，设置酒泉郡。元鼎三年（前114），从陇西郡中划分出天水郡，从北地郡中划分出安定郡，都在凉州刺史部范围内。元鼎六年（前111），从酒泉郡里划分出张掖、敦煌二郡。汉昭帝始元六年（前81），置金城郡。宣帝地节三年（前67），置武威郡。神爵二年（前60），设置西域都护府。至此，凉州刺史部下辖陇西、天水、安定、北地、酒泉、张掖、敦煌、武威、金城、西海10郡。公元168年，刺史部迁往冀县（今甘谷县）。冀县，春秋时其地为冀戎所居，

[①] 《宋史》，中华书局1977年标点本，第14029页。
[②] 《元史》，中华书局1976年标点本，第1452页。

秦武公十年（前688），灭冀戎，建冀县，两汉因之。西汉属天水郡，东汉属汉阳郡。即今甘谷县地。

东汉兴平元年（194）六月，因河西遥远，从凉州（冀城）独立出来，设立雍州（治所姑臧）。建安十八年（213），又把雍州治所迁往长安。到了三国魏文帝黄初元年（220）十月，重置凉州，治所姑臧城，为当地凉州之始称，也称"西凉"，以区别于两汉时州治位于河东的凉州。尔后，各代称"西凉"或"凉州"，凉州大多时间管辖武威郡。如今，凉州、武威时有并称，两地名均蕴含深厚的地域文化，这片西北沃土，从不缺少历史故事和人物传奇，铸就了深深的地名文化烙印。

"凉州大马，横行天下。凉州鸲苕，寇贼消。鸲苕翩翩，怖杀人。"[①]一首久远的《京师为张轨歌》，即是洛阳人民赞颂张轨的民谣。昔日凉州大马和它的主人已成为传奇。凉州姑臧旧地出土的铜奔马铜件，似乎也与这段历史遥遥呼应。清乾隆《武威县志》记载："雷台，城北二里。"[②]

今天的雷台公园里，耸立着凉州大马的文物放大铜像。北部陈列着99件仿真铜车马仪仗俑。仪仗队之后便是雷台观，内有元代藏传佛教海藏寺和道教雷台庙宇。雷台因是佛、道传播基地，成为凉州圣地。明朝时，当地人重新加厚古台基，在台基上修筑无量殿及雷祖观后，俗称"雷台"至今。台基上立有清末刻写的"晋筑灵钧台"石碑。

1969年9月下旬，村民在雷台东南角挖防空洞，发现拱形顶砖墓，甬道跟地面相平，侧面有水井通台顶。大墓古时被盗，仍出土金银铜铁器、玉器、漆器、陶器等文物231件，铺地钱币3万枚。99件铜车马仪仗俑个个铸造精致，后来著名的铜奔马和隼雀混在其间。

当把铜马和隼雀粘合后，独具匠心的铜马铸造工艺使无数观赏者浮想联翩。神态生动的铜马三足腾空，昂首嘶鸣，马头左扬，似有战

[①] 《晋书》，中华书局1974年标点本，第2223页。
[②] 乾隆《武威县志》卷二《建置志·寺观》，载《中国地方志集成·甘肃府县志辑》，凤凰出版社2009年影印本，第398页。

将策马勒缰。战马右后蹄轻触鹠隼，以定重心。鹠隼展翅疾飞，圆睛回眸，射出寒光杀气。1971年9月，郭沫若陪同柬埔寨宾努亲王参观甘肃省博物馆时，把这件重约7公斤的铜奔马称为"马踏飞燕"，称呼通用多年，轰动世界。国宝铜奔马被定为中国旅游标志后，又被武威市定为城标。

铜奔马又有"马踏飞燕""马超龙雀""马踏飞隼""马踏神鸟"等称谓，意境非凡，唯"踏"字入俗。铸件构思者才智超群，大胆而巧妙地连体组合，表达天马、鹠隼比翼飞的神韵艺术。鹠隼迅捷，在空中翻转灵活，护守田禾，专捕杀鸽子等雀，亦可传递信件。铸件鹠隼神韵非凡，既反映西部驯隼传统，又蕴含神鸟地名文化。鹑阴县、鹯阴县、鸾鸟县、凤凰台及神鸟、神鸟等地名，均源于神鸟崇拜。汉代把神鸟称为"龙雀""风神""飞廉"等。

雷台铜马造型相近于2008年襄阳樊城蔡越大墓出土的铜马，颈粗鬃厚，臀肥腿短，为中亚良骥与本地高原马杂交血统。雷台铜马属典型的凉州大马，为训练过的走马，耐力好，时称"龙驹"。酒泉魏晋墓壁画上也有类似走马图。雷台铜马有别于茂陵旁出土的鎏金马。汉武帝喜欢大宛汗血宝马，头细颈长，四肢修长，爆发力强。东汉时，洛阳平乐场分别置有张江铸造的铜雀、铜马，宣扬龙马精神。张衡《东京赋》："龙雀蟠蜿，天马半汉。瑰异谲诡，灿烂炳焕。"[①]由此可见，雀、马意境有源。

《水经注》引王隐《晋书》："凉州有龙形，故曰卧龙城。"[②]后经张轨等扩建，形成七城大格局，外轮廓像展翅欲飞的凤鸟，俗称"凤城"。姑臧城因之有"龙形鸟翅"之称。雷台出土的铜奔马，其龙马凤鸟比翼飞的铸造艺术，完美地展现了本土龙马精神，另有龙凤呈祥的和谐情怀。

雷台墓出土铺地钱28000多枚，其中有东汉灵帝时所铸四出五铢

---

① （梁）萧统：《文选》，上海古籍出版社2019年版，第107页。
② 陈桥驿：《水经注校证》，中华书局2007年版，第953页。

钱和大量东汉献帝时董卓所铸剪边五铢。由此断定建墓时间最早为东汉晚期,即公元 190 年之后。

雷台墓铜马队阵庞大,陪葬陶器上刻有"臣李钟",表明墓主曾独立称王,官位至侯王,类似桓侯张飞、忠侯贾诩的官爵。

仪仗铜马胸刻"张君夫人"铭文,断定墓主姓张。"冀张君""守张掖长张君""守左骑千人张掖长张君""张家奴""张家婢"铭文为供奉者身份。出土 4 枚腐蚀龟钮银印,有铭"冠军将军""□□军""张□□""□□□"。疑墓主为张江、张绣或道教祖师张道陵(卒于156)。张江捕杀王莽有功,被封为南阳折侯,改姓折氏。曾任破羌将军、武威太守,兼左骑千人官、张掖县长,卒于东汉初,葬地无考。

北地枪王张绣为汉武威郡祖厉县人。《三国志》记载:"张绣,武威祖厉人,骠骑将军济族子也。"① 张绣起初跟随叔父,效力于董卓。董卓和张济先后身亡后,张绣自立,所率凉州铁骑横行天下。公元199 年,再降曹操。公元 207 年,张绣随曹操征讨乌桓,死于途中。张绣生前被封为"建忠将军""破羌将军""扬武将军""宣威侯",去世后被谥为"定侯",民间称"宛城侯""冠军将军",归葬武威郡故地。

甬道侧面有砖砌水井与众汉墓不同,20 世纪 70 年代时井底有水。汉墓鲜有冢井和天井。2009 年,挖掘安阳西高穴一号墓,发现墓侧有冢井。墓主是曹操第九子燕王曹宇。冢井因而被专家定为魏晋墓特征。

张茂为汉朝常山景王张耳十九代孙,祖籍乌氏县,世代忠于各朝。其实,张茂执意建灵钧台,祭祀古今亡人,初心源自称霸谶语。汉末,敦煌人侯瑾(190 年左右卒)到姑臧讲学,对门徒说:"后城西泉水当竭,有双阙起其上,与东门相望,中有霸者出焉。"② 识天相的侯瑾推测出凉州之乱的后果,即董卓必乱朝政,屯兵长安的西凉军内乱,各自为阵营。枭雄混战中原,殒命侯王必将安葬故里。姑臧久旱延年,

---

① 《三国志》,中华书局 1971 年标点本,第 262 页。
② 《晋书》,中华书局 1974 年标点本,第 2222 页。

泉水必竭。

到了嘉平年间（249—254），武威太守条茂建学馆，筑阙台，阙台门楼与学阙相望，图吉兆，期盼英才辈出。台下泉水露头，称"灵渊"。公元255年，张轨出生于陇山下乌氏县，乃为天缘巧合。后来，张轨随父赴洛阳城，发迹于西晋宫廷。继而，卜得西去凉州称王吉卦。从此，凉州张氏家族信奉天将受命。张寔接父职凉州刺史的次年，河西惊现"皇帝行玺"铭文，张寔不为所动。公元320年，张寔被天梯山妖道刘弘勾结的侍从阎沙杀害。张茂继任凉州牧后，血洗姑臧城，诛杀阎沙党羽数百人。

张茂表面低调，私下建年号为永元，独立为前凉国。次年春，张茂下令修复大城姑臧，借机修筑城外灵钧台，安抚所杀亡灵，又为祭祀天地之所，以图神灵庇佑社稷，实现张氏家族称霸河西的梦想。灵钧台尚未完工，半夜，有人借父亲张轨口吻叫喊，质问张茂为何劳民。张茂遂停工。两年后的秋天，张茂不听劝告，续筑灵钧台。筑台取土时，深挖周边。泉水又涌出，聚水成池，称名"灵渊池"。受家族熏陶，张茂迷信鬼神、卜卦，最迷信风水，视其为张氏龙脉西出之地。灵钧台筑成不久，公元325年，张茂病逝。

雷台墓内盗洞出现于墓成不久，盗贼搜去金银，翻乱的铜车马被从盗洞流入的洪水漫过。张茂选古台建灵钧台时，打开过古墓甬道，新建冢井，塞补盗洞，应给墓内放置过祭祀物，或者张茂曾秘密新建两墓，将张绣、张济墓及随葬品从新、旧祖厉县（民勤、靖远）搬迁于此，尔后，墓被盗，又修复。

先前，张茂父张轨初入宫廷时，得到中书监张华提携，张华父张平曾为渔阳郡太守，或为张绣、贾诩故交。张轨上任凉州，必携子拜谒张绣墓，维系姑臧张、贾、阴、宋等大姓豪族，以得民心。况且，张茂亲历晋昌郡（瓜州锁阳城）张越之乱，担心谶语"张氏霸凉"的持续后果。毕竟，两汉以来，从中原移居河西的张姓，官吏最多。需借张绣、张济声威，建侯王阙台，笼络张姓人脉。

史载，灵钧台"周轮80余堵（约730米），基高9仞"。今周长

332米，高8.5米。想必，灵钧台相望宫阙，效仿了茂陵及铜雀台。专家推断，出土铜马的1号墓为2号墓晚辈。如若1号墓定为张绣墓，2号墓当为张绣叔父张济的衣冠冢。

张济曾任武威郡校尉、骠骑将军、平阳侯，驻扎过冀县（今甘谷县）。公元196年，攻穰城（疑为襄阳），阵亡。雷台1号墓铜马刻有"冀张君"，或为冀县张氏后人敬献。另外，公元205年春，张绣随曹操战南皮（今河北南皮县）、定冀州（今衡水），因功增邑到2000户。冀州为张绣生前统管之地，汉末、三国至魏晋时期，或有张绣后裔。张绣葬于武威郡故里。张绣、张济为祖厉县人，今靖远县红嘴子有张绣衣冠冢（明代墓）。公元199年，张绣被汉献帝封为宣威侯，在姑臧西北置宣威侯国（今民勤县西南）。张绣有可能在封地象征性地安置3年前身亡的叔父。另外，公元301年，凉州刺史张轨将祖厉县（今靖远县西南）人迁往姑臧北郊外，张绣灵柩有可能随迁于此。

六　百塔寺　永昌镇

百塔寺原名"幻化寺"，又名"庄严寺"，俗名"白塔寺"，位于武威武南镇百塔村。据乾隆《武威县志》："城东南四十里，内有大塔，周环小塔九十九，因得名。"[①] 宋淳祐七年（1247），西藏的萨迦派首领萨迦班智达住节凉州，并以凉州为中心，建成东西南北四部寺，象征世界四大部洲。其中东部的幻化寺，汉语俗称"百塔寺"，原建有山门、钟鼓楼、金刚殿、三宝殿、大经堂等建筑，塔林中大菩提佛塔108座，规模之宏大，为凉州诸寺之冠。元末兵燹，寺院仅存瓦砾。明宣德四年（1429）重建，赐名"庄严寺"。清代曾大规模修缮。塔寺毁于1927年凉州大地震。今存白塔基座。

车到武南高速路口后，沿乡道东行数千米，即望见路北百塔寺遗

[①] 乾隆《武威县志》，载《中国地方志集成·甘肃府县志辑》，凤凰出版社2009年影印本，第398页。

址。99座洁白的藏式喇嘛塔，围绕在塌落的萨班灵骨塔四周。民国年间的大地震，震塌了近40米高的萨班灵骨塔，仅剩残高5米。砖结构大方形带折角基座完好，包裹着残砖碎瓦和黄土。

成吉思汗后裔选定凉州为军事重地，缘于公元1226年攻打西夏时，西凉府开城受降，相比周边，州城损坏、军民损失均不严重。成吉思汗离世后，三子窝阔台即汗位。1235年，窝阔台决定兵分三路，攻打南宋。次子阔端率西路军由陕西攻入四川。公元1237年，窝阔台将原西夏旧地和部分藏区封给阔端，称为西凉王。公元1242年，阔端驻兵西凉州，派多达那波率蒙古军入藏，抵达藏北热振寺。多达那波向阔端报告说，现在后藏萨迦派萨班大师最有影响力，德高且学问深。阔端遂写信请萨班，邀至凉州会晤。

1992年《西藏的主权归属与人权状况》白皮书指出：1247年，西藏宗教界领袖萨迦班智达·贡噶坚赞同蒙古皇子阔端在凉州议定了西藏归顺的条件，其中包括贡献图册、交纳贡物、接受派官设治。1629年成书的《萨迦世系史》记载着当时萨迦班智达写给西藏各地僧俗首领的信中关于必须归顺和接受所规定的地方行政制度的内容。1271年，蒙古政权国号为元，并于1279年统一了全中国，创建了继汉、唐王朝之后中国版图内各地区、各民族大统一的中央政权，西藏成为中国元朝中央政府直接治理下的一个行政区域。

永昌镇南距凉州城区仅15千米，为河西蒙元古镇。元代设置永昌路，永昌堡留存有高昌王碑。[①] 百余里外的永昌县，其地名源于此。永昌镇属于凉州区管辖。有别于西边邻居永昌县。正如元代设永昌府的初衷，期盼后代安宁，永世昌盛。

在城北居民住宅区残存一小段低矮的城墙。原古城南北各1千米长，东西各0.75千米长。有南门一座，门额嵌有砖雕"大元故路"。城内元代遗存有正钦宫，城南有府城隍庙。

[①] 乾隆《武威县志》，载《中国地方志集成·甘肃府县志辑》，凤凰出版社2009年影印本，第388页。

公元1252年前后，阔端离世。三子只必帖木儿继承父职，驻兵西凉州。元朝开国之初，只必帖木儿选城北15千米外水草丰美之地筑城，元世祖于1272年赐名置永昌府。次年在永昌府设永昌路。元代实施行中书省、路、府（州）、县四级行政管辖区划制。永昌路辖区东至庄浪卫（治今甘肃永登县），西接甘州路、肃州路。元朝初，把20年间在西凉州的政治、经济、军事中心，转移到永昌府。洪武五年（1372），明朝大将傅友德平定西凉州、永昌府，永昌府使命终结。10年后，在其西50千米外置永昌卫，即今永昌县城。百年永昌府兴盛一时，元代达官贵族纵酒作乐的沃土沦落了。

永昌镇外遗有元代墓葬区遗址，石碑村伫立着"大元敕赐追封西宁王忻都公神道碑铭"（简称"西宁王碑"）。龟负石碑，石碑高挺，达5.8米。正面为汉文，背面为蒙文。高亭护碑，耸立于民房之上。西宁王碑立于元末至正二十二年（1362），叙述了回鹘忻都公贵族从吐鲁番迁往河西的经过。忻都公随父亲阿台不花迁至永昌，子孙忻都、斡栾世居永昌，斡栾在至正年间任中书平章政事。

碑文中有忻都公遗训："若曹年少，不知稼穑之艰难，宜务农治生，当力行善事，毋染恶习，思父母生成养育之恩。与人交，毋挟贵势，毋侮卑贱，择胜己者而友之，出而仕也，必廉慎自持，尽忠于君，爱民如子，不陷刑辟，名垂后世。"字句朴实，传承儒释道文化。

石碑村还出土了亦都护高昌王世勋碑，也为汉、蒙文碑记。两碑文侧面反映了元朝深受汉文化影响，以及励精图治的治国理念。

金昌市

一 永昌县 显美 钟鼓楼 阁老府 番禾 鸾鸟城

永昌，秦朝时属陇西郡辖地。汉代设立河西郡县，在今永昌设有鸾鸟县，属于武威郡，后改为番和县，改属张掖郡。东汉时改为显美县，复属武威辖。永和十年（354），张祚败骊靬戎于南山，因此改名为"骊靬县"，又属张掖郡。[①] 元初，选址设永昌府。

听说镇西的洪祥滩出土了一批汉代文物，遂前往考察。西行4千米，路过张义小学，前面村庄称张义沟村。村民指着滩西的天泉村说，前些年田里发现很多汉代砖室墓，出土了绿釉陶器、灰陶罐、铜弩机和五铢钱等。张义沟村西距天泉村2.5千米，或为西汉初设张掖郡郡治之地。

显美县设置于汉武帝元鼎六年（前111）之后，属张掖郡。自武威郡治南移姑臧城至西魏属武威郡。北周才废除显美县。"姑臧去显美七十五里。""显美去农都尉（删丹）八十里。"参照汉简记载，汉代显美县接壤姑臧县，先后为张掖郡、武威郡管辖。显美城位于丝路主道，疑为霍去病斩杀卢侯王之地。西汉末至东汉，卢水胡长期占据显美城。三国曹魏之初，卢水胡屡屡反叛。

---

① 乾隆《永昌县志》，载《中国地方志集成·甘肃府县志辑》，凤凰出版社2009年影印本，第482—483页。

10千米外的四十里铺村有明代怀安驿。因距离武威城40里（20千米），清代称为"四十里铺"。沿国道西行6千米，路过五坝河（古称"谷水"），清代有五坝寨，位于县东南17.5千米。① 前方地名丰乐堡，东距姑臧31千米，似乎符合汉代显美城位置。

学者张德芳认为丰乐堡附近有显美城，但今天已经无法寻觅汉代遗址。丰乐堡西接永昌县界，周边古堡增多，多为清朝以后的民堡。参照山川形势和古通道走向，汉代显美城遗址在五坝河两岸。也有专家认为，显美故城在今永昌县城东的四十里铺，即六坝乡古城。辖区约等于今永昌县东大河下游东寨、六坝一带。乾隆《永昌县志》记载，显美故城位于"县东。汉置。三国魏黄初中凉州卢水胡叛，张既讨之，敌引还显美，既至武威，复进军显美击破之。《隋志》：姑臧旧有显美县，周废。遗址在县东一里许，俗名'古城子'"②。新修《永昌县志》记载，西汉"在今县城东九十里（今乱墩子滩汉墓群附近）置显美县，隶属张掖郡"③。

傍晚时分，永昌县城的钟鼓楼沐浴在晚霞之中。八卦宝顶的钟鼓楼最具民族特色，建于明代万历十四年（1586），楼体两层三檐，凌空悬挂"中天一柱""民淳俗美"等牌匾。永昌城历史并不久远，前身为明代洪武十五年（1382）始置的永昌卫。《读史方舆纪要》记载："永昌卫在镇东南三百十里，东至凉州卫百五十里，西至山丹卫一百九十里。"④

位于县城中心的东会馆，本为阁老府，是明朝永昌人胡执礼家的府第。胡执礼为官清廉、不媚权势，官至户部左侍郎，人称"胡阁老"。胡执礼离世于京城，追赠户部尚书。其子孙因家贫，拆房取木，变卖家产后，远走他乡。陕西和当地商人购得阁老府，于道光

---

① 乾隆《永昌县志》，载《中国地方志集成·甘肃府县志辑》，凤凰出版社2009年影印本，第488页。
② 乾隆《永昌县志》，载《中国地方志集成·甘肃府县志辑》，凤凰出版社2009年影印本，第511页。
③ 祝巍山主编：《永昌县志》，甘肃人民出版社1991年版，第11页。
④ （清）顾祖禹：《读史方舆纪要》，中华书局2005年版，第2988页。

二十九年（1849）营建成陕甘会馆。20世纪90年代重修，为永昌县博物馆。

汉代时，在今永昌县境内置番禾、鸾鸟、骊靬、显美四县。

永昌城西15千米处的焦家庄乡有古城遗址。周边众多遗址因陈相袭。古城山下的南古城遗址，长300米，宽290米，地表有汉陶片，附近有杏树庄汉墓群。西北方北泉村也有古城遗址和汉墓群。

宋代《太平寰宇记》记载："番和县，（凉州）西一百八十里。元五乡。汉旧县，属张掖郡。"① 为汉代张掖郡农都尉治所番禾城。北凉至西魏时期，番禾郡设置于河川要道处。唐朝时改称为"雄州"，西夏时称为"永州"。番禾城南接祁连山，山涧有古道通往青海浩门河。西接焉支山两侧古道，为河西走廊咽喉之地。汉唐时期，番禾东接姑臧，为丝路重镇。旧志有番和故城，"汉置。《元和郡县图志》：天宝县东至州一百八十里，本汉番和县。《元一统志》有永昌路，本西凉府地，以永昌王宫殿所在置。明设卫，治金山之阳"②。

古城山下的水磨川，曾经水流汹涌，可转动水磨，从而得名。明代前，水磨川下游就分为九条渠，灌溉农田。明代在今水磨关村二社南侧古城旧址上设水磨川关，关城南北长110米，东西长60米，遗址下还发现灰陶、新石器彩陶片，疑为前凉新鄣（彰）城故址。乾隆《永昌县志》记载："水磨川关，县西二十里，通西大道，甘肃关隘。"③ 沿水磨川西上，焉支山东南部红山窑乡有明代高古城遗址，清朝雍正年间（1678—1735），又在高古城旧址上再建正方形城池。如今，城池内外散落大量灰陶片、青砖、瓷片。经文物部门考证，高古城前身为焉支故城遗址，属晋代遗存。焉支县从番禾县析出，属番禾郡。《五凉全志》记载，晋怀帝永嘉五年（311），张轨依焉支山置焉

---

① （宋）乐史：《太平寰宇记》，中华书局2007年版，第2939页。
② 乾隆《永昌县志》，载《中国地方志集成·甘肃府县志辑》，凤凰出版社2009年影印本，第511页。
③ 乾隆《永昌县志》，载《中国地方志集成·甘肃府县志辑》，凤凰出版社2009年影印本，第537页。

支县。

西南祁连深处的西大河水库北岸高地上，有一座小型城池遗址，地处祁连山下汉阳大草原，出土了鹿角、汉陶、石臼、铁犁、铁钟（刻有汉隶书）、铜扣、五铢钱币等，相传为汉代鸾鸟故城。鸾鸟被喻为神鸟，汉代古鸾鸟城在姑臧城东南部。考察人员认为此地高寒，应为汉至"五凉"马苑牧场，前凉张轨修缮后，改称"鸾鸟城"。有鸾鸟废县，位于"县西南。汉置。《寰宇记》：昌松有鸾鸟城，张轨时有五色鸟见于此，因筑城以美之。后魏改为神鸟，今废。遗址即上房寨子，常有异鸟，昌松县亦废"①。

永昌县也是长城重点县，永昌汉明长城东起永昌县与民勤县交界的大口子，西止永昌县与山丹县交界的绣花庙，全长 224.1 千米，其中：明长城 129.7 千米，汉长城 94.4 千米，包括墙体、壕堑、城堡、关隘、要塞、烽火台、敌台等全部用黄土夯筑而成，它们与城墙一起，共同组成了一个完整的防御体系。

二　骊靬

位于焦家庄乡南部的骊靬城遗址，近年来成为旅游胜地。骊靬之名，在《汉书·张骞传》中出现："因益发使安息、奄蔡、犛靬、条支、身毒国。"②此处犛靬，为古西域国名，即古罗马帝国，在今欧洲南部意大利一带。中国习惯称呼为"大秦"。《汉书·西域传》记载："乌弋山离国，王去长安万二千二百里。不属都护。户口胜兵，大国也。东北至都护治所六十日行，东与罽宾、北与扑挑、西与犁靬、条支接。"③《后汉书·西域传》："大秦国，一名犁鞬，以在海西，亦云

---

① 乾隆《永昌县志》，载《中国地方志集成·甘肃府县志辑》，凤凰出版社 2009 年影印本，第 511 页。
② 《汉书》，中华书局 1962 年标点本，第 2694 页。
③ 《汉书》，中华书局 1962 年标点本，第 3888 页。

海西国。地方数千里，有四百余城。"① 清王先谦《汉书补注》云："骊靬即大秦国，盖以其降人置县。"② 钱穆《史记地名考》引《魏略》："大秦在安息、条支西大海之西，故俗谓之海西。从安息界乘船直载海西，遇风利时三月到，风迟或一二岁。从安息绕海北陆到其国。"③

公元前53年，罗马帝国4万余人入侵安息。罗马大将克拉苏及部下在卡莱（今叙利亚境），遭到安息大军围歼，其长子普布利乌斯率6000余人反向突围，逃窜到中亚，被匈奴郅支单于收编为雇佣军。这些雇佣军多保持罗马军战术。公元前36年秋，陈汤出任西域都护府副校尉时，调发屯田兵士和西域各国4万人，远征迁居康居的匈奴郅支单于，斩杀郅支单于及其部众3千人。之后，陈汤返回河西时，西汉安置了受降的雇佣兵。自汉唐以来，屡疑陈汤将战俘安居河西，称"骊靬人"。尘封祁连山下的古骊靬人，引发国内外专家热烈讨论。骊靬县设置年代是否为公元前36年，学术界各执一词，热议不断。

1994年，永昌县者撒寨（亦称"者来寨"）立骊靬遗址碑。2000年，更名为"骊靬村"。近年来，骊靬城及古罗马军团被当地热炒。者来河沟口的者撒寨遗址仅存28米长、4米宽的残垣。遗憾的是迄今为止，尚无考古佐证。者来寨盘踞川口，符合霍去病首征河西，斩杀匈奴折兰王之地。

骊靬县同显美县、番和县，均设置于公元前111—前36年，为张掖郡管辖。骊靬地名在肩水金关和悬泉汉简中均出现过，神爵二年（前60）的肩水金关纪年简记有："番和宜便里，年卅三岁，姓吴氏，故骊靬苑斗食啬夫，乃神爵二年三月庚寅，以功次迁为□。""□公乘，番和宜便里，年卅三岁，姓吴氏，故骊靬苑斗食啬夫，乃神爵二年三月辛□。"

汉简佐证公元前60年之前就有了骊靬苑。史载，公元前78年，

---

① 《后汉书》，中华书局1965年标点本，第2919页。
② （清）王先谦：《汉书补注》，中华书局1983年影印清光绪二十六年虚受堂刻本，第1617页。
③ 钱穆：《史记地名考》，商务印书馆2001年版，第1404页。

张掖市

一 焉支山 删丹岭 绣花庙

亡我祁连山，使我六畜不蕃息。
失我焉支山，使我嫁妇无颜色。①

据清乾隆《甘肃通志》记载，永昌县南有晋代焉支故城："晋永嘉五年，张轨置武兴郡，统焉支、新鄣二县。魏收《志》：番和郡领鄣、焉支二县。开皇中，并力乾、安宁、广城、鄣、焉支五县地入之。"② 焉支山下丰美的草场滩里，陆续地变换着牧主。900多年后，唐朝李白有《幽州胡马客歌》："幽州胡马客，绿眼虎皮冠。笑拂两只箭，万人不可干……虽居燕支山，不道朔雪寒。妇女马上笑，颜如赪玉盘。翻飞射鸟兽，花月醉雕鞍。"③

焉支山，也写为"燕支山""焉脂山""胭脂山"，还称为"删丹山""大黄山"等。据清乾隆《永昌县志》记载，永昌县有青松山，位于县西40千米。一名"大黄山""焉支山"，连跨数邑，草木蕃

---

① 《史记》，中华书局1959年标点本，第2909页。
② （清）李迪等编：《甘肃通志》，兰州大学出版社2018年点校本，第752页。
③ （唐）李白：《李太白全集》，中华书局2011年版，第235页。

盛，药材杂出其中，常有积雪。① 月氏、匈奴占据时，因产胭脂草而得名。另说，匈奴称各藩王之妻叫阏氏，音同焉支、胭脂，胭脂代表美人，因某藩王妻居住此山，称名"焉支山"。匈奴人把祁连山尊为天神，把焉支山尊为地神。唐玄宗封焉支山神为宁济公，河西节度使哥舒翰在山上建有宁济公祠。今人研究认为，"焉支山"之名并非出自汉语，也与"阏氏"和"胭脂"有关。胭脂流入汉地后不久，"胭脂"与"阏氏""焉支山"的词义就开始混淆。"阏氏"虽读"焉支"音，但它与作为山名的"焉支"之语义本不相干。②

水泉子堡，或许就是汉唐删丹城池，明清为水泉驿。水泉驿，"东递永昌驿六十里，西递峡口驿五十里"③，只有被风沙侵蚀的长城陪伴。上坡之前的打尖歇足之地，为饮马长城窟。

西出永昌县界，车行焉支山与龙首山之间的通道，一路缓慢上坡，古称"删丹岭"。如今的山丹县城西距离此地 50 千米，为明代设置的山丹卫。这一带干旱，自古为风口，没有人烟，时有土匪抢掠，战事不断。

山丹县境内的绣花庙，地名绣花庙，其实早已无庙。附近残存方形古堡废墟。古城长、宽各 380 米，城内的土台残有破砖碎瓦，应为庙址。据当地人讲，民国末年古城内还有居民。当地传说：先有绣花庙，后有明边墙。另外，还传说，杨门女将在此大战西夏元昊军时，不慎丢失绣花鞋，从而得名。古庙原为汉唐丝路遗留的寺庙旧址，成为过往商贾朝拜和休息之地。明隆庆五年（1571）重修庙宇，次年明边墙建成。平羌将军张臣又于万历三十八年（1610）再修，称为"定羌庙"。清朝康熙二十五年（1686），甘肃总兵王用予重修，借以纪念其父王进宝攻城夺地之功，称"定羌关帝庙"，民间俗称"黑将军

---

① 乾隆《永昌县志》，载《中国地方志集成·甘肃府县志辑》，凤凰出版社 2009 年影印本，第 487 页。
② 姚大力：《河西走廊的几个古地名》，《西北民族研究》2020 年第 3 期。
③ 乾隆《永昌县志》，载《中国地方志集成·甘肃府县志辑》，凤凰出版社 2009 年影印本，第 520 页。

祠"。王进宝将军有"马踏定羌庙，鞭扫大草滩"的赞誉。

康熙四年（1665），青海厄鲁特蒙古部落（瓦剌后裔）酋长怀阿尔赖，趁洪水营城（民乐城）互市之机，占领西喇塔拉（大马营），又占领定羌庙，甘凉交通梗阻月余。甘肃提督张勇部下洪水营参将王进宝借秋末黄昏，迎战怀阿尔赖部下千骑。王进宝手持重铁鞭冲杀，夺回大马营。继而，带夜出击定羌庙营盘。王进宝手提大刀，左抡右砍，将蒙古首领斩于马下。怀阿尔赖败逃大漠东北。道光年间（1821—1850），林则徐被贬官后，于1842年秋前往伊犁途中记载："交山丹县界，始有小村，居民二十余户，有庙，曰定羌庙，祀关圣而袝以王将军进宝。盖王为康熙间名将，戡定羌夷于此。"[1] 民国时期，古庙遗址犹存。不排除因遗留雕梁画栋，得名"绣花庙"。另因大滩花草茂盛，起名"秀花滩"。多年后，才有"绣花庙"之称。"绣"应为"秀"字转用。绣花庙路段处于坡顶，两侧长大下坡受风力影响，或因地下金矿引力影响，车辆易侧翻。因交通事故频发，绣花庙道班率先出名。

汉、明长城从地名绣花庙滩经过，就近有汉代塞城遗址和明代峡口营遗址，南坡附近还有溜溜圈、羊户沟古城遗址。沿山水沟西行7.5千米，直达明代石峡口堡，古沟道统称为"泽索谷"，正是丝路主道。从绣花庙东北可翻越北山，古道西通峡口西北的大滩。汉代塞城利用汉长城为北墙，明代又修缮城池。今存数个高大厚实的角墩，依然不减当年的宏伟规模。城外依稀还有数座坞院遗迹，为商旅落脚休整之所。"驰命走驿，不绝于时月；商胡贩客，日款于塞下。"这是《后汉书·西域传》描写丝绸之路的兴盛景象。

清代诗人许乃谷曾到关隘饮水，咏诗："流沙沙强弱水弱，峡口况无水一勺。只仗冬春冰雪积，五月消融灌阡陌。"由此可见水贵如油。

---

[1] 中山大学历史系中国近代现代史教研组、研究室编：《林则徐集·日记》，中华书局1962年版，第419—420页。

隋大业五年（609）六月，隋炀帝西临焉支山，西域27国使臣谒见，扬威耀武。张掖和武威的仕女穿着鲜艳的服饰，散布在近10千米长的大道两侧，歌舞欢呼，展示隋王朝的强盛。《隋书·炀帝纪》："夏四月己亥，大猎于陇西。……乙巳，次狄道，党项羌来贡方物。癸亥，出临津关，渡黄河，至西平，陈兵讲武。五月乙亥，上大猎于拔延山，长围周亘二千里。庚辰，入长宁谷。壬午，度星岭。甲申，宴群臣于金山之上。丙戌，梁浩亹……"① 尔后，隋炀帝来到古城，写下了《饮马长城窟行》："千乘万旗动，饮马长城窟。秋昏塞外云，雾暗关山月。缘严驿马上，乘空烽火发。"② 豪言壮语流传千年。

此后，汉塞城历经风霜，沉寂了800年。岁月像一把刻刀，把逝去的时光刻在旧城墙上，继而又被风雨抹去。孤独的墩台守候悠悠岁月，诉说着沧桑往事。直到明朝开国时，因河西走廊屡被鞑靼、厄鲁特蒙古等部落侵袭，古塞城风烟滚滚，又成为营盘要塞。

明朝三边总制杨一清西巡边关，途径删丹岭，黄昏望日勒古城，寄宿峡口关，领略了风雨苍茫的古道，留下边关诗《山丹题壁》：

关山逼仄人踪少，风雨苍茫野色昏。
万里一身方独往，百年多事共谁论。
东风四月初生草，落日孤城早闭门。
记取汉兵追寇地，沙场犹有未招魂。③

道光《续修山丹县志》又载："峡口营，即石硖口堡，大黄山立于南，合黎山画于北……东二十五里有土阜，荒祠则定羌庙，甘凉分界也。"④ 山丹定羌庙见证了明清甘凉古道的历史风云。再后来，兰新

---

① 《隋书》，中华书局1973年标点本，第73页。
② 逯钦立辑校：《先秦汉魏晋南北朝诗》，中华书局1983年版，第2661页。
③ 道光《续修山丹县志》，载《中国地方志集成·甘肃府县志辑》，凤凰出版社2009年影印本，第511页。
④ 道光《续修山丹县志》，载《中国地方志集成·甘肃府县志辑》，凤凰出版社2009年影印本，第155页。

公路开通，新路远离了古道。路坡下面的定羌庙也经不住狂风暴雨，倒塌了，渐被后人忘却。近年新修的高速公路紧贴古城南墙，车来车往，呼啸而过。再也没人在意古塞城和定羌庙，仅留下了残垣断壁的模糊记忆，以及似是而非的绣花庙地名。

二　峡口堡　丰城堡　新河驿　删丹城

峡口大漠南，横绝界中国。
丛石何纷纠，赤山复翕赩。①

武后垂拱二年（686），陈子昂随乔知之北征突厥时路过峡口山，写下了这首《度峡口山赠乔补阙知之王二无竞》。

绣花庙北山坡上汉代长城、烽燧和亭障遗址，为明长城体系覆盖，隐约能看见长长的沟垄。霍去病西征河西后，汉朝于公元前115年始筑令居以西边塞亭燧，保障丝绸之路通畅。明代隆庆年间（1567—1572）边墙走向依然清晰，从水泉子壕沿古删丹大坂北侧逶迤而来，再从羊虎沟河到达峡口，保护河西商道及行人安全。

2.5千米长的峡谷，两岸山势陡峭，怪石嶙峋，峡谷窄处仅能容牛车通行。据道光《续修山丹县志》记载，此处为一名胜："石峡口中时有湿云，奇峰叠对山巅，望之黯淡，尽日弗散。越数日，必降甘霖。"②

石壁上有明嘉靖年间（1522—1566）陈棐写的"锁控金川"摩崖，佐证了峡口为甘凉咽喉之地。西出峡谷，明长城护卫着南侧的石峡口堡。古堡建立在古沙河河床上，四处散落着石臼、石磨、石碾和水缸碎片等。街边古树大多枯死，青砖包裹的城门已残破。附近的居民也都搬迁到城外新农村居住，城内原有都司衙门、寺庙、学堂、店铺、营房，已不复存在。古城堡建筑于明边墙南侧，长400米，宽300

---

① （清）彭定求等编：《全唐诗》，中华书局1960年版，第897页。
② 道光《续修山丹县志》，载《中国地方志集成·甘肃府县志辑》，凤凰出版社2009年影印本，第100页。

米。有碑记记载：万历三年（1575）建成石峡口堡，归山丹卫管辖。明朝时，配置甲军40名，骡马21匹，车牛23头，负责递运，也称"峡口驿"。

明代诗人张楷路过此地，歇脚于古堡，写有《石峡口山》：

> 白沙官道接羌胡，硗确难行是此途。
> 疑过井径愁马蹶，似经云栈听猿呼。
> 两山影逼天多暝，五月风高草已枯。
> 明日西行望张掖，一川平似洛阳衢。①

清朝时沿袭旧制，在古城西门外置峡口塘，保障官差行人食宿。当年林则徐抵达峡口驿，嫌弃驿舍狭窄，独自在车上过夜。有峡口营，"即石峡口堡，大黄山立于南，合黎山画于北。岭难设险，墙不胜防，但恃墩军为左右望耳"②。

石峡口堡外是一马平川，从丰城堡北侧可直达山丹县城。峡口古城5千米外的丰城堡，明清时称"丰乐铺"，作为急递铺，传递军情。城堡南门尚存，高约7米，城墙虽有坍塌，城池轮廓清晰。相比沿路的古城堡，丰城堡更为敦厚、苍凉，默默地仰望焉支山。城堡缺少水源，更没有山险可倚，孤独地守护着花草滩及古道。

绣花庙塞城、羊户口堡、石峡口堡和丰城堡均属于山丹县老军乡。老军乡设置于1955年，还有同名的老军行政村。据当地老人介绍，老军村源自明朝建筑的老幼寨，意为尊老爱幼、和睦相处、共保家园之意。

告别老军村，从焉支山北麓，抵达陈户镇新河驿。清代林则徐路过这里留有笔记："十五里丰乐铺，有店。又十里阜昌堡，又十五里

---

① 道光《续修山丹县志》，载《中国地方志集成·甘肃府县志辑》，凤凰出版社2009年影印本，第511页。

② 道光《续修山丹县志》，载《中国地方志集成·甘肃府县志辑》，凤凰出版社2009年影印本，第154页。

新河驿，亦山丹辖，驿丁俱膳。饭后又行，过三十、二十里堡、十里堡，又十里至县城。城外有'大禹导弱水处'碑。"①清代新河驿距离东北部明代嘉靖年间的新河驿还有5千米左右。明、清驿站里程和卫城清晰可辨，而汉唐城池、驿站难以判识。清代新河驿明显为古城遗址上新建的小型驿站。处于汉唐丝绸之路要道附近的古城遗址，或许与汉代日勒城、删丹城息息相关。

道光《续修山丹县志》记载，删丹古城"在今寺沟口内，近钟山寺地，其山即燕支山。以晓日出映，丹碧相间如删字，又名删丹山，而县以此得名"②。可是，并无史籍、石刻印证汉代删丹城位置及地名来源。历史上焉支山先后属于番禾县、焉支县，焉支城旧址在焉支山东南高古城。东汉羌乱，删丹城沦陷。三国曹魏政权改"删丹"为"山丹"，山丹城或迁离古删丹。地名"山丹"承袭"删丹"，"丹"字或与《山海经》中"丹泽"相关。删丹县、删丹岭有关的"删丹"地名初出自西汉时期。删丹，从地理战略取意，指数条要道被汉塞城截守于赤山下之意。

隋唐前后的山丹（删）城在焉支山下交通要道处，为中亚、西亚与中原贸易的集结地，曾兴盛一时。公元941年，大食国（今阿拉伯）旅行家伊宾墨哈黑尔东行到达回鹘汗国的山丹城，曾记述："是城如此宏伟，故需一日之程乃能横过。内计六十街，每街各延达于官署。吾人往游一城门，知其墙厚各九十臂。"另说："地住突厥人，印度人甚多。"③他把山丹城认为是中国的王城之一。

回鹘是北方一个强悍的民族，又因与唐联姻和助唐平叛而得到唐王朝的庇护。回鹘与唐友好，这种交往使回鹘在中央政府的护翼下，在一定的安定时期内，社会经济取得了较快发展，国势也逐渐强大起

---

① 中山大学历史系中国近代现代史教研组、研究室编：《林则徐集·日记》，中华书局1962年版，第420页。
② 道光《续修山丹县志》，载《中国地方志集成·甘肃府县志辑》，凤凰出版社2009年影印本，第90页。
③ 岑仲勉：《误传的中国古王城与其水力作用》，《东方杂志》1945年总第41卷。

来，建立起以甘州为中心的回鹘政权，在政治、经济方面有了较大发展。[1] 那时，甘州回鹘从吐蕃的统治中脱离近百年，处于贸易最为兴盛的时期。汉族、吐蕃、党项羌和突厥后裔杂居山丹城。对平息安史之乱有功的回鹘渐丧失马背民族的强悍，沉迷于生意和钱财。在河西商道上夯筑高大的城郭，门专护卫钱财和宝物。可是，80年后，却被漠北契丹屡屡攻夺。天盛年间（1149—1170），西夏统治者采取了一系列顺应历史发展潮流的措施，确立封建土地所有制、办学校、兴科举、尊孔崇儒、弘扬佛教、改革政权机构、提倡纳谏、廉政和节俭，从而使西夏社会在较短时间内进入了繁荣昌盛阶段。[2] 继而，西夏李元昊趁机突袭，剿灭了回鹘国。

河西走廊的鸾鸟、张掖、酒泉、玉门、安西、瓜州等地名，因朝代更迭及郡县治所变迁，有移往西北方的现象。结合汉简推断，汉代删丹城最初位于永昌县水泉子堡古道边。大食国伊宾墨哈黑尔所指的回鹘山丹城，在陈户镇新河驿中心小学附近。

三　金山子　日勒　弱水

居延里程简 EPT59.582 第四栏、悬泉里程简 90DXT0214①：130A 第二栏详细记载了汉代张掖郡境内的驿置道里情况："删丹至日勒八十里，日勒至钧著置五十里，钧著置至屋兰五十里，屋兰至氐池五十里。"（EPT59.582）[3] "氐池去觻得五十四里，觻得去昭武六十二里，昭武去祁连置六十一里，祁连置去表是七十里。"（90DXT0214①：130A）[4] 根据汉简的记载可以知道，汉代张掖郡境内共设置有8处驿置，自东向西依次是删丹、日勒、钧著置、屋兰、氐池、觻得、昭武、祁连置，表是属酒泉郡，从删丹到酒泉郡表是置共201千米，相邻两

---

[1] 帕林达：《吐蕃影响下的河西回鹘文化》，《社科纵横》2001年第5期。
[2] 陈爱峰、杨富学：《西夏与回鹘贸易关系考》，《兰州学刊》2009年第1期。
[3] 马怡、张荣强：《居延新简释校》，天津古籍出版社2013年版，第625页。
[4] 甘肃省文物考古研究所：《敦煌悬泉汉简释文选》，《文物》2000年第5期。

个驿置间的距离从 20 到 36 千米不等，平均距离为 25 千米。① 汉简记载的汉代驿道或南绕焉支山，抵达觻得，也可能为扁都口抵达觻得的祁连通道。东汉时设置有西郡，下辖日勒、删丹、番和、骊靬四县，其位置大致相当于今甘肃山丹、永昌二县之地。删丹、日勒、屋兰、氐池、觻得均为两汉县城，钧耆为两城之间的驿置。《后汉书·梁慬传》李贤注、《太平寰宇记》、乾隆《甘州府志》等都认为日勒在删丹东南，方位与里程简所记载的相反。据《甘肃古迹名胜辞典》"日勒古城遗址"条："位于山丹县东南 60 千米处的十五里口（古城窑）。"② 但据今人研究，多认为汉删丹县城（即今山丹县城区一带），是汉代日勒县城位置所在。与此相对，位于该城东南方向古城窑的另一处故城，是汉删丹县城所在。③

据里程简记载，"日勒至钧著置五十里，钧著置至屋兰五十里，屋兰至氐池五十里"，日勒、屋兰、氐池皆西汉张掖郡属县，钧著置为汉代日勒、屋兰间的一处驿站，"钧著"又作"钧耆"。结合居延里程简"媪围至居延置九十里，居延置至觻里九十里"的记载可知，钧耆、居延当为驿置名。按照里程简的记载，则屋兰在今山丹县、甘州区之间，东距山丹 42 千米。乾隆《甘州府志·地理·张掖县》"屋兰古城"条云："城东五十里，今仁寿驿，俗名'古城'是也。汉张掖郡屋兰，东汉及晋作'屋兰'者，即此。"④

屋兰之西 50 汉里（21 千米）处是氐池县。又"氐池去觻得五十四里"，54 汉里约合今 22.5 千米，则氐池又在觻得东南方向约 22.5 千米处。汉代觻得县治在今甘州区西北黑水国北古城，东南距甘州区 18 千米。按里程距离，氐池应当在今甘州区东不远处。郝树声根据觻得、屋兰、肩水候官（今地湾）3 个点对氐池的记载，对氐池位置的

---

① 武鑫、贾小军：《汉代张掖郡驿置与道路交通考》，《石河子大学学报》2019 年第 5 期。
② 西北师范大学古籍整理研究所：《甘肃古迹名胜辞典》，甘肃教育出版社 1992 年版，第 296—297 页。
③ 武鑫、贾小军：《汉代张掖郡驿置与道路交通考》，《石河子大学学报》2019 年第 5 期。
④ 钟赓起著，张志纯等校注：《甘州府志校注》，甘肃文化出版社 2008 年版，第 127 页。

判断更加精确，认为氐池在"当今张掖市东南2千米左右梁家墩镇梁家墩村一带"①。

砂石滩中间有一座突起的小山，名金山子。据《大清一统志》："金山，在山丹县西南。《魏氏春秋》：青龙三年，删丹县金山元川溢涌，宝石负图立于川西。"② 山包上的汉代烽台风化严重，显得臃肿而苍老。站在金山子烽燧旁眺望，山河风光无限好。汉、明长城并肩而行，犹如长长的裹腰带，揽向两侧大山，把龙首山至合黎山之间大川连成长大屏障，阻止外族进犯焉支山。就近有一处版筑的列障，附近还有一口石砌的古井，专为守军保障。《读史方舆纪要》对金山有记载："金山废县，在卫东。后周置县，属甘州。"③ 地名金山子与当地设置过金山县有关。

附近草滩里残存着一座名为"富汤堡"的古城，其实是明代富昌堡，清朝时，林则徐从丰乐铺西行5千米，抵达此堡，记录为阜昌铺。富昌堡东北侧有五座小型古城遗址，或为后周设置的金山县。此处为大川东西往来要道，向北翻山通达漠北，往南直抵焉支山。

《汉书·地理志》记载，汉昭帝始元二年（前85），在泽索谷置日勒都尉，屯兵防守。如今多把峡口东谷猜疑为泽索谷。刘光华认为："日勒治今山丹县清泉镇。有通谷水草的泽索谷，应该就是山丹河谷地。"④ 汉武帝执政前后，匈奴企图夺回河西大地，屡出兵南犯武威、日勒两前沿城池。公元前78年，匈奴右贤王派犁汙王率4000骑兵，分道攻夺屋兰、日勒、番和。幸亏汉朝提前防备，匈奴骑兵闯入后，即被汉张掖太守、属国都尉击败，犁汙王被射杀。汉匈交战地在富昌滩无疑。在富昌滩依稀能分辨出古代废弃的沙田地埂，隐约可见古渠道遗痕。这里曾是汉日勒县的万顷良田，重镇日勒城却无处寻觅。早

---

① 郝树声：《敦煌悬泉里程简地理考述（续）》，《敦煌研究》2005年第6期。
② 《嘉庆重修一统志》卷266，四部丛刊续编·史部，1934年上海涵芬楼影印清史馆藏进呈写本，第4页。
③ （清）顾祖禹：《读史方舆纪要》，中华书局2005年版，第2986页。
④ 甘肃省地方史志编纂委员会：《甘肃省志·建制志》，甘肃人民出版社2017年版，第92页。

在公元前 104 年，汉武帝所置日勒县，属张掖郡管，护卫张掖酒泉。东汉建安年间（196—220），日勒县城迁移到新置的西郡（羊户沟口）。北凉时（397），改"日勒县"为"永宁县"，仍为西郡郡治。公元 535 年，西魏废除西郡，改"永宁县"为"弱水县"。不久，北周又废除弱水县。

地名日勒，为鲜卑及匈奴语，意为阳光从山冈洒射到大草滩。而同指一地的弱水地名，意为水流孱弱，不能载舟。早先《山海经》就有弱水记载，《大荒西经》："西海之南，流沙之滨，赤水之后，黑水之前，有大山，名曰昆仑之丘。……其下有弱水之渊环之。"[①] 古人曾称祁连山为昆仑山。西汉《淮南子·地形训》有载："弱水出自穷石，至于合黎，余波入于流沙。"[②] 唐代柳宗元《愚溪对》说："西海之山有水焉，散涣无力，不能负芥，投之则委靡垫没，及底而后止，故名曰弱。"[③] 想必，删丹山下数条小河汇集为弱水，最终渗没在日勒滩河道中。这里曾花草满川，麦粟翻浪。后来，受干旱影响，城池移往水源丰富之处。文人政客引用《山海经》中"弱水"，形成符合当地特征的名称。明代小说《西游记》描述流沙河时，又借机夸大过弱水："八百流沙界，三千弱水深。鹅毛飘不起，芦花定底沉。"[④]

历史的尘烟早已散尽，人为改造的大川终被戈壁瀚海湮没。身边的长城、古堡渐不为人识。曾经捍卫农耕文明的汉代万里长城，被雨打风吹，成为沟垄，只有不多的汉残燧傲立。而东起辽东虎山，西止嘉峪关，绵延 8800 千米的明边墙也残破不堪，失去了防守自闭的天职。如今，河西大地只有峡口至新河驿一段边墙保存最好。

明边墙从石峡口堡逶迤而来，横亘在金山子、新河驿、刘伏寨连接成一线的大滩里，抵达人烟稠密的三十里堡（居安铺）、二十里堡（永兴铺）、十里堡（仙堤铺）后，直达山丹县城北侧。明代《皇明九

---

① 袁珂校注：《山海经校注》，巴蜀书社 1992 年版，第 4 页。
② 张双棣：《淮南子校释》，北京大学出版社 1997 年版，第 432 页。
③ （清）董诰等编：《全唐文》，中华书局 1983 年版，第 5906 页。
④ （明）吴承恩：《西游记》，人民文学出版社 1980 年版，第 261 页。

边考》记载:"永昌卫六十里至石峡口驿,五十里至新河驿,五十里至山丹卫,五十里至东东驿,四十里至古城驿,四十五里至甘州城。"①

往西是建于明代嘉靖年间的新河驿,新河驿并没有想象中那么古老,当地为举办长城文化旅游节,修筑了壮观的门楼,迎接各地游人。驿站围墙仍保留完好,一口干涸了400多年的驿井尚在。另外,在新河驿东北部3千米处,揣庄堡更显得苍老而厚重,多少让游客重拾起古城池记忆。西边2千米外,312国道把明边墙切开了一个大豁口,车辆横穿而过,形成古、今文明碰撞、交辉的壮景。

众人又前往刘伏村、二十里铺和十里铺,寻找汉代钧耆置。汉简记载,"日勒至钧著置五十里"。钧著,汉代小型军事堡垒的名称,担当日勒至屋兰两县城之间的邮置。"钧耆"也写为"钧著",堡寨名称或源于安置西域钧耆国受降军队、商队、手工业移民。《汉书·霍去病传》记载,汉武帝元狩二年(前121)夏,"骠骑将军涉钧耆,济居延,遂臻小月氏,攻祁连山,扬武乎觻得"②。对于钧著的现今位置,陈秀实认为:"'钧著'显然是'钧耆'之误写,实为一地。其位置当在今山丹城西北东乐乡附近,山丹河流经其地。"③吴礽骧认为钧著置"方位当在弱水南岸、今山丹县东乐乡十里堡一带"④。以汉简所记载的里距核实,这一判断符合实际。

四 四坝滩 培黎

山丹县四坝滩,因国际友人艾黎发现彩陶遗存,充满了远古生活气息。四坝滩遗址给草场丰美、田园富饶的山丹增添了文化魅力。四

---

① (明)魏焕:《皇明九边考》卷九《甘肃镇》,1936年北平图书馆藏据明嘉靖刻本影印,第2页。
② 《汉书》,中华书局1962年标点本,第2480页。
③ 陈秀实:《汉将霍去病出北地行军路线考——〈汉书〉"涉钧耆济居延"新解》,《西北师范大学学报》1998年第6期。
④ 吴礽骧:《河西汉代驿道与沿线古城小考》,载李学勤、谢桂华主编《简帛研究》(2001),广西师范大学出版社2001年版,第336—357页。

坝滩遗址位于山丹县四坝滩川口处，东西200米，南北210米。1946年发现，此后又多次做过调查。发现石器多为打制，有凹腰石斧、有肩石斧、石刀和敲砸器，也有磨制石斧和石磨、石球等。陶器多为夹砂红陶，器型以双耳罐、壶为主，也有单耳罐、杯和器盖。特点是将陶器烧好后再在器表施黑红两种颜料彩绘而成，以黑彩为主，着色浓厚，附着于器呈凸起状。纹饰主要为竖条纹、网格纹、折线纹等。

四坝文化即因1948年发现于今山丹县四坝滩而得名。当时山丹培黎学校在四坝滩农场修筑水渠时发现。1953年，培黎学校创始人路易·艾黎将此事函告当时中国科学院考古所所长夏鼐，后由甘肃省文物管理委员会前往调查，在四坝滩遗址采集到陶器等文化遗物。1954年，培黎学校将四坝滩遗址出土的文物全部移交给甘肃省文物管理委员会。之后陆续又有发现。后来安志敏提出："四坝滩遗址有着特殊的性质，彩陶纹饰由简单的条纹构成，颜料很浓，在陶器表面有凸起状，陶器以双耳罐为主，夹杂有单耳罐和单耳杯等。"[1] 20世纪50年代被命名为"四坝文化"。1960年，张学正在《甘肃古文化遗存》一文中提出了"四坝式遗址""四坝式陶器"的命名。[2]

后来，河西屡次发现同类遗址，出土红陶、彩陶和青铜器，学术界才确认四坝文化属青铜时代遗存，约在距今4000—3400年之间，正是中原地区夏商之际。当时，祁连山下的河西走廊成为东方制陶技术向西发散、西亚和中亚青铜技术向东传播的双向交流通道。

历史不能遗忘发现四坝文化的艾黎。更为可贵的是，艾黎倾情于贫苦的山丹，教授才艺，收集丝绸之路文物，著有《山丹札记》，发扬光大山丹及丝路文化。艾黎离世后，根据生前遗嘱，将部分骨灰撒在了四坝滩。邓小平为他题词：伟大的国际主义战士永垂不朽！

到河西山丹之前的1943年秋天，艾黎沿着古丝绸之路考察，抵达莫高窟后，常书鸿为他讲解，因此陶醉于深藏历史文化的石窟艺术。

---

[1] 安志敏：《甘肃远古文化及其有关的几个问题》，载《中国新石器时代论集》，文物出版社1982年版，第86页。

[2] 甘肃博物馆：《甘肃古文化遗存》，《考古学报》1960年第2期。

为友好县区。

甘肃人民不会忘记他们，兰州培黎广场已成为纪念性文化广场。地名培黎，源于培黎学校，意为培养迎接黎明的人。1942年6月，秦岭脚下的陕西凤县双石铺的培黎学校落成。培黎学校是艾黎为了纪念在上海已故的美国科学家约瑟夫·培黎，给新学校所取的名字。培黎工艺学校扎根山丹10年，于1953年由西北石油管理局接管，迁往兰州安宁。

安宁十里店的培黎广场，正是为纪念中国人民的老朋友、原培黎石油学校创始人路易·艾黎为中国的职业教育事业做出的巨大贡献而修建。广场上矗立着一座雕像群，雕塑着甘肃少年围绕在路易·艾黎的身旁，再现培黎学校发展史和艾黎、何克的事迹。

曾经贫穷的山丹，燃烧过艾黎和何克的青春激情。他们高尚的人格散发着无穷魅力，人道主义的博爱和传承文明的情怀被珍存。

五 屋兰 东乐 大马营

明代土佛寺位于山丹县城以西。土佛寺，据道光《重修山丹县志》记载："一名大佛寺，城西十里许。明正统六年太监王贵、指挥杨斌建，内佛像高一十三丈，覆以重楼七层，凿山为之。"[1] 土佛寺连同周边堡塞大都建于明清两代，自明朝戍边屯田，改变了河川面貌。

祁连山融化的雪水汇入山丹城西北祁家店水库。水库旁的山嘴北，曾立有清代人撰写的《禹导弱水碑》，为大禹治水的记功碑。石碑原在山丹城外，《禹贡》记载："导弱水至于合黎，余波入于流沙。"[2] 其实，在汉魏时就有"禹出西羌"的说法，认为大禹本是氐羌人。西汉陆贾的《新语·术事篇》："大禹出于西羌。"[3]《史记·六国年表》云：

---

[1] 道光《续修山丹县志》，载《中国地方志集成·甘肃府县志辑》，凤凰出版社2009年影印本，第121—122页。
[2] 李勇先主编：《禹贡集成》，上海交通大学出版社2009年版，第48页。
[3] （汉）陆贾：《新语》"道基第一"，载《百子全书》上册，浙江古籍出版社1998年版，第89页。

"禹兴于西羌。"① 西汉扬雄《蜀王本纪》："禹本汶山郡广柔县人，生于石纽。"②《吴越春秋·越王无余外传》："鲧娶有莘氏之女……产高密，家于西羌，地曰石纽，石纽，在蜀西川也。"③

对于弱水的名称与位置，历来多有异说。据道光《续修山丹县志》记载："弱水，城西郭外，源出县东南焉支山下，西北流迳县西南，又西北迳东乐北，又西北迳古城北，又西北迳甘州北，入于黑河。……诸说互异，故第以今所见注之。然《禹贡》弱水流沙，的在府境，《志》不为无稽，直《汉》于义未尽耳！"④

"钧耆置至屋兰五十里，屋兰至氐池五十里，氐池去觻得五十四里。"汉简驿置严谨可信，地名屋兰、氐池均与水相关。屋兰音同乌兰、乌黎，意为大青山下的河边，汉代遗址位于东乐城附近。另说，屋兰为匈奴乌犁部落王降汉后，封居之地，汉朝始置屋兰县。

汉简记载："钧耆置至屋兰五十里。"明代《皇明九边考》记载："山丹卫至东乐驿五十里。"⑤ 清代《读史方舆纪要》记载："屋兰城，在（甘肃）镇东北。汉县，属张掖郡。"⑥ 西汉屋兰城属张掖郡，在东乐城就近。乾隆《甘州府志》记载："屋簡古城，城东五十里，今仁寿驿，俗名'古城'是也。汉张掖郡屋簡，东汉及晋作'屋兰'者是也。"⑦ 作为开辟丝路初期的屋兰城，曾担当防御匈奴的前沿阵地。后来，受东晋时期乱战摧毁，地名被就近的西安城取代。

东乐城建筑于明代，为甘州五卫属下重要堡寨，称名"东乐驿"。清朝雍正三年（1725），设东乐厅。数年后，即乾隆八年（1743），张

---

① 《史记》，中华书局1959年标点本，第686页。
② （清）严可均辑校：《全上古三代秦汉三国六朝文》，中华书局1958年版，第415页。
③ 张觉：《吴越春秋校注》，岳麓书社2006年版，第154页。
④ 道光《续修山丹县志》，载《中国地方志集成·甘肃府县志辑》，凤凰出版社2009年影印本，第83—84页。
⑤ （明）魏焕：《皇明九边考》卷九《甘肃镇》，1936年北平图书馆据明嘉靖刻本影印，第2页。
⑥ （清）顾祖禹：《读史方舆纪要》，中华书局2005年版，第2974页。
⑦ 乾隆《甘州府志》，载《中国地方志集成·甘肃府县志辑》，凤凰出版社2009年影印本，第227页。

掖县丞东迁东乐城，领东乐驿和周边 14 个堡寨。从此，东乐城在河西商道上的地位日益重要。林则徐途经此城时，写道："此地居民六千余户，以张掖县丞驻之，催科理讼，此缺为佐二所未有，往来支应皆县丞所供。"[①] 1913 年，析张掖县置东乐县。1929 年底，县城南迁洪水城，取"东乐"之"乐"，取舍"乐成""民治"两名，合称"民乐县"，寓意安居乐业、乐与观成。河西道上，东乐古城依然忠实地守望着。明清驿道出东乐驿，过西屯、山阳铺（山羊堡），西往仁寿驿（东古城）、碱滩堡、二十里铺（平夷堡）、八里铺，直达张掖城。汉唐驿道顺弱水（山丹河）而下，沿兰新铁路方向抵达氐池、觻得。

汉驿道西屯村南滩，发现汉代墓葬群。地表散布灰陶罐和子母砖，封土堆 200 余座。汉代屋兰城和东晋西安城的秘密或隐藏其中。附近山丹河南岸二级台地上，还分布着山羊滩遗址，出土了石斧、石刀、陶罐、陶杯等。南侧民乐县六坝乡林场东灰山遗址和李寨乡菊花地西灰山遗址，出土了各类彩陶、石器、纺轮和牛、羊、猪等兽骨，还出土了少量铜、铁、金器。灰层中发现炭化小麦、稷、粟颗粒。

河西大地，但凡有古文明遗存处，多为汉代移民屯田首选地。近年来，考古人员又在南部大马营乡楼庄村发掘过会台遗址，出土了夹砂素面陶罐、平底钵、陶鬲、打磨石器，地表遗存红、黑陶片，部分红陶片上绘有白色和紫红色几何纹。过会台地名源于古堆土台地，古来为当地民众赶庙会和交换物资的场所，遗址文化层比四坝文化晚约数百年，为商末至春秋早期，出地文物既类似黄河上游流域早期的卡约文化，又承袭先秦文化。

河西氐羌所创造的人类文明，反映了 3500 多年前氐羌部落的土著文化。南望巍巍祁连雪山，浮云压顶。雪线下松林成片，丛林下便是缓缓沉降的汉阳草原。几千年来，人类文明进程在这里沿袭不绝。

[①] 中山大学历史系中国近代现代史教研组、研究室编：《林则徐集·日记》，中华书局 1962 年版，第 420 页。

受史料所限，无法想象氐羌大部落东迁后，遗留下来的小部落氐羌后裔跟后来者乌孙人如何争伐与融合，距今 2300 年前后的乌孙人跟陇山下擅长养马的乌氏人是否有血缘纽带，更难揣测月氏如何西逐乌氏。百年后，匈奴窥视丰美的汉阳草场，又用武力西逐月氏。谁的骑兵强大，谁就可能掌控草原。在历史风云中，汉阳草原不断更换着主人。匈奴才盘踞 50 多年，骠骑将军霍去病的身影闪现，这里又归属汉王朝。从此，汉阳滩养马数量牵动着中原王朝的神经。

　　西汉设河西五郡，经略西域后，设置马苑寺负责马政，由河西 66 处牧师苑管理 30 万余匹战马，其中汉阳牧师苑（治永固城）规模最大，从此为皇家牧场。东晋永和年间（345—356），前凉国极盛，设置汉阳郡管理马场。唐朝将 2000 匹突厥马和 3000 匹隋朝马送至汉阳滩繁殖。唐代诗人韦应物《宫中调笑》即是这一景象的写照：

> 胡马，胡马，远放燕支山下。
> 跑沙跑雪独嘶，东望西望路迷。
> 迷路，迷路，边草无穷日暮。①

　　明朝筑大马营城后，始称"大马营滩"。划定周边黑城、永固城、皇城滩、高古城养马，牧马达 4 万余匹，统称"大草滩"。清末，大马营滩的军马被哄抢一空。民国年间，陆军部重建山丹马场，养马 7000 余匹。1929 年，马场迁至榆中马衔山不久，山丹马场成为马步青、马步芳私人牧场，后收归政府经营。中华人民共和国成立后，更名为"西北军区后勤军牧部山丹军牧场"。

　　在大马营和永固营之间，还有一个标志性地名——霍城，沉浸在金波荡漾的花海之中。霍城，当地俗称"黑城"，因霍去病而得名。1955 年，为纪念汉朝霍去病将军西征河西曾在当地扎营休整，始更名。此黑城故址卧于双湖村甘家庄子北草滩中，明朝时为军屯之地，

---

① （宋）郭茂倩：《乐府诗集》，中华书局 1979 年版，第 1155 页。

明代以前无考。到了清朝康熙六年（1667），永固城协参将王进宝防守大草滩时，统领黑城营、大马营、洪水营、马营墩等处。

六　古城村　氐池　甘州　东古城

地名东古城，因城在张掖城东20余千米处而得名，民间俗称"算盘城"，清代称"仁寿驿"。近年来被认定为汉代屋兰城。当地源于明清移民民俗传统的古城村"九曲黄河灯阵"被确认为省级非物质文化遗产。

20世纪40年代，长、宽各0.5千米许的城墙犹存。史载，明代戍边屯军时，修复过古城。清代时，民间称"古城"，官方称"仁寿驿"。2003年，地震损坏了仅剩下的西城门后，当地始用青砖包封了西门城垣。瘦高的门楼下敞开着窄小的门洞，蕴含羌族碉楼高峻的风范，不同于明朝筑城的宽大风格。城墙上面正中坐落砖木结构的歇檐山顶四角楼，为当代风格。楼阁悬挂"张掖锁钥"四字牌匾，气势不凡。

东古城遗址位于两汉氐池县境内。三国至西晋时期，张掖郡仅辖鳟得（永平）、昭武（临泽）、屋兰县，氐池城归属屋兰县。到了西晋末期，前凉张氏家族治理河西，山丹河谷变成了米粮川，恢复氐池县，重用氐人从军。此后，氐池城和屋兰城成为兵家必争之地。古城所处的位置，属后凉国西安郡辖区。后来，北凉另筑了西安城。

东晋时期的后凉三河王吕光，本是略阳临渭氐族人，跟河西氐羌同源。吕光为了巩固都城姑臧，兼顾氐羌贵族，以屋兰城为郡治，新置西安郡，取意西部安宁之意。适逢河西战乱不堪，后凉国吕氏势力与南凉、北凉屡屡争伐，屋兰城遭兵燹，生灵涂炭。新崛起的北凉割据势力夺得西安郡后，国主段业于公元398年秋，就近新筑西安城，首任西安太守臧莫孩，城池位于汉代屋兰城与氐池城之间。据乾隆《甘州府志》记载，西安古城位于甘州"城东南，《十六国春秋》：段业神玺二年徙治张掖，筑西安城，以臧莫孩为太守，寻为吕纂所败。沮渠蒙逊永安元年为西安太守，起兵攻张掖，杀业代之。后魏时废"①。东晋隆安五年（401）四月，段业任命沮渠蒙逊为第二任西安太守。不久，沮渠蒙逊从西安城起事，向西出兵，欲夺段业据守的张掖城（汉觻得古城）。当部队抵达氐池城时，聚羌胡过万人。40 年后，北魏拓跋焘平定北凉国，废除氐池城、西安城及屋兰县。直到唐末五代时期，甘州回鹘又利用了这些古代城池。《新五代史·回鹘传》记载："其可汗常楼居，妻号'天公主'。"②习惯于草原上搭帐的回鹘，或许为适应湿地、沼泽，选用木塔楼供可汗贵族居住。

西夏至明朝开发河西时，这些古城或废，或用作驿站、军屯。只有西安城保存至民国年间，今存西门城楼，被当地人称为"东古城"。古城东南 5 千米处甲子墩墓群，出土了陶壶、陶钟、仓、灶、井、鼎、博山炉和木马、木牛、铜弩机等，其中近 30 座为土墩墓。埋葬品起于西汉，终止于魏晋，沉默的大墓承载着西安城的沉浮史。

北凉国本是由掺杂氐羌、小月氏和匈奴后裔卢水胡建立起来的割据势力。西安新城必然包含着氐羌人筑城风格，以城小墙高为特征。而北凉"蒙逊盛时，西控西域，东尽河湟，尝置沙洲于酒泉，而凉州仍治姑臧，前凉旧壤，几奄有之矣"③。

离开东古城，过碱滩镇什字，北达二坝库区。山丹河水枯，水库下降。参照汉简判断，氐池城在老仁坝、太平堡、上秦镇之间。汉里程简发现前，学者把明代洪水营城（民乐县城）误判为氐池，忽略了它在甘州区附近的史实。清代《读史方舆纪要》记载，氐池、西安城在张掖镇东，屋兰在镇东北。张掖市甘州区的历史跟北凉国开发其东南有初缘。

西边 10 千米外，就是张掖市甘州区。这一带的海拔从 1480 多米逐渐降到 1460 米以下。近 30 米落差带正处于黑河和洪水河冲击山丹

---

① 乾隆《甘州府志》，载《中国地方志集成·甘肃府县志辑》，凤凰出版社 2009 年影印本，第 228 页。
② 《新五代史》，中华书局 1974 年标点本，第 916 页。
③ （清）顾祖禹：《读史方舆纪要》，中华书局 2005 年版，第 142 页。

河形成的扇缘。甘州区北部的湿地公园后，无数野鸭群飞，芦苇荡中水鸟争鸣，犹如塞上江南。

隋唐时，南侧台地开市耕田不久，始有城镇雏形。直到唐代时期，成批回鹘出现，才成为甘州互市集结点。而神秘的回鹘汗国存在约160年后，被西夏灭亡，甘州回鹘遗痕几近空白。西夏却在甘州发迹崛起，图谋南控河湟，200年间给甘州境内留下大佛寺等文化印记。

古时，扇缘依次有绿洲、沼泽、湖泊。氐羌曾生活在这里，成为地名氐池的来源。后来，氐羌卷入汉末羌乱和晋末战乱。在五胡乱华的纷争中，氐族一度建立前秦割据势力和后凉割据势力。再后来，河西氐羌或南入河湟，或融入河西卢水胡。继而，北魏吞并北凉，河西部分氐羌内迁，部分融入当地，只能从古籍中寻找他们的影子。氐羌为黄河上游的土著人，他们习惯于生活在河谷及河川低洼地带，以放牧、农耕为生，兼捕鱼、狩猎。河西走廊的弱水流域生息着氐羌。"氐首，犹俯首也。"从成汤建立殷商后，西北氐羌部落定期献享和朝拜。延续到周朝时，臣服依然不变。《逸周书·王会》记载，"丘羌鸾鸟"[①]，氐羌部落还给周成王进献过鸾鸟。河西氐羌人古来崇拜鸟图腾，信奉"鸾鸟鸣则天下宁"。汉唐期间，西凉大地屡次移设鸾鸟县，这种地名文化凝聚着氐羌乡土情结。"鸾鸟自歌，凤鸟自舞。"正是氐羌崇尚自然与和平的历史写照。

合黎山下，黑水与弱水交汇处，水草丰美，是氐羌部族长期聚居的所在。直到东晋末，氐池城仍在。《晋书》记载，南凉秃发傉檀率师讨伐北凉沮渠蒙逊时，"次于氐池，蒙逊婴城固守"[②]。如今，只能从白马藏羌后裔的伎乐舞姿中，回望古代氐羌部落的逍遥。汉代氐池作为当地最早的地名符号，城池消失于西夏至元明，沉浸在甘州的湖光塔影中，未留下一丝遗痕，哪怕是一块绿釉汉瓦。

---

① 黄怀信、张懋镕、田旭东：《逸周书汇校集注》，上海古籍出版社1995年版，第917页。
② 《晋书》，中华书局1974年标点本，第3149页。

想了解古张掖及古甘州的地名史，最好先往古觻得城。张掖、甘州初名地望隐藏在远方，应不在今天的老张掖市甘州城区。觻得，觻得城，一个被称为"黑水国"的遗址，令人心驰神往的古城。

七　张掖　甘州

黑水河和山丹河形成的张掖三角洲，土壤丰腴，田园秀美，富庶了千百年。"金张掖，银武威"，也被民间褒赞了200余年。张掖县、张掖郡、甘州、张掖……轮回着这个城池的历史地名。甘州、张掖是外来地名移置，这个城市的乳名氏池早已被遗忘，搁在张掖城东北20千米之外。

北魏、西魏至北周时期，干旱、风沙肆虐，又历经无数次战争摧残，黑水西岸古觻得城如干瘪老人，撑不起城民生息。黑水东三角洲渐耕作为粮田。古觻得城居民陆续东迁，浚渠屯田，开发河东。先有甘州归塔，后有张掖城。1983年维修木塔，发现银环金戒指和琉璃佛珠串，戒指雷同北周李贤墓葬品，均为丝路遗留瑰宝。

当年，西魏丞相宇文泰借突厥军力北击柔然、南伐吐谷浑，开通北越合黎山的突厥道和南入祁连山的河湟道。据史书记载，西魏废帝三年（554）春正月，改西凉为甘州。① 据《元和郡县图志》甘州条："后魏武帝平凉，以为张掖军，废帝二年（553）改军置甘州，因州东甘峻山为名。或言地多甘草，故名。"② 到了他的儿子称北周皇帝时，择吉地兴建归塔，成为西魏、北周远嫁突厥诸公主的思乡塔，也象征突厥可汗结盟北周的标志，还发出老甘州城即将东迁的信号。可惜，北周衰亡了。

杨广称帝的大业元年（605），即派裴矩进驻张掖（古觻得城），掌管胡商互市。两年后（607），裴矩撰《西域图记》，呈报商贾盛况，

---

① 《周书》，中华书局1971年标点本，第34页。
② （唐）李吉甫：《元和郡县图志》，中华书局1983年版，第1021页。

触发了帝王西巡之念。裴矩劝炀帝经营西域，他说："以国家威德，将士骁雄，泛濛汜而扬旌，越昆仑而跃马，易如反掌，何往不至！但突厥、吐浑分领羌胡之国，为其拥遏，故朝贡不通。今并因商人密送诚款，引领翘首，愿为臣妾。圣情含养，泽及普天，服而抚之，务存安辑。故皇华遣使，弗动兵车，诸蕃既从，浑、厥可灭。混一戎夏，其在兹乎！不有所记，无以表威化之远也。"①

《西域图记》图文并茂，将神奇富饶的西域直观地呈现在隋炀帝的面前。《西域图记》无疑是经营西域的绝好指南，特别是其中显示的对于大隋帝国皇威的宣扬，使炀帝既兴奋又满足，"帝大悦，赐物五百段，每日引矩至御坐，亲问西方之事。矩盛言胡中多诸宝物，吐谷浑易可并吞。帝由是甘心，将通西域，四夷经略，咸以委之"②。

隋朝实行州改郡县二级。将甘州改回张掖郡，统辖张掖、删丹和福禄县，废古䚣得地旧县。或为历史必然，或为裴矩主张，张掖郡治、张掖县城同驻黑水东岸新城（张掖县城或筑于大业初年）。官民大建郡城，接驾驻跸。《隋书·西域传》记载："炀帝时，遣侍御史韦节、司隶从事杜行满使于西蕃诸国。……帝复令闻喜公裴矩于武威、张掖间往来以引致之。"③ 公元609年，隋炀帝抵达张掖，"高昌王、伊吾设等，及西蕃胡二十七国，谒于道左。皆令佩金玉，被锦罽，焚香奏乐，歌声喧噪。复令武威、张掖仕女盛饰纵观，骑乘填咽，周亘数十里，以示中国之盛"④。裴矩选择水都张掖，接待皇帝杨广，集结高僧在万寿寺讲佛，迎合皇帝对木塔的情结。原来，此塔虽为前朝北周所建，隋开皇初重建木塔后，恰逢先帝杨坚于仁寿年间（601—604）三下诏书，选全国114个州供奉佛祖舍利。甘州选定万寿寺木塔供奉舍利，方数年间。

裴矩对西域的经营取得了很大的成绩，"其（西域）有君长者四

---

① 《隋书》，中华书局1973年点校本，第1580页。
② 《隋书》，中华书局1973年点校本，第1580页。
③ 《隋书》，中华书局1973年点校本，第1843页。
④ 《隋书》，中华书局1973年点校本，第1580页。

十四国。矩因其使者入朝，啖以厚利，令其转相讽谕。大业年中，相率而来朝者三十余国，帝因置西域校尉以应接之"①。可惜由于隋末的战乱，他的苦心经营未能善始善终，成就未能保持和巩固。② 隋朝国运不佳，杨广西巡数年后，天下反乱，大唐立国。

公元 620 年，唐朝把张掖郡又改为"甘州"。武则天执政时，陈子昂奉命巡视河西，他上谏武皇："陛下欲制河西，定乱戎，此州空虚，未可动也。甘州所积四十万斛，观其山川，诚河西喉咽地，北当九姓，南逼吐蕃，奸回不测，伺我边罅。故甘州地广粟多，左右受敌，但户止三千，胜兵者少，屯田广夷，仓庾丰衍，瓜、肃以西，皆仰其餽，一旬不往，士已枵饥。是河西之命系于甘州矣。"③ 不久，甘州刺史李汉通恢复屯田，保证战备军粮。到了公元 742 年，甘州改回张掖郡时，繁华的张掖城涌满了边塞军人。《八声甘州》教坊曲又把当地民风塞韵传遍大江南北。

公元 758 年再改回甘州时，大唐帝国正饱受安史之乱，走向衰落。吐蕃趁机占领陇右大部分州城，公元 781—848 年占据甘州城，自唐初安居甘州的回鹘沦为吐蕃部属。公元 840 年，漠北回鹘汗国瓦解，遭受战争冲突和持续干旱的回鹘，陆续涌入甘州。

回鹘原称"回纥"，回纥部落危难时，受大唐安置，分散在甘州、凉州，曾助唐平定突厥叛乱和安史之乱，均立有战功。公元 788 年，"回纥"才改名为"回鹘"，意为回旋轻捷如鹘。公元 848 年，回鹘首领庞特勒率部到达甘州，在删丹设立牙帐（即王廷），归附张议潮。张议潮于公元 872 年在长安离世后，回鹘雄霸甘州，统管瓜州、沙州，对抗西夏和辽国。回鹘以部落扎营，悠然放牧，有喜事则歌舞，有悲伤要吟唱。他们唱不尽民谣，抒不尽情怀。公元 1028 年，西夏李元昊奇袭甘州，甘州回鹘汗国灭亡。以游牧为生的甘州回鹘没有留下建筑标志和地名标志，似乎消失得无影无踪。但他们信仰的摩尼教、佛教

---

① 《隋书》，中华书局 1973 年点校本，第 1841 页。
② 邢培顺：《裴矩与隋朝经略西域》，《滨州学院学报》2015 年第 3 期。
③ 《新唐书》，中华书局 1975 年标点本，第 4073 页。

影响了榆林石窟和敦煌莫高窟,深厚的回鹘文化影响了西夏,直到元朝统治时期仍有遗痕。

"贺兰山下河西地,女郎十八梳高髻。茜根染衣光如霞,却召瞿昙作夫婿。紫驼载锦凉州西,换得黄金铸马蹄。沙羊冰脂蜜脾白,个中饮酒声渐渐。"[①] 元代马祖常诗作反映西夏后裔承袭回鹘女的高髻。西夏统治甘州200年间,取"甘州"和"肃州"首字,在甘州设甘肃军司,始出现"甘肃"名称。甘肃军司掌管河西军事、民生中枢,南控河湟吐蕃,北宋难以染指河西。陆上丝路时有中断,海上丝绸贸易兴起。西夏给甘州留下了大佛寺院,尤其以卧佛及土佛塔最为代表。

20世纪60年代中期,卧佛腹中发现一枚明代造铜牌,铜牌铸有铭文"张掖郡流沙河,有迦叶遗迹,大夏建,崇宗皇帝永康(安)元年嵬咩国师始创卧佛圣像",跟乾隆《甘州府志》载甘州大佛寺建于1098年相符合。建寺时,西夏皇帝李乾顺尚小,由母亲小梁太后主政。

相传,西夏臣服成吉思汗期间,大汗孙子忽必烈出生于甘州大佛寺,其母亲离世后,也秘藏于此,或许跟寺内土佛塔有关。忽必烈钟情甘州,称帝前在甘州先后置甘肃路总管府、甘州路总管府。元朝立国后,于1286年在甘州设立甘肃行省,成为甘肃省的起源。奢华的背后隐藏着罪恶,靠千屠刀起家的元朝,也给甘州带来过噩梦。原来,元末州官往城墙内葬过500多名亡童,秘而不宣。直到明代万历三年(1575)六月,三边总督石茂华等官员组织铲修南城墙时,方惊现500多个小棺木,内葬孩童骸骨,唯有一大人棺木,书有"至大元年闰十月宁夏王妃"。一时间,成为不解疑案。追溯历史,元代甘州本是皇族出伯封地。忽必烈于1294年离世后,出伯渐得势,掌管甘肃驻军大权,大建甘州豳王府。元至大元年(1308)十月,出伯宴请宁夏王阿木哥夫妇到甘州城做客,借机炫耀皇恩浩荡。不想被沙州老部下撒的迷失获知。撒的迷失率士兵潜入甘州,夜劫豳王府,尽杀宁夏王妃及500孩童。行省官员只好按蒙葬习俗,将众遗骸密筑于城墙中。

[①] (清)顾嗣立编:《元诗选·初集》,中华书局1987年版,第716页。

如今，张掖甘州区仅剩余东北城墙百米。观摩城垣夯土，多取自池塘淤泥和城内碎砖、废土，为明清两代扩城修补。史载，万历二年（1574），三边总督石茂华组织包砌甘州卫城，城周6.5千米。工程规模仅次于原州城，奠定甘肃镇在西北的军事战略地位。明朝甘州成为陕西行都司及甘肃镇的治所，是明代经略甘肃的大本营。甘肃镇连同宁夏镇、固原镇共同防守黄河一线及河西大地。朱元璋的儿子肃王朱楧从南京就藩甘州数载，尔后内迁兰州城。

清代初，甘州成为甘肃镇总兵驻地和陕西行都司治所。清代雍正三年（1725），岳钟琪平定青海河湟叛乱后，罢陕西行都司，降为甘州府，改甘州卫为张掖县。1911年辛亥革命后，撤除甘州府，甘州地名随之消失，但张掖县仍在，俗称"金张掖"。

水都张掖虽自明清以来以富庶著称，但为何称名"金张掖"？民间谚语"金张掖、银武威、铜山丹、铁高台"，源自清代乾隆六年（1741）甘肃巡抚元展成给朝廷奏折，因张掖土地肥沃、征收赋税最多，按等级列为头等"金"，才流传"金张掖"。

2002年6月，升张掖地区为张掖市，将原县级张掖市改为甘州区。地名甘州又成为张掖的孪生兄弟。

八　昭武　觻得　临泽　蓼泉　双泉堡

> 黑河如带向西来，河上边城自汉开。
> 山近四时常见雪，地寒终岁不闻雷。
> …………①

明代成化年间（1465—1487），甘肃总兵官郭登巡察甘州西部，目睹荒田废舍，题写《甘州即事》，把黑河南岸汉唐边城及古道勾画

---

① 乾隆《甘州府志》，载《中国地方志集成·甘肃府县志辑》，凤凰出版社2009年影印本，第539页。

了出来。

"觻得去昭武六十二里府下，昭武去祁连置六十一里，祁连置去表是七十里……右酒泉郡、县、置十一，六百九十里。"以上汉简地名，祁连为驿置，其他为县城。汉简中"右酒泉"指觻得以西通道上的郡、县、置。

临泽，一个新型农业县城，也是红色文化基地，自1952年从西28千米处的蓼泉迁入沙河堡。沙河堡为明代设置驿丞的重要驿站，甘州左卫驻地。清代乾隆年间裁撤驿丞，沙河驿归抚彝分府管辖。

汉代张掖郡于公元前67年移驻觻得城后，开发黑河西南部流沙戈壁，疏浚千金渠，开垦粮田万顷。《汉书·地理志》记载："千金渠西至乐涫入泽中。"[①] 千金渠从今临泽城南梨园河口拦坝，西延至昌马河下游流域，即下河清东北部大滩，渠长约150余千米。临泽县至高台县南部戈壁滩遗留三至五道古渠梁，清晰可见。临泽县城西20千米处的西柳沟汉代封土墓，呈梯级排列，疑为屯田将士或其家族墓。墓葬主人跟就近千金渠有着必然联系。另外，王莽新朝期间，曾把当地昭武县改为渠武县，亦跟千金渠有关。

"觻得去昭武六十二里。""昭武"作为丝绸之路最古老的地名及县名，本为月氏城主的姓氏音译，也是昭武城得名由来。汉朝时，把"昭武"音译为汉字，恰能彰显汉武帝的武功德威。隋唐时期的中西方交流中，康、安、曹、石、米、史、何、穆等昭武九姓是一支非常活跃的力量。关于昭武九姓的起源，学术界一般认同《魏书》《北史》《隋书》以及两《唐书》的各《西域传》的记载，他们都是大月氏人之后裔，即上述各正史《西域传》中所载"本月氏人"。[②]《隋书·西域志》记载，康国，"其王本姓温，月氏人也。旧居祁连山北昭武城，因被匈奴所破，西逾葱岭，遂有其国。支庶各分王，皆以昭武为姓，以示不忘本也"[③]。

---

① 《汉书》，中华书局1962年标点本，第1613页。
② 陈海涛：《昭武九姓族源考》，《西北民族研究》2000年第2期。
③ 《隋书》，中华书局1973年标点本，第1848页。

在临泽县鸭暖镇昭武小学校门外发现清代所立的"昭武故地"石碑。据当地人讲，石碑原来立在村东北兴昌堡废墟里，废墟中发现汉砖，怀疑从故昭武古城拆得，新建昭武城，设昭武县。1926年设昭武村时，才将石碑立于村头。中华人民共和国成立前后，当地先后设置昭武乡、昭武区。

据乾隆《甘州府志》记载，昭武古城在"城东北四十里，土人云，遗址尚存，在今板桥东南古月氏城，而汉县因之。晋避景帝讳改临泽。后魏时废，北凉有临池郡，亦其地也。按《唐书》，月氏至唐时分十余国，而其酋率自称昭武人云"[1]。蓼泉城东北20千米，即黑河北岸板桥镇东南古城村，有昭武故城。西晋立国之初（265），西晋武帝司马炎尊司马昭为文帝，为避文帝讳，将昭武县改为临泽县，或源自邮置"临泽亭"。北魏《十三州志》记载："昭武县东有临泽亭。"[2]"临泽"意为地临沼泽、湖泊。古觻得城到昭武村直线距离约26千米，接近62汉里。结合汉简"觻得去昭武六十二里府下"判断，张掖郡治曾移驻今昭武村。

从昭武村前往蓼泉的路上，沿途南侧沙梁上散布汉至魏晋墓群，东西长13千米，出土了陶器、古钱币等。原来，北凉割据初（397），段业在蓼泉设临池郡，封沮渠蒙逊为临池侯。公元401年，蒙逊杀段业后，临池郡被废。

不久，二凉两战蓼泉，地名蓼泉闻名于世。公元412年冬，蒙逊将北凉国都迁至姑臧，称河西王后，欲吞并西凉。公元417年，西凉国主李歆进攻北凉张掖。途中，被设伏于蓼泉的蒙逊袭击。李歆忙回撤，被穷追至鲜支涧（疑为马营河）。大将辛渊（狄道人）将战马让给李歆，自己奋战而死。众西凉兵绝地反击，追击百余里，斩俘蒙逊兵7000余级，李歆凯旋。北凉玄始九年（420）秋七月，蒙逊又引诱西凉攻张掖。李歆率3万骑兵东进途中，跟蒙逊大战于怀城（平川

---

[1] 乾隆《甘州府志》，载《中国地方志集成·甘肃府县志辑》，凤凰出版社2009年影印本，第231页。

[2] （北魏）阚骃：《十三州志》，兰州古籍书店1990年影印本，第297页。

镇）。战败后的李歆再战蓼泉，结果被杀，导致西凉国都酒泉失陷，次年又失敦煌，西凉亡国。北魏统一北凉后，于公元449年将临泽县并入永平县（治觻得）。直到清代乾隆十五年（1750），在抚彝堡（故蓼泉）置甘州府抚彝分府。1913年，抚彝分府改为"抚彝县"，1929年改名"临泽县"。

在蓼泉街头发现"抚彝故地"水泥碑，碑文中把"蓼泉"写成"廖泉"，有迎合筑城官员姓氏之嫌。据碑文记载，明朝万历元年（1573），甘肃巡抚廖逢节在此地筑抚彝堡，始有地方名称"抚彝"，同"抚夷"，意为安抚羌回、汉藏杂族。同期，在蓼泉设置抚夷驿及抚夷递运所。早在隆庆五年（1571），廖逢节还主持修筑黑河北部板桥堡东至明沙堡12.5千米边墙，防御蒙古鞑靼。从此，迁入移民都能安心耕田。

蓼泉历史文化深厚，却因地势低洼，村镇中心难见明代以前古城遗址。地名蓼泉源于南部沟里出清泉，明代以前的古村落或湮没于流沙。清代贡生乔彦诗作《蓼泉古城》，算是对它的历史见证。

  此处西凉起战尘，七千劲卒顿成磷。
  冠军祠内都奇节，不及旌忠狄道辛。[①]

在蓼泉镇南部沙梁上，有一个称名"古寨"的小村子。从战略位置分析，古寨北防匈奴、突厥，卡控东南要道。公元401年，沮渠蒙逊反段业，曾在此驻扎，时称"侯坞"，位于"城南，地近洪水，沮渠蒙逊初起屯兵处"[②]。唐代时驻蓼泉守捉，有蓼泉守捉古城，"唐置，《地志》：在张掖郡西一百二十里，祁连山北有建康军，军西北二十里蓼泉城即沮渠蒙逊与西凉交战处，或曰即今治所，或曰

[①] 乾隆《甘州府志》，载《中国地方志集成·甘肃府县志辑》，凤凰出版社2009年影印本，第572页。
[②] 乾隆《甘州府志》，载《中国地方志集成·甘肃府县志辑》，凤凰出版社2009年影印本，第228页。

沙河驿"①。

清代道光年间（1821—1850），林则徐戍边伊犁，从黑河西侧崖水（西城驿）绕烟墩，西往沙井、沙河堡、九眼泉、广屯堡，抵达古寨堡后，北拐十里，经抚彝城，过三工堡（上庄村）、双泉堡、芦湾堡、渠口堡……正是明清时期右甘州的主道路。沿林则徐所行之路，西往双泉堡。双泉堡地处临泽县西缘，清朝同治年间（1861—1875），在堡北筑堡，因两堡傍两湖、依双泉，得名"双泉堡"。清朝在此设驿塘，为军递提供马匹、车夫，保障过往商旅。

站在双泉堡南沙梁上，南望百里外，祁连山中段巴尔斯雪山白雪皑皑，闪着银光。延伸到眼前的祁连山根被绵绵黄沙覆盖。转身北望，沙漠吞噬了山口及北道。黑河受北侧西乱山前挺影响，腰身紧束。结合汉简记载"昭武去祁连置六十一里"，卡控祁连山下大通道的祁连置，设在双泉堡至东 2.54 米的三工堡之间，或三工堡南梁。公元前 121 年夏，霍去病再击匈奴，汉军出北地，渡黄河，北越沙漠，出合黎后山龙荒道，成功突袭弱水岸边匈奴钧耆部落。又涉氐池、弱水，抵达小月氏居住的昭武城。继而，攻入祁连山，消灭浑邪王部下 4 万人，最终扬威觻得城。《读史方舆纪要》记载："祁连山在张掖镇西南百里。山甚高广，为河西之镇。亦曰天山。"② 汉简载，祁连置在觻得西。汉唐时，祁连山称谓限于张掖至酒泉之间的南山，唐朝祁连戍亦在附近。如今，双泉堡村仍处于临泽、高台两县的分界处。

九　高台　建康　骆驼城　许三湾古城

黑河出临泽县境后，从渠口发散开来，连同数条大渠滋润高台绿洲。渠口为三清渠分黑河水入口，清代筑堡，设渠口急递铺。黑河又称"张掖河"，于"城西南山中流出，原名黑河，源出摆浪河，经祁

---

① 乾隆《甘州府志》，载《中国地方志集成·甘肃府县志辑》，凤凰出版社 2009 年影印本，第 231 页。

② （清）顾祖禹：《读史方舆纪要》，中华书局 2005 年版，第 2977 页。

连山，积雪消融，其流益洪，傍合黎山，出羌谷口，北入亦集乃哈班哈吧儿塔剌失三海子，即古居延海"①。

自明代沿黑河两岸筑堡寨，沿黑河东北筑边墙，高台境内的黑河湿地，其形态如同一张拉满的弓，箭头朝着居延射去。驻守官员还兼修水利、屯田备粮，以保证河西边塞军粮无忧，民生安康。有了年羹尧制定均水制、慕国琠屯田三清湾的传说。

清朝雍正二年（1724），川陕总督年羹尧平定青海罗卜藏丹津（一写作"罗布藏丹增"）叛乱后，得知自康熙年间（1661—1722）就有黑河用水冲突，下游无水浇田，遂订"均水制"，即芒种前十日，封黑河上游各渠，前七天浇中游镇夷五堡，后三天浇下游毛目、双树屯堡，违反者，百姓罚金，官员问责。后来，年羹尧被雍正赐死，均水铁制这一合理有序的水资源分配制度却延续下来，粮田岁岁丰收。雍正十年（1733），高台县主簿慕国琠负责开发三清湾（今南华），兼管柔远堡（今正远）水利。廉政为民的慕国琠自备口粮，不领俸金，带领官民栽柳桩，砌草堡，用逼水墩固定12.5千米渠道，把沙碱地三清湾开垦为万亩良田。两年间，三清湾、柔远堡屯田达21341亩。三清渠功在当代、利在千秋。亲政为民的慕国琠被后世传颂。到了乾隆年间（1736—1796），新县高台上缴农业税赋好，赢得"铁高台"称谓。

高台县明清两代就有50多个堡寨，堡名文化丰富。清代雍正三年（1725）设置高台县时，县名来历跟县城西7.5千米外的台子寺有关。直至近代这些村堡都还在沿用，据民国《高台县志》记载，有永安堡、镇西堡、柔远堡、青山堡、北新堡、川新堡、安定堡、乐善堡、大宁堡、永丰堡、黑泉堡、镇江堡、临河堡、河西堡、深沟堡、碱池堡、双井堡、胭脂堡、沙湾堡、红寺堡、镇夷堡、红崖堡、镇羌堡、从仁堡、顺德堡、许三湾堡、六坝堡、八坝堡、九坝

---

① 乾隆《甘州府志》，载《中国地方志集成·甘肃府县志辑》，凤凰出版社2009年影印本，第222页。

堡、十坝堡。①

　　台子寺名气大，横额"西极寺"高悬寺门口，高高的土台上立有新建庙宇。庙门楹联非常有趣，"台虽不高县名因斯而立，寺本甚大圣经赖此以藏"。相传，五胡十六国时期，西凉国主李暠从敦煌迁都酒泉后，对抗北凉国沮渠蒙逊，在此筑台祭祀，指挥作战。后代在台上建寺，取经僧侣逗留此地，常在寺院翻晒经卷，渐有"台子寺"的称呼。明清移民屯田，又在镇西堡旧迹台基上建寺，又有了"西寺崇台"景观。民国年间《新纂高台县志》总纂钱昌绪留有诗词："崇台创筑溯西凉，想是行军守建康。十亩雄墩千载旧，九重楼台一炉香。"②总纂徐家瑞也写有"壁垒重重土几堆，何人建寺奉如来？天心不与西凉霸，直把墩台作法台"③ 的佳句。可见高台来历久成疑案。

　　李暠本是后凉吕光任命的效谷县令，后来被北凉段业任为敦煌太守。公元400年四月被段业封为"镇西将军"，意在征伐西域。公元405年移都酒泉后，忙于跟沮渠蒙逊争夺建康、乐涫，并无实力筑台。

　　处于黑河之滨、大漠边缘的高台，自古为多民族交汇地，注定成为枭雄结盟、祭祀及勒功之地。得祁连，定黑河，控大漠，彰显豪杰壮志。无论西汉霍去病、东汉窦融，还是前凉张氏家族、后凉吕氏家族，以及西凉李暠、北凉沮渠蒙逊，均功勋显赫，当筑台表功。汉代刘邦曾筑坛拜韩信为大将军，后代或许沿用筑坛任命将领戍边。其中，沮渠蒙逊见识广博，公元397年投奔段业时，被封为"镇西将军"。公元402年，后秦国主姚兴封蒙逊为镇西大将军等职。公元417年四月，在鲜支涧被西凉国主李歆打败后，蒙逊东撤，修缮建康城，置戍所。蒙逊或卜得风水，筑镇西城或华表灵台，誓破西凉。

　　高台地名释疑，多出于明清及后世文人附会。不排除它源自元代

---

① 民国《高台县志》，载《中国地方志集成·甘肃府县志辑》，凤凰出版社2009年影印本，第91—96页。
② 民国《高台县志》，载《中国地方志集成·甘肃府县志辑》，凤凰出版社2009年影印书，第337页。
③ 民国《高台县志》，载《中国地方志集成·甘肃府县志辑》，凤凰出版社2009年影印书，第336页。

蒙古人惯称，即此段黑河（蒙语称"高勒"）由蒙古黄台吉（"太子"谐音）领管，全称为"某高勒台吉"，简称"高台"。地名高台源自元代站赤"高台站"，其周边西北有胭脂城站、斡鲁思城站（天城），东有纳怜站（古寨附近）、黑泉站（柳树寨附近），均为元代沿黑河纳怜驿道各站，连接甘州和亦集乃城。

高台西部的定安、寨子一带为摆浪河汇入黑河口处，地理位置适合置城，符合汉简"祁连置去表是七十里"，但没有发现古城的踪迹。

汉代表是、表氏中"是、氏"通用，或因臣服汉朝的氐羌、乌孙、小月氏及杂胡生息黑河两岸，统称为"表氏""表是"，取为地名。或取自高车族乞表氏部落名称，后来的突厥、回纥、回鹘都跟它有关联。到了王莽新朝时，改"表是"为"载武县"。东汉时改为"表氏县"，管辖黑河两岸。《后汉书·孝灵帝纪》记载，光和三年（180）秋，"表是地震，涌水出"[1]。又《后汉书·五行志》："三年自秋至明年春，酒泉表氏地八十余地，涌水出，城中官寺民舍皆顷，县易处，更筑城郭。"[2] 据此，表是县在东汉光和三年（180）因地震以及地震引起的水灾而遭到严重破坏，之后治所迁移，另外修筑城郭。改"是"为"氏"当在此次因地震治所迁移后。唐代李贤《后汉书注》认为表是县"故城在今甘州张掖县西北"[3]。清代徐松《新斠注地理志集释》及《大清一统志》《甘肃通志》都认为表是故城在高台县西。郝树声、张德芳根据新出的悬泉汉简中的里程简研究认为，光和三年（180）以前表是县城在今高台县黑泉乡安定一带，地震后治所搬迁至今高台县骆驼城乡坝口村西南3千米的骆驼城。

地名在民众生活中具有使用惯性，表现为政府对行政区划做出调整并相应地更改地名之后，下层民众很长一段时期在生产生活中仍沿用旧名。原"表是"改为"表氏"之后，据高台县骆驼城遗址出土的十六国时期木质买地券显示，当地民众在生活中有一段时间仍沿用

---

[1] 《后汉书》，中华书局1965年标点本，第344页。
[2] 《后汉书》，中华书局1965年标点本，第3332页。
[3] 《后汉书》，中华书局1965年标点本，第1592页。

"表是"旧名：

建兴廿四年三月癸亥朔廿三日乙酉直执，凉州建康表是县显平亭部前玉门三（六）领拔（捉）周振妻孙阿惠得用今岁月道通葬埋太父母以次入蒿里。（孙阿惠墓券释文）

建元十八年正月丁卯朔廿六日壬辰，建康郡表是县都乡杨下里高俟物故，葬归蒿里。（高俟墓券释文）

敬告皇天后土、天龙地使、丘丞墓伯，凉故凉州建康郡表是县都乡杨下里大女高零□男□□□正月廿六日葬。（高零□买地券释文正面）[①]

表氏县，自东汉改名之后，曹魏、西晋属酒泉郡。前凉张骏置建康郡，表氏县属之，直至北周，一直以表氏为县名。建康城为前凉国张骏约于公元335年设置建康郡的郡治，城池介于张掖郡和酒泉郡之间。建康郡当时仅管辖表是、乐涫二县。隋初表氏县废。唐武德二年（619）于旧乐涫县故城置福禄县，辖地范围包括今骆驼城在内。代宗广德年间（763—764），福禄县废。大中二年（848），张议潮收复河西四郡归唐，后为回鹘所有。宋时为西夏地。元属甘州路总管府。明代设高台、镇夷二守卫千户所。洪武五年（1372），冯胜平定河西，在今县城所在地筑堡，置高台站。其西有相传为西凉李暠所筑古台，高台因此得名。清雍正三年（1725），合并高台、镇夷二所为高台县。

地名建康跟都城建康（南京）有关。西晋历经"八王之乱"和"永嘉之乱"后，洛阳又遭沦陷，皇室司马睿于公元317年南迁建康，史称东晋。而自公元301年，凉州刺史张轨精心治理河西及河湟，中原难民涌入河西避难。前凉政权安置难民十余万，保留了中原根脉和文化。到了张骏执政时，效仿张轨设郡置县，始设置建康郡（郡治骆

---

① 刘卫鹏：《甘肃高台十六国墓券的再释读》，《敦煌研究》2009年第1期。

驼城)。关中流传歌谣:"秦川中,血没腕,唯有凉州倚柱观。"[1]

据李并成的研究:唐建康军的位置恰是今骆驼城,而建康军是由十六国北朝的建康郡沿袭而来,则骆驼城确应为前凉至北周的建康郡城。建康郡与表氏县同治一城,则知表氏县必为建康郡郡治。[2] 骆驼城南发现葬于公元 382 年的家族墓,出土 3 块木质墓券,离世者均为故凉州吏高俟的亲人,写有离世日期和宅址"建元十八年正月廿六,建康郡表氏县杨下里",还写有"左青龙,右白虎,前朱雀,后玄武,媒人赤松子"咒符。骆驼城西南墓葬画有伏羲、女娲人首蛇身交合图,男前胸太阳内画乌鸟图腾,女前胸月亮内画蟾蜍图腾,雷同嘉峪关新城晋墓画,均传承了秦陇魏晋时期道家丧葬文化。

建康郡经历了河西前凉政权的灭亡(376),又受前秦、后秦及后凉统治期间的战乱纷扰,它依然坚守着中原文明。公元 397 年,沮渠家族起兵,反抗后凉吕光,强逼后凉建康太守段业称王,立都于建康城,史称北凉。公元 401 年,北凉迁都觻得,沮渠蒙逊杀段业,称河西王。蒙逊为对抗西凉,增筑了建康城。西魏至北周时,受战乱影响,建康城人口锐减,千金渠渐废。隋朝废建康郡及表氏县。唐代在骆驼城置建康军,百余年后被吐蕃军占领,建康城沦为驼队栖息地。清代时村民圈养骆驼,俗称"骆驼城"。

骆驼城西部 8 千米外是许三湾,有东、西两座相邻古城。东城规模较大,气势宏伟。南城墙外紧临汉、魏晋及唐代大墓区,显然为仓促决定而修筑的城池。城池内曾掘出成堆的五铢、大泉五十、货泉、开元通宝等古币和铜箭镞、铜带钩等。西城规模较小,城墙较薄,城内有明代以前的墩台,疑为后凉祁连都尉驻地,唐代时为建康军的辅城,储备军粮物资。史载,唐开元年间(713—741),全国屯田 992 屯(每屯 50 顷,即 750 亩),河西地区 98 屯。其中,甘州 19 屯、建康军 15 屯、肃州 7 屯。

---

[1]《晋书》,中华书局 1974 年标点本,第 2229 页。
[2] 李并成:《甘肃省高台县骆驼城遗址新考》,《中国历史地理论丛》2006 年第 1 辑。

许三湾东、西两古城发现红陶、灰陶和白陶片以及明清瓷片等遗物，显然经历了多个朝代兴废。沿许三湾古城南入祁连山腹地，有羊蹄沟汉城，也是前凉残余势力决战后凉的古战场。唐代称"祁连戍城"，把控祁连山古道，归建康军管辖，也是吐蕃军与唐军血战之城。

许三湾的军事战略位置十分重要。有观点认为，明朝洪武五年（1372），冯胜攻打河西，在西城储备军需，设置高台站。其实，高台站源于元代驿站。后来，明朝将士为防御漠北鞑靼，筑东城。洪武十二年至景泰七年（1379—1456），高台守御千户所在此驻军。到了雍正年间（1678—1735），清政府召人屯田，39户入住许三湾。村民依古墩台，在旧城址上筑西城。数十年后，村民弃城，迁往他处。经过明清两代300多年屯田开发，到了清代雍正三年（1725），高台守御千户所和黑河下游镇夷守御千户所合并，始置高台县。

骆驼城和西部许三湾古城，得益于汉代千金渠水利及附近拦洪坝。前凉至北凉统治的150多年间，许三湾西北至马营河下游水田成片，人丁兴旺，加之战争冲突，留下近万座汉、晋、唐墓葬。

十　草沟井古城　下河清皇城　总寨镇

昨夜宿祁连，今朝过酒泉。
黄沙西际海，白草北连天。
愁里难消日，归期尚隔年。
阳关万里梦，知处杜陵田。[1]

唐代从军的诗人用诗歌为我们留下了当时的行走路线，这为我们今天研究唐代交通提供了重要的参考。

离开明海古城后，向北行，再西拐，眼前是一望无际的瀚海大漠和戈壁滩，远处是巍峨连绵的祁连山。夹在高台和酒泉之间的肃南县

---

[1]（清）彭定求等编：《全唐诗》，中华书局1960年版，第2090页。

明花区，在流沙下埋藏了无数汉唐村庄。

草沟井古城，在白刺、红柳丛的后方，需要越过一道道月牙形沙梁。大滩里熠熠闪光的瓷片，有明清瓷片，也有疑似西夏的黑釉瓷。草沟井城被流沙漫壅，周长约500米，海拔1456米。城池只有1个角墩为高方墩，其他3个为锥柱角墩，仿东汉筑城风格。北城墙中段外侧梯形墩台为明代夯筑的炮台，以对付西番、鞑靼。城墙虽历经数百年风蚀，剥落严重，雄姿仍不减当年，坚守着逝去的家园。草沟井城选址马营河低洼地带，应建于废弃千金渠之后，或为三国初平定酒泉之乱后所筑。历代利用马营河水耕田，时有兴废。明代时，镇夷所管辖马营河流域的深沟堡、盐池堡、草沟井堡、九家窑堡、清水堡等。清代雍正初年（1722），草沟井复垦田。《重修肃州新志》记载："千人坝草沟井，源流系千人坝分水。"[1] 不久，因上游九家窑截断水源，数户居民弃田。此后废弃草沟井城，周边日渐沙漠化。航拍照片中古城北部层层田埂清晰可见，呈扇形发散开来。西北方隐约凸起的沙堆称名"五个疙瘩"，为汉墓。墓后侧有一座若隐若现的古城，荒废于东汉后期，今称"西古城"，距东南草沟井城9千米。

千金渠的开引，大致在元封二年（前109）之后不久，因为《史记·河渠书》在元封二年塞瓠子河之后记载："自是之后，用事者争言水利，朔方、西河、河西、酒泉，皆引河及川谷以溉田。"[2]《汉书·地理志》记载："千金渠，西至乐涫入泽中。"[3] 河西四郡大兴水利，包括开引千金渠在内。从觻得县开引的这条大渠，向西流经表是县而通至乐涫县，沿着今天高台县的黑河南支渠向西流，在今天明海注入大泽。现在明海的大片草甸洼地，以及现存的明海子湖，都是古大泽的残迹。[4] 残墙近一米的西古城海拔1432米，长165米，宽158米，

---

[1] 乾隆《重修肃州新志》，载《中国地方志集成·甘肃府县志辑》，凤凰出版社2009年影印本，第167页。
[2] 《史记》，中华书局1959年标点本，第1414页。
[3] 《汉书》，中华书局1962年标点本，第1613页。
[4] 王北辰：《河西明海子古城考》，《西北师大学报》1990年第4期。

开南门,基本符合西汉乐涫城位置、特征。

两汉乐涫城,一座僵死的城,时间停留在三国初某一时刻。在它的西北方,有一座长、宽各 115 米的汉城,遗落流沙中,称为"绥弥城"。汉朝时,它统管着长、宽近 40 千米的沼泽绿洲。今日,困固于沙漠之中,只有城南不远处一个小地名"一棵树"陪伴着它。

西汉禄福县,至晋改名为"福禄",为原酒泉县治。唐武德二年(619),将酒泉之福禄改置肃州,而在汉乐涫故城,另置福禄县。《元和郡县图志·陇右道下》福禄县:"本汉乐涫县,属酒泉郡。后魏太武帝平沮渠茂虔,改县为戍,隶敦煌镇。孝文帝改为乐涫县,隋改县为镇。武德二年置福禄县,取旧名也。"① 在唐代,福禄县已经向东迁徙到州东 50 千米的汉代乐涫故城。考察今天下河清皇城的地理位置,与《元和郡县图志》之说正相符,并且东北方向经盐池通镇夷,东南经草沟井经高台,同时可以与《大清一统志》的记载相印证。可见,下河清皇城遗址确为汉代乐涫县故城。② 又据《中国文物地图集·甘肃分册》,该城为汉唐古城,位于下河清乡皇城村东北侧 500 米处,"平面呈长方形,东西长 344 米,南北宽 291 米,面积约 10 万平方米……城址周围分布有汉墓群。推测此城为汉乐涫县、唐福禄县址"③。

东汉安帝永初元年(107)六月,强征金城、陇西羌人西往,欲接回西域都护及屯田吏卒。行至酒泉时,羌人害怕有去无回,大批逃散。汉军拦路截击,摧毁羌人民舍,引发了 12 年之久的大起义。此后,又发生 2 次羌人大起义,仅酒泉郡就损失人口三成以上。贯穿东汉的 3 次羌人大起义虽平息,公元 221 年又发生酒泉反叛。张掖、酒泉郡人口锐减,受地震及千金渠损毁的影响,乐涫城西迁 20 千米外下河清皇城遗址处。此前,绥弥改安弥县,北迁 25 千米外临水堡。公元 385 年,"光报檄凉州,责熙无赴难之诚,数其遏归师之罪。遣彭晃、

---

① (唐)李吉甫:《元和郡县图志》,中华书局 1983 年版,第 1024 页。
② 刘兴义:《酒泉县下河清乡皇城遗址考》,《敦煌学辑刊》1986 年第 2 期。
③ 国家文物局主编:《中国文物地图集·甘肃分册(下)》,测绘出版社 2011 年版,第 234 页。

杜进、姜飞等为前锋,击胤,大败之。胤轻将麾下数百骑东奔,杜进追擒之"①。前秦大将吕光自龟兹东还,在酒泉之东的安弥,大战凉州刺史梁熙之子梁胤,生擒梁胤。战场就在古临水堡附近。

出草沟井城,沿马营河南上,穿过沙山村,南部有两个明清老庄子,为沙坝村和马营村。马营村的村民指着老杏树下的两截墙墩,说是马营城堡遗址,已被耕为田地。想必,马营河得名于此堡。穿过312国道,西南部有一个纪念性的地名"屯升",位于马营峡口西九家窑村,明代筑堡称"九家窑堡"。清雍正十年（1732）,代理肃州知事的童华因有过浚渠经历,遂在州判李如进的支持下,招募民工,垦山开洞,历时2年,耗银3万两,修成7.5千米长渠。九家窑通水两年后,原废弃万余亩荒田大丰收。民众改"九家窑"为"屯升",取"童"之音,期盼童华功成升官。期间,童华却被巡抚弹劾,免官回江浙山阴老家。乾隆元年（1736）,童华才被启用为福州知府。

屯升十余千米外是清水镇。元明清以来,清水是甘州通往肃州的主要驿站。明代时筑城堡,称"清水堡"。清初设守备,称"清水营"。清水因东、南、西部本是祁连山洪水冲积滩,山泉从当地露头流出,泉水清澈如镜,"清水"因此得名。清水镇并不大,大多农田开发于清代雍正年间,周边沙漠化严重。河西走廊自汉代移民屯田以来,大多先沿祁连山各个支流下游开发,渐次上移。到了明清时期,各支流中上游过度开田,导致下游无水而荒废,变成盐碱荒漠。处于甘州府与肃州府交界的马营河、丰乐河更为典型。清雍正七年（1729）,因受制于上游肃州用水节制,高台县只好把下河清、马营、上盐池三堡,拱手让给了肃州管理。

312国道沿线的下河清镇,是戈壁尽头的一窝深绿。丰乐河从祁连山谷流出,有限的水源滋润金佛寺镇、丰乐乡和下河清绿洲。丰乐之"乐"或取自古"乐涫"县名。中华人民共和国成立后,自丰乐河上游拦坝截水,导致下游沙化。下游古河道留存石斧、石刀等新石器

---

① 《晋书》,中华书局1974年标点本,第3056页。

遗物，还散布多处汉代、魏晋墓群。另有长 344 米、宽 291 米的皇城遗址，相比汉唐酒泉城更有气势，史有"酒泉左城"之称。

公元 221 年，凉州刺史张既平定酒泉太守苏衡联合豪羌的叛乱后，修筑酒泉左城及周边防御设施，原乐涫县或借机西迁左城。此后 120 多年，因老酒泉城被地震摧毁未修葺，左城地位十分重要。五凉争霸时，乐涫城沦为争战地。公元 397 年，驻守晋昌的后凉将军沮渠男成闻得堂弟蒙逊起兵，率数千骑夺下乐涫城，进逼段业控制的建康城（骆驼城）。酒泉太守垒澄率将军赵策等步骑万余，激战乐涫，垒澄、赵策阵亡。公元 405 年，西凉李暠从敦煌迁都酒泉时，派张体顺抢占乐涫城，任张体顺为建康郡（郡治乐涫）太守，对峙建康城。北魏平定北凉，在乐涫围杀沮渠茂虔后，改为"乐涫戍"。隋朝设乐涫镇，同酒泉镇归甘州管辖。唐朝称"福禄左城"，因大唐立国之初，平定河西李轨势力，将老福禄城东移于此。考察人员认为，岑参写"昨夜宿祁连，今朝过酒泉"中的"酒泉"指酒泉左城。公元 766 年，福禄左城被吐蕃攻陷，从此不见史载。

皇城的来历或许和沮渠蒙逊有关。北凉国沮渠蒙逊的儿子沮渠无讳曾为安弥县侯、酒泉太守，疑因皇子驻扎得名"皇城"。或得名于元代察合台汗国太子喃嗒失驻守此城。皇城西北 3 千米有一处环周 156 米见方的小城，1958 年被拆毁，民间称"紫金城"，还流传："肃州城是砖包城，下河清有紫金城。"其实，明清修葺河西防御设施，常给堡墙、墩台抹细白灰浆固表，俗称"纸筋"。取"纸筋"谐音为"紫金"。紫金城初为古庙宇遗址，元代设河清驿站，明代筑中河清堡后，废弃东南部皇城。河清堡固若磐石，捍卫着家园。明代嘉靖年间（1522—1566），西番叛乱，周边仅河清堡、永定堡未被攻陷。万历初年（1573），都御史廖逢节补修了城垣。清末至民国年间，当地归清水管辖，始称"下河清"。

从下河清西往总寨，明清以前长期荒凉，为戈壁滩。古道途中石庙子古迹，曾经立有 3 个石人，这类乌孙、突厥风格的草原石雕被当地人称为"石佛"。西汉时期，当地属绥弥县，东汉为安弥县。绥弥，西汉置，酒泉郡属县。《汉书·地理志下》"酒泉郡绥弥县"颜师古注引如淳曰："今曰安弥。"[①]"弥"本有"久远、高远"之意，"绥弥""安弥"意为"安抚盘踞沼泽的古代民族"。石庙子西北部破城、临水城具有绥弥、安弥城遗址特征。西汉在此安置小月氏、塞种人、乌孙，还是氐羌？据《汉书·张骞李广利传》记载，张骞曰："臣居匈奴中，闻乌孙王号昆莫。昆莫父难兜靡本与大月氏俱在祁连、敦煌间，小国也。"[②]"昆莫"音同"昆靡""昆弥"，均为乌孙人首领即王号。绥弥、安弥源于安置乌孙王余部。

总寨镇西距肃州城17千米，为明代弘治年间（1488—1505）所筑的永定堡。清代顺治年间（1638—1661），甘州兵变后，肃州城周边屯堡大多被叛军攻陷，永定堡百姓力保，未失。堡民还为清兵捐粮，协力夺回肃州城。同治年间，左宗棠大军驻肃州，在此设统军总寨。由此，改"永定堡"为"总寨"。

[①] 《汉书》，中华书局1962年标点本，第1614页。
[②] 《汉书》，中华书局1962年标点本，第2691页。

嘉峪关市

嘉峪关

朝阳初升，给祁连雪峰和嘉峪关城楼镀上了一层金色，群燕争鸣，城楼跟雪山交相辉映，蔚为壮观。它南望巍巍祁连，北倚黑山。

明代长城防御体系最西端以嘉峪关城楼为终结符，它代表大明国界与西北防线，是无数将士用鲜血和尸骨堆积的边关。明洪武初年（1368），宋国公冯胜进军河西，追歼蒙元残部，于甘州大破元军，并进军肃州，直达居延，基本收复了河西地区。为了巩固西北边防，冯胜奉命在河西建关设防。经实地考察后，选定建关地址。"嘉峪关，在州西七十里嘉峪山西麓，明初置。洪武五年，冯胜下河西，以嘉峪关为中外巨防，西域入贡，路必由此，筑土城，周二百二十丈。"[①] 洪武二十七年（1394），隶属肃州卫的嘉峪关所正式建立，设游击、千总、把总率兵驻守嘉峪关。[②]

以嘉峪关城楼为中心的"关限华夷"，即为肃州八景之一，据乾隆《重修肃州新志》可知，嘉峪关，先前只有关城，并无城楼。河南武陟李端澄修建高大城楼以为河西增壮声威。后来大学士翟銮巡阅边防，兵备副使李涵议筑长城以防御西北各部族。"于时，关之南北限

[①] 乾隆《重修肃州新志》，载《中国地方志集成·甘肃府县志辑》，凤凰出版社2009年影印本，第233页。

[②] 王希隆、杨代成：《论明清时期嘉峪关职能的演变》，《民族历史研究》2014年第4期。

以长城，长城之中，边寨有楼，以镇西裔。登之，猛然感慕汉光武闭玉门关，以谢西域之事。徘徊瞻眺，天限华夷者也。"① 当明代的官员筑城以防西夷，修楼以壮伟观，并沾沾自喜地引汉光武故事来美化明王朝无力恢复河西的实情时，他们并没有意识到嘉峪关以西的广阔地域对于国家的战略意义，也没有意识到这种做法为明王朝埋下的隐患。清代乾隆年间重修的《重修肃州新志》沿袭了明代旧志的说法，同时也沿袭了明代人自以为高明的想法。自洪武五年（1372）夏，明朝将领冯胜率西路军平定河西甘州、亦集乃后，副将傅友德将元军赶出瓜州、沙州，直抵汉代玉门关，至东察合台汗国境，遭到蒙古军属下回鹘反击，明军不敌。到此，冯胜完成掩护中路、北路和驱逐元军的任务。适逢岭北之役，中路徐达和北路李文忠惨败漠北。即便派七战七胜的傅友德率西路前锋西伐东察合汗国，也无法控制失地600年的西域。冯胜不想损兵折将，回师，选址筑嘉峪关土城防御。

"嘉峪"本意为吉庆的夹山垭口，地名来源不见于史载。元朝喃嗒失太子组织修葺酒泉城南山文殊寺后，僧人速那令真撰写《重修文殊寺碑铭》，出现"嘉谷"，所指文殊山。文殊山西延讨赖河两岸小山，元代或称"嘉山"。冯胜选址筑关城，始称"嘉峪关"，成为明代国门。

从此，关口内移的嘉峪关，以防御为主，取代史上玉门关功能。朱元璋终生遗憾，无法跟汉帝唐皇竞雄。眼看西域唾手可得，冯胜却擅自匆匆撤军收兵。朱皇表面赞扬河西之功，却寻机给冯胜、傅友德定了死罪。就这样，弃守河西元代甘肃辖区20余年。其实，自开国皇帝朱元璋以来，明代朝廷仍然重视丝绸古道贸易。朱元璋派陈诚出使帖木儿帝国。后来，陈诚又两出嘉峪关，自玉门进入西域，到达哈密、吐鲁番后，又西至中亚撒马尔罕及哈烈以远。

界于西域和中原之间的哈密国，成为新崛起的东察合台汗国（信

---

① 乾隆《重修肃州新志》，载《中国地方志集成·甘肃府县志辑》，凤凰出版社2009年影印本，第154页。

奉伊斯兰教）跟明军争夺的羔羊。成化年间至弘治六年间（1465—1493），东察合台又侵占哈密。明孝宗朱祐樘派兵部侍郎张海、都督侯谦前往西域斡旋。两人效仿不了汉将恩威并举的做法，降服不了吐鲁番阿黑麻汗，只好回宫陈述困难。明孝宗盛怒，将二人打入大牢。弘治七年（1494），"以吐鲁番叛，闭嘉峪关，绝西域贡"①。明朝关闭嘉峪关国门，断绝西域诸国往来。自张骞出使西域，活跃了1609年的丝绸之路贸易宣告终结。西域诸国不再奢望大明国抗衡吐鲁番，相继投靠东察合台汗国。弘治十四年（1501），阿黑麻长子满速儿又侵占哈密。数年后其父阿黑麻离世，满速儿称可汗，对抗瓦剌和明朝，明军屡战不胜。

正德八年（1513）秋，陕甘总督彭泽巡视肃州。面对久战无功的乱局，彭泽答应满速儿索要的赏赐，派人送去段绢褐布和金币、银壶，以获取哈密城被满速儿骗去的金印。可惜，货物方抵达哈密，受写亦虎仙教唆的满速儿竟扬言须追加千匹丝缎再谈。此时，彭泽正站在嘉峪关城楼西望。战马传报，满速儿反水，和边计划落空。彭泽一脚踏空台阶，扑倒在地。正德十一年（1516）初冬，东察合台汗国占领沙州，满速儿可汗南绕嘉峪关，从讨赖河天生桥北攻肃州。游击将军芮宁率700将士迎战，在黄草坝全军覆没。嘉峪关失守，肃州城外烽火连天。肃州兵备副使陈九畴斩杀肃州城内满速儿内应，百余西域商人殒命。满速儿不见内应，只好从肃州撤兵。肃州尸横遍野，朝野震惊。王琼联合宦官钱宁借机攻击袒护陈九畴的彭泽，将彭泽贬为平民。正德十六年（1521）三月，明世宗朱厚熜即位，内阁首辅杨廷和力主让王琼戴罪戍边，钱宁被施磔刑裂体，起复彭泽为兵部尚书。

满速儿可汗仍不忘复仇。嘉靖三年（1524），又率2万铁骑，兵锋直指肃州兵备副使陈九畴。嘉峪关、甘州、肃州烽火连天。陈九畴大军击毙满速儿大将火者他只丁，满速儿急忙西退瓜州、沙州。陈九

---

① 乾隆《重修肃州新志》，载《中国地方志集成·甘肃府县志辑》，凤凰出版社2009年影印本，第233页。

畴受部下误报战功影响，向朝廷谎报满速儿及牙木兰俱死于炮击，并放弃瓜州、沙州。朝廷只好同意将官民内迁肃州，放弃关西就近赤斤、罕东二卫和虚管的柴达木盆地周边安定卫、曲先卫、阿端卫，以及最西端哈密卫等七卫军事要地，完全锁闭嘉峪关国门。锦衣百户王邦奇弹劾彭泽先前贿赂求和吐鲁番，乃辱国丧师。只因先前嘉靖元年（1522），彭泽改制军队，招致积怨。加之内阁首辅杨廷和曾力荐的陈九畴谎报军情，肃州官场又崩塌。朝廷处罚陈九畴戍边10年，杨廷和、彭泽被贬为平民，各回老家。

数年间，明军南逆讨赖河而上筑黄草坝、塔儿湾和兔儿坝堡，力保肃州。嘉靖七年（1528），朝廷诏令王琼任兵部尚书兼管三边军务。兵部尚书王琼上任后，先到兰州城探望官场曾经的死对头彭泽，继而西进河西。将阻于嘉峪关城西的吐鲁番将领牙木兰安抚于肃州城东，又结交满速儿，允许东察合台汗国前来上贡，哈密才安定。兵部尚书王琼深知明军锐气渐衰，眼睁睁地看着关外瓜州、沙州被满速儿大军蹂躏。王琼来到嘉峪关，暗中收齐了彭泽先前求和吐鲁番的证据。可是，老对手杨廷和、彭泽先后抑郁而逝。接着，王琼也死于任上。

西域诸国欲跟大明结交，通过朝贡方式获得生活必需品等贸易。而大明高官内斗，掌握不了西域局势，上演了嘉峪关生死危机。

嘉靖十八年（1539），兵部尚书翟銮巡边，认为"嘉峪关最临边境，为河西第一隘口"[1]，但城墙年久失修，应该重加修葺。每2.5千米设一座墩台，从卯来泉南开始直至于轩麻湾之东北。从洪武五年（1372）冯胜平定河西至嘉靖十七年（1538）约160年间，嘉峪关只有孤城一座，关城南北没有任何防御设施。[2] 后来正德、嘉靖年间，吐鲁番数次东侵，直抵肃州城下，唯有修筑边墙，嘉峪关才能起到屏蔽肃州的作用。[3] 嘉靖二十七年（1548），右佥都御史兼巡抚杨博和兵

---

[1] 乾隆《重修肃州新志》，载《中国地方志集成·甘肃府县志辑》，凤凰出版社2009年影印本，第233页。

[2] 高凤山、张军武编著：《嘉峪关及明长城》，文物出版社1989年版，第45—47页。

[3] 顺治《重刊甘镇志》，甘肃文化出版社1996年版，第249、251页。

备副使王仪决定修筑嘉峪关北部新城子堡、金塔北部威虏城、永安墩，又在嘉峪关城西5千米筑永兴后墩（大草滩墩），往东修筑下古城堡（酒泉东北25千米），嘉峪关成为河西军事隘口。修建嘉峪关边墙的目的是"备西域"。此时，吐鲁番已经占据了河西西端沙州一带。翟鉴强调嘉峪关"最临边境，为河西第一隘"。边墙的修筑非常有必要，因为右翼蒙古进出西海的重要道路之一即从嘉峪关南面讨赖河谷进入青海。嘉峪关边墙的防守作用，至此可见一斑。①嘉靖三十六年（1557），兵备副使陈其学在嘉峪关城北部黑山峡口内修筑石关峡堡，置石关儿营。万历元年（1573），廖逢节大修嘉峪关北山长城，封堵石关峡。从此，东西通道非嘉峪关城莫入。

万历二十六年（1598），兵备霍鹏、参将邓荣祖在新城堡和下古城堡之间筑两山口堡，管辖墩台21座。万历四十四年（1616）兵备李应魁、参将祁秉忠筑野麻湾堡，接管寺营堡（小钵和寺堡）防务，酒泉北部连接黑山防线完全形成。万历三十九年（1611），又在酒泉南部牌楼山筑卯来泉堡，管辖11座墩台，南控祁连。明嘉靖年间魏焕撰写的《皇明九边考》客观论述了甘肃镇长城军事防线："甘肃一线之路，孤悬千五百里。西控西域，南隔羌戎，北遮胡虏。山势旷远，中间可以设险之处固有，而难以设险之处居多。"②甘肃镇管辖的明长城终止于嘉峪雄关。

从《全陕政要》所附《边镇图》可以看出，嘉靖二十年至二十六年（1541—1547）防守体系发生了重大变化。甘肃镇防守力量主要沿走廊北山一线展开。走廊北山防守力量得到很大增强。为了阻断"西海蒙古"进出走廊腹地，走廊南山防线很早就开始修建。关隘、营堡、墩台数量急剧增加。此后，除大量增设"屯庄墩"外，其余防守体系变化不大。修建的边墙，又将墩台、关隘、堡寨等防守设施有效

---

① 马顺平：《"界在羌番、回虏之间"——明代甘肃镇边墙修建考》，《社会科学辑刊》2011年第4期。

② （明）魏焕：《皇明九边考》卷九《甘肃镇》，1936年北平图书馆据明嘉靖刻本影印，第2页。

连接起来。①百座烽台、十座城堡牢牢拱卫嘉峪关，关西还有双井子堡、骟马城两座前哨阵地护卫。东部 200 千米松山新边修成，明代嘉峪关至山海关万里长城体系完成构建，高墙和墩台把大明江山固封在一个巨大的院墙内。

顺治元年（1644），清军大举入关，开始了统一全国的军事行动。清朝基本上沿袭了明王朝在西北的防御体系，嘉峪关成为清朝的西北边防锁钥，自明中叶以后形成的划嘉峪关而治的局面，之后很长一段时间并无变化。②康熙皇帝于 1715 年收复嘉峪关外，建立赤金卫和靖逆卫。1722 年，清军驱逐准噶尔军，把西藏和青海纳入版图。雍正皇帝继位后，借平定河湟叛乱，完全收复蒙古人控制的青海。1755 年春，乾隆皇帝出兵新疆伊犁，消灭称雄中亚 120 余年的准噶尔汗国。1759 年又平定南疆大小和卓叛乱。乾隆皇帝下诏大修嘉峪关城，向西域展示国威。自 1789 年至 1792 年，耗白银 5 万余两，砖包东、西土墙和墩台。乾隆又亲题"嘉峪关"大字，镶嵌于城门楣框。河西肃州、瓜州通过移民屯田，百姓终于能休养生息，日渐富裕。嘉庆十四年（1809），甘肃镇总兵李廷臣巡察河西防务，目睹嘉峪关地势天成，挥毫疾书"天下雄关"，立碑纪念。嘉峪关曾是明朝维护商贸通道秩序的象征，闭关自守已经成为历史，它更代表大清帝国康乾盛世的气象，才有了天下第一雄关的雄浑气魄。

离开嘉峪关城楼，南往 7 千米外的讨赖河墩。孤寂的墩台危坐大河悬壁之上，东与山海关老龙头万里呼应，今被称为"天下第一墩"。天下第一墩南望祁连山，俯瞰讨赖河，西控戈壁，东望肃州。它是明朝洪武五年（1372）冯胜平定河西后所筑的墩台，跟嘉峪关土城相伴而生，烽台称名为"永兴墩"。天下第一墩也是甘肃游击将军芮宁及部下忠魂的化身，更是边关将士热血铸就的丰碑。每一个颓废的墩台都守望过和平，值得后世倍加呵护。

---

① 马顺平：《"界在羌番、回虏之间"——明代甘肃镇边墙修建考》，《社会科学辑刊》2011 年第 4 期。

② 王希隆、杨代成：《论明清时期嘉峪关职能的演变》，《民族历史研究》2014 年第 4 期。

酒泉市

一　酒泉　禄福城　肃州

酒泉，一个令人回味悠长的地名。

传说西汉元狩二年（前121）霍去病击败匈奴后，汉武帝犒赏御酒一坛。因酒少人多，遂倒酒于泉，三军畅饮，始称"酒泉"。这个传说源于汉唐古人认为城下出金泉，后人附会了酒泉来源。《汉书·地理志》"酒泉郡"条，唐颜师古注云："应劭曰：'其水若酒，故曰酒泉也。'"[①] 又据《十三州志》，前凉名臣谢艾筑城时，"下有金泉，味如酒。有人饮此泉水，见有金色从山中照水，往取得金，故名"[②]。霍去病倒酒入泉的传奇佳话源自民间愿望，却有悖当年战情。霍去病率众突袭匈奴，采用轻装闪击战，随军难以携酒，更等不及汉武帝千里之外赏酒。

今天因历史和传说而享有盛名的酒泉成了一处重要的文化景观。位于肃州东郊的泉湖公园是一座内涵极为丰富的酒泉文化博物馆。公园内陈列着巨大的霍去病西征雕像群，碑亭里矗立着"西汉酒泉胜迹"碑，宣统三年（1911）肃州兵备使陆廷栋立。考察人员测得碑亭海拔1455米，低于城区5米。结合山川地势分析，立碑处为洪水河汇

[①] 《汉书》，中华书局1962年标点本，第1614页。
[②] （北魏）阚骃：《十三州志》，兰州古籍书店1990年影印本，第301页。

入北大河冲积扇内缘，千年前为沼泽湖泊。明朝移民屯田，因上游用水，致地表水下降，低洼处泉水方露头。

《史记·匈奴列传》记载，元狩二年（前121），霍去病两征河西之后，河西空地数年。元鼎二年（前115），"西北国初通于汉矣"。次年，平定西羌，"置酒泉郡以隔绝胡与羌通之路"。酒泉郡起隔绝胡羌的作用，始出现"酒泉"二字。汉武帝或受东方朔撰《神异经·西北荒经》影响，即"西北荒中，有玉馈之酒，酒泉注焉"。取传说中人皆向往的"酒泉"为名，御定经略河西的军事中心。《旧唐书·地理志》记载，酒泉郡治禄福。然据一些学者最近的研究，这里未必就是初置郡时之治所。[①] 酒泉郡初治应位于永昌县绣花庙要塞或觻得城附近。

汉朝移民屯军，修亭障，清剿残余匈奴，于公元前111年分酒泉郡（治觻得），东部置张掖郡（治姑臧东南），其西部设置敦煌郡时间有争议。《汉书·武帝纪》记载，元狩二年（前121）"秋，匈奴昆邪王杀休屠王，并将其众合四万余人来降，置五属国以处之。以其地为武威、酒泉郡"。[②] 又，元鼎六年（前111）秋，"分武威、酒泉地置张掖、敦煌郡，徙民以实之"。而《汉书·地理志》则载，"酒泉郡，武帝太初元年开"，"敦煌郡，武帝后元年分酒泉置"。两说歧异。周振鹤《汉书地理志汇释》引严耕望的论断："敦煌郡县皆武帝新授嘉名，其时县为郡治决无可疑。又观《地志》仅六县，唯敦煌县当西域大道，为玉门、阳关南北二道之枢纽，且地位居中……三面屏障，是最理想之郡治。……《地志》首列敦煌，即郡治也。"[③] 周振鹤坚持敦煌郡为武帝元鼎六年（前111）分酒泉郡西部置，郡治当在敦煌县。[④] 比勘众说，当以周说为长。元封四年（前107），"王恢佐破奴击楼兰……酒泉列亭郡至玉门矣"，从酒泉郡治觻得北部起，筑亭障、郡治（禄

---

① 周振鹤等：《中国行政区划通史·秦汉卷》，复旦大学出版社2017年版，第487页。
② 《汉书》，中华书局1962年标点本，第175—176页。
③ 周振鹤：《汉书地理志汇释》，安徽教育出版社2006年版，第363页。
④ 周振鹤等：《中国行政区划通史·秦汉卷》，复旦大学出版社2017年版，第489页。

福），西至玉门（嘉峪关黑山西部清泉镇附近）。

　　禄福城筑城时间约在元封四年（前107）。在《汉书补注》中王先谦考证："《续志》作'福禄'，误也。吴卓信云，晋、隋、唐并作'福禄'，考郃阳令曹全碑云：'拜酒泉禄福长。'《三国志·庞淯传》，有禄福长尹嘉、皇甫谦。《列女传》载庞娥亲事亦云禄福赵君安之女。是汉魏之间犹称禄福，其改为福禄，当自晋始。《晋书·张重华传》，封中坚将军谢艾为福禄伯，是其证也。"① 其间，边塞仍不安稳。太初三年（前102），汉武帝派贰师将军李广利再次征大宛，又派强弩都尉路博德筑居延塞、屯田。史载："益发戍甲卒十八万，酒泉、张掖北置居延、休屠，屯兵以卫酒泉。"② 有了北部屏障，酒泉郡治渐从觻得城西移，约于公元前100年入驻禄福城。

　　考察人员认为，神话般的"酒泉"源自会酿酒的月氏"酋涂"部落称谓。禄福城若以荒地一神泉吉定城址，似非要塞之地。禄福因城下有金泉，跟酒泉传说有相似之处，注定被"酒泉"代称。

　　东汉末年，曹操禁酒，酒仙孔融借天上酒旗星和地下酒泉郡，陈述酒可德政的观点："夫酒之为德久矣……故天垂酒星之耀，地列酒泉之郡，人著旨酒之德。"③ 同期，法学家应劭著《汉官仪》，注解《汉书·地理志》酒泉郡条："城下，有金泉，泉味如酒，故曰酒泉。"④东汉自公元105年放弃西域，107年羌胡从酒泉拉开起义帷幕，战乱不断，河西大通道阻梗，酒泉郡消息时有断绝，官方发文、民间称呼，常忽略郡治禄福，直称"酒泉"。"酒泉"变成了惯称。

　　西晋羌胡大乱结束后，于西晋元康五年（295）把酒泉郡禄福县名颠倒，改为福禄县，官、民仍不在意县名变化，只记述酒泉。东晋永和二年（346），前凉张重华封战将谢艾为福禄伯。谢艾于348—353年任酒泉郡太守，修建周长1.5千米许的福禄城，地震垮塌百余年的

---

① （清）王先谦：《汉书补注》，中华书局1983年版，第799页。
② 《汉书》，中华书局1962年标点本，第2700页。
③ 俞绍初辑：《建安七子集》，中华书局2005年版，第27页。
④ 《汉书》，中华书局1962年标点本，第1614页。

禄福城终于完好。后谢艾被篡位国主张祚诛杀，含恨九泉。东晋末，《西河旧事》记载："福禄城，谢艾所筑，下有金泉，味如酒。有人饮此泉水，见有金色从山中照水，往取得金，故名。"① 北魏《十三州志》也有记载："有人饮此泉水，见有金色，照水往取，得金，故名。"② 先前《汉书》中"金泉"和东汉应劭注解"金泉"，本意或取泉在西方为金。此时，被盛传为出现黄金的泉源。光绪《肃州新志》综合前代众说，结合地理实际认为："酒泉，在城东门外，其味如酒，因以名郡。……《旧志》云：东关厢外迤北一里，涌出清泉，碧澄如酒。北流入讨来河，即古酒泉郡也。缘在崔家庄侧旁，俗又呼为崔家泉。"③

先前西汉禄福城下泉如酒味，后有东晋福禄城下泉出黄金。酒泉格外引人瞩目，令人遐想不已。汉、晋泉源均在城垣下就近处。

到了隋开皇三年（583），隋文帝罢郡为州，初置酒泉镇，属甘州。仁寿二年（602），从甘州分出肃州（州治福禄城）。从此，肃州、酒泉换用。西夏各取"甘州""肃州"一字，称名"甘肃军司（治张掖）"。

"肃州"之名的含义，不见记载。"肃"意为肃整图安宁。或因三国初，凉州刺史即肃侯张既平定酒泉，建左城有功，取其"肃"字勒功。或因从小礼佛的隋文帝视酒为神饮，担心酒能乱治，洞察酒泉郡汉晋以来阴魂含恨，杀气遍野，起名"肃州"，正本清源。或因当地为玉石集散地，取其谐音。2009年改造酒泉城时，从钟鼓楼西北角挖出一堆和田玉料和加工后的边角料，疑为晋至唐代遗物。

李唐推翻隋朝，收复李轨割据的河西后，将福禄县东迁至乐涫，在福禄故址新置酒泉县，属肃州。唐高宗永徽年间（650—655），肃州刺史王方翼重新修补荒毁了的古城，引多乐水入城壕，护城。贞

---

① 《西河旧事》，兰州古籍书店1990年影印本，第447页。
② （北魏）阚骃：《十三州志》，兰州古籍书店1990年影印本，第301页。
③ 光绪《肃州新志》，载《中国地方志集成·甘肃府县志辑》，凤凰出版社2009年影印本，第460页。

观十六年（642）李泰主编的《括地志》记载，肃州下辖酒泉、福禄二县。[①] 同期史学家颜师古注解酒泉："应劭曰：'其水若酒，故曰酒泉也。'"李唐偏爱西凉国都酒泉，意在彰显皇脉纯正。

尽管后朝历代长期采用肃州为官方称谓，民间仍称"酒泉"。天宝元年（742），改肃州为酒泉郡，后又改回肃州。酒泉所蕴含的壮美意象使得这一地名成了唐人诗酒风流的寄托，从而形成了一个具有经久魅力的文学典型。酒泉，成为文人志士向往的郡城，成为流淌边塞诗词的源泉。李白醉吟："天若不爱酒，酒星不在天。地若不爱酒，地应无酒泉。"[②] 杜甫长歌："汝阳三斗始朝天，道逢麴车口流涎，恨不移封向酒泉。"[③] 至德二年（757），岑参第二次从西域归来，入肃州城后，尽兴而乐，激情赋诗："酒泉太守能剑舞，高堂置酒夜击鼓。胡笳一曲断人肠，座上相看泪如雨。琵琶长笛曲相和，羌儿胡雏齐唱歌。浑炙犁牛烹野驼，交河美酒归叵罗……"[④] 其实，此时酒泉郡已改称"肃州"，实施州、县二级管理。陪同岑参宴乐的酒泉太守实为肃州刺史。

大唐盛世因安史之乱陨落，地名"酒泉"也顿失光环。公元766年后，肃州被吐蕃占据。此后回鹘、西夏、元蒙依次占据百余年。酒泉民间流传有"先有崔家坟，后有酒泉城"的说法，然崔家自明朝才屯军到此。明朝洪武二十八年（1395），肃州卫指挥使裴成主持建筑东城，扩城一倍，原先谢艾所筑旧城东城门变成中心，遂改建成钟鼓楼。原南门直接夯裹在新城墙中。万历二年（1574），又用砖包砌了4千米长的肃州城。1949年后，陆续拆除明代城墙，发现谢艾所筑福禄南门裹夹其中，遗址成为福禄城、酒泉城和肃州城的历史见证。元明清时期，酒泉古城仍然为军事要地。元朝置肃州路，明朝称肃州卫，清朝改回肃州。1913年改为酒泉县。中华人民共和国成立后，以酒泉

---

① 贺次君：《括地志辑校》，中华书局1980年版，第225页。
② （唐）李白：《李太白全集》，中华书局2011年版，第904页。
③ （清）仇兆鳌：《杜诗详注》，中华书局2015年版，第101页。
④ （清）彭定求等编：《全唐诗》，中华书局1960年版，第2055页。

地名设市改县，又设置酒泉地区。直到 2002 年升为地级市，酒泉市管辖肃州区、玉门市、敦煌市和金塔、瓜州、肃北和阿克塞县。

酒泉古城及酒泉地名演变与附近的泉湖应该密切相关。明代嘉靖年间（1522—1566），肃州卫指挥使阎玉主持开建半亩园林，泉旁筑亭。清代乾隆元年（1736），肃州分巡道黄文炜热心疏浚湖渠，修亭台楼阁。乾隆二年（1737），肃州分巡道黄文炜纂修《重修肃州新志》刻本记述："酒泉城东北一里许，有金泉，其色黄而尝之略似酒味，因以名郡。"① 后世多采用《重修肃州新志》为依据，论述酒泉地名及泉名来源。

道光二十二年（1842）秋，林则徐记述："将至东关，有公所曰'酒泉'，与古渔诸人在彼小坐。其厅事之后有方池，相传古来出泉酿酒，州即古之酒泉郡，今泉不甚甘，则所传者未必足信也。"② 被贬官的林则徐对泉水味道生疑。光绪五年（1879）秋，左宗棠坐镇肃州，志在收复新疆。左宗棠曾到泉湖泛舟，写道："我心如白云，舒卷无定着。身世亦如此，得泊我且泊……今我访酒泉，异境重湖拓。杖摘出新泉……"③ 借景表达些许无奈与豪情。并写有"古酒泉"和对联："甘或如醴，淡或如水；有则学佛，无则学仙。"客观辨识酒泉之水味。32 年后，陆廷栋受乾隆《重修肃州新志》和左宗棠的影响，立西汉胜迹碑。1943 年，驻酒泉城的 42 军陆续修整公园，池水、亭台焕然一新。1946 年，军长杨德亮命名"泉湖公园"。如今，称"酒泉公园"。

其实，不管古今泉源在何处，它本是一眼虚幻的神泉，蕴含拓边强国的梦想。当年霍去病长驱千里，饮马瀚海，匈奴远遁，功在千秋。虽然酒赏三军的传说为野史，霍去病依然英雄本色，人皆敬仰。

---

① 乾隆《重修肃州新志》，载《中国地方志集成·甘肃府县志辑》，凤凰出版社 2009 年影印本，第 150 页。

② 中山大学历史系中国近代现代史教研组、研究室编：《林则徐集·日记》，中华书局 1962 年版，第 421 页。

③ （清）左宗棠：《左宗棠全集》，岳麓书社 2009 年版，第 413 页。

二　酒泉　嘉峪关

　　北出肃州城十余千米，进入汉晋墓群分布区。酒泉丁家闸魏晋墓群、嘉峪关果园—新城魏晋墓群、西沟晋唐墓群连成一片，处于讨赖河扇面十余千米长古砾石滩上。遥望绵延墓群，窥视数座沉沙下画廊，无人不震撼。受讨赖河阻隔影响，史上酒泉官民墓葬多在城外东南近郊。

　　酒泉、嘉峪关交汇地墓葬具有鲜明的地域特征，一方面表现在保留魏晋以来旧有传统基础上与地域传统的结合，另一方面表现在吸收了中原地区墓葬的因素。其中壁画题材的分类，根据其在墓葬中的位置与功能分为天界类、升仙、仙境及祥瑞类、墓主世俗生活与财富类、镇墓压胜类及云气五类。[1] 部分墓室规格、绘画工艺相近，表达对神乌、天马、金蟾、神狐图腾崇拜，借东王公、西王母神灵引导，进入天国仙境，渗入中原道教文化，具备东汉至三国陵寝特征。另有鲜卑服饰的狩猎、游牧、桑田、宴乐画砖，处于游牧遗风与农耕文化大融合的魏晋时期，下接莫高窟北凉佛教绘画艺术。

　　深藏地下的画廊把宝贵的信息定格在墓门关闭的那一时刻，它的价值在于断代，不同于石窟绘画和庙宇塑像。1972年冬天发现首座魏晋墓，带出了酒、嘉文化的深厚内涵。酒泉、嘉峪关两地既有历代成片家族墓，更有汉唐边塞军墓。丁家闸五号壁画墓，价值主要体现在壁画的内容上，因为它几乎涉及了那个时代社会生活的许多方面。很清晰地分为三大部分，由上往下依次为天界、人间和地府。人间部分形象地反映了墓主人生前庄园里的农耕畜牧、家禽饲养、屠宰庖厨、家眷出行、饮食住行、文化娱乐等。然而，最富幻想、最富迷人色彩的是天界和地府两个部分的神话艺术。[2] 墓中奔腾的天马画和九尾神

---

[1] 郭永利：《河西魏晋十六国壁画墓研究》，博士学位论文，兰州大学，2008年。
[2] 单永生：《中国古代神话在墓葬里的寓义——以甘肃省酒泉市丁家闸五号墓里的壁画艺术为例》，《中国民族博览》2020年第8期。

狐画，与魏晋时期玄学影响下的游仙风气遥遥呼应。丁家闸天马画颈细肢长，跟汉武帝茂陵附近出土的鎏金铜马体形相似，代表了西汉马种改良初期的天马牧，不同于武威雷台走马略臃肿体形。九尾神狐尾毛分为九叉，古来视为瑞兽。唐宋期间，九尾狐助酒泉太守有功的传说，增添了酒泉文化的魅力。

据王忠禄研究，当时有不少中亚和西域商人活跃于丝路之上，在西域和河西之间从事商业贸易。他们在经商的同时，也将域外文化带到河西及中原。河西也因之成为十六国时期中国佛教的中心。同时，丝路上东来的高僧驻锡凉土，佛教在河西被广为弘扬。[①]

历经羌胡之乱的东汉禄福城，始终走不出酒泉太守被杀、被逐的阴影。先是汉末，为家族报仇的黄昂攻破禄福城，杀酒泉太守徐揖，黄昂自任酒泉太守。接着，酒泉城外义士杨丰率众追杀了黄昂。公元219年，黄华造反，赶走酒泉太守辛机，酒泉乱到三国初期。到了公元400年前后五凉时期，前凉张祚杀酒泉太守谢艾，后凉吕光杀酒泉太守宋皓，叛将沮渠男成围追他的后凉酒泉太守垒澄，北凉沮渠蒙逊追杀酒泉太守王德。20年后，蒙逊围杀西凉酒泉公李歆。北魏吞并河西，将北凉酒泉太守沮渠无讳西逐鄯善。

酒泉城的命运跟太守生死相连，由此引发玄幻传说。相传，每一位酒泉太守到任不久必遭难。自陈斐任酒泉太守后，才得以改变。陈斐受占卜启发，救下一只修炼千年的九尾神狐。神狐帮太守和城民屡屡化劫躲难。此后，历任酒泉太守才安然无恙。这个传说后来被北宋《太平广记》收录。神话故事流传有源，毕竟酒泉太守殉职者太多。清末，酒泉城里的民众祭拜的城隍分别为五凉城隍、高台城隍和肃州城隍。唐宋以后，九尾神狐却跌落神坛。明代小说《封神演义》描述妲己为九尾狐附身，妖媚祸主。世人遂把性善媚惑的女人称狐狸精。

[①] 王忠禄：《五凉在丝路文化交流中的作用》，《中国社会科学报》2020年第1891期。

三 玉门关 双井子堡 吾艾思砖塔

嘉峪关北侧的黑山在唐代曾称"金山",明清称"嘉峪山",清代有"玉石山"之称。清代学者俞浩撰写的《西域考古录》中记载:"嘉峪山,州西六十里,山之西麓即嘉峪关,一名玉石山,一名碧玉山。"① "以嘉峪关为巨防,盖即古之玉石障,玉石障即遮虏障之别名。"② 故玉门关、玉石障、玉门县及玉门城必然跟玉石山有一丝牵连。其实,唐宋诗人眼中的玉门关就在黑山和西部宽滩山周边。

路北不远处的黑山湖水库,波光粼粼,给荒原带来一丝生机。唐初僧人道宣《释迦方志》记载大唐使印度有三道:"从凉州西而少北四百七十里至故玉门关,关在南北山间。又西减四百里至瓜州,西南入碛,三百余里至沙州,又西南入碛,七百余里至纳缚波故国,即楼兰地,亦名鄯善。"作者释道宣未涉足河西,仅翻译唐玄奘带来的经卷。据李并成的研究:"依上云'故玉门关'的方位、里距求之,酒泉城西略偏北75里、锁阳城东400里的地方正是今甘肃嘉峪关市区西北约10千米处的石关峡。"③ 今天只存石关峡遗痕,处于水库上游黑山峡谷内。

石关峡堡为明代嘉靖三十六年(1557)筑成,称"石关儿营"。石关峡堡西接双井子堡和骟马城,未见在汉代旧址所筑记载。骟马城位于嘉峪关黑山和石关峡之西的玉门市白杨河旁侧的清泉镇骟马村,该城位于村东部。东面紧临骟马河(白杨河支流),东垣受河水冲刷已全部坍入河中。由其完整程度、保存遗物观之,内城当筑于明代。骟马城之名,源于明代,与当时的茶马互市相关。该城在明代为赤斤

---

① (清)俞浩:《西域考古录》,载《西北考古文献·第1卷》,线装书局2006年版,第314页。
② (清)俞浩:《西域考古录》,载《西北考古文献·第1卷》,线装书局2006年版,第327页。
③ 李并成:《石关峡:最早的玉门关与最晚的玉门关》,《中国历史地理论丛》2005年第2辑。

蒙古卫辖地，又临近嘉峪关，为关外第一个交纳差马，以马易茶的官市场所，关外各族进贡、贩卖之马通过此地进入关内。当地传说，为多换取茶叶，儿马 4 岁就要骟割，骟马城因此得名。①

过玉门东，进入玉门市境内。四周荒芜，尽是戈壁砾石。这一路早已不见汉代长城的遗迹，但明代烽燧、高速公路、国道、铁路、高压输电线和地下输油管道依次从黑山南麓通过，显然为通道要塞。这一带地名为黑山。路北前方有一个低矮的古城，被铁丝网保护了起来，明显废弃多年。从文物保护碑得知，这座古城称"双井子堡"，也称"木兰城"。

当地流传："花木兰脚蹬黄河沿，一箭射到嘉峪关。要看找不见，不找在眼前。"代父从军的花木兰本是北魏虚构人物，即便从军，也在平城（今大同）以北。此木兰城因吐鲁番老将牙木兰得名。明朝嘉靖七年（1528），牙木兰与满速儿汗发生内讧，率 2000 多顶帐篷万余人归顺，饱受吐鲁番奴役的 5000 多名沙州罕东卫番人也求内附，叩城嘉峪关。明朝遂修补土城，安置流民，后来称为"木兰城"。古城规模较大，国道南侧还遗留南城墙。修建连霍高速公路时，车道竟然穿城而过。

民国年间陈赓雅在《西北视察记》中记述："关西四十里，曰双井堡，已无人烟。传昔日居民繁多，咸以淘金为业。"② 难怪唐宋时称北山为金山，原来此地出产沙金，是淘金者梦想致富的乐园。当地人说，堡内本有数十眼井，后来只剩两眼出水，便有了双井子堡称呼。西侧原有西双井子（仅存残墙）界碑，古来为酒泉、玉门的界线。

五代后晋高居诲于公元 938 年出使于阗，《使于阗记》记载："自甘州西，始涉碛……西行五百里至肃州，渡金河，西百里出天门关，又西百里出玉门关，经吐蕃界。"③ 据学者研究，天门关系为玉门关之误，"肃州附近从未设过天门关，所记天门关在肃州西百里，百里系

---

① 李并成：《东汉酒泉郡延寿县城考》，《西北史地》1996 年第 4 期。
② 陈赓雅：《西北视察记》，甘肃人民出版社 2002 年版，第 178 页。
③ （清）董诰等编：《全唐文》，中华书局 1983 年版，第 8925 页。

取成数，其位置相当于上引史料中的玉门关，'天门'当为'玉门'之误，因字形相近或字体漫漶致误"①。参照古道距离测算，双井堡在汉代界于酒泉至骟马城中间，跟西汉天陕县有关，驿站或称"天陕阪"。《山海经·大荒西经》记载："西海之南，流沙之滨，赤水之后，黑水之前，有大山，名曰昆仑之丘。……其下有弱水之渊环之，其外有炎火之山，投物辄然。"② 唐初李泰主编《括地志》记述昆仑山："在酒泉县西南八十里，今肃州西南昆仑山是也。"③ 昆仑山在匈奴语中意为天山。《汉书·地理志》记载："酒泉郡天陕也。"颜师古注释说："此地有天陕阪，故名。"④ "阪"同"坂"，长大坡顶之意。属于酒泉郡的天县，仅在西汉出现过，东汉即废。

隋唐肃州曾管辖福禄、酒泉和玉门三县。大唐玉门为肃州西大门。在荒滩尽头，出现一座骑在山坡上的烽台，称名"三里墩"，如同路标一般。小堡内散布明清瓷片，具备明清烽燧特征。台地上，外圈小城遗址明显，拱卫着烽燧。从民国初年外国旅人拍摄的图片，可清晰地看到，烽台顶部已经封闭，四面各开有两个瞭望口，兼作发射火器和鸟铳枪弹的窗口。

附近的三里墩烽燧是经过清代补筑的，另有一座仿古砖塔和一座新式清真寺。清朝雍正五年（1727）在此筑堡，官称"惠回堡"。中华人民共和国成立后，修国道时将堡子南墙夷为平地，压成路面，堡名改称"新民堡"。堡子东侧新建了清真寺，称名"吾艾思拱北"。

《明史》中记载："出嘉峪关西行二十里曰大草滩，又三十里曰黑山儿，又七十里曰□□墓。"⑤ 先前古墓不见史载，《明史》所载古墓在清泉乡西部东沙门附近。拱北古墓为民国年间迁入。参照拱北民国时期墓碑铭刻和近代传说，唐贞观年间（627—649），阿拉伯传教士

---

① 李并成：《石关峡：最早的玉门关与最晚的玉门关》，《中国历史地理论丛》2005 年第 2 辑。
② 袁珂：《山海经校注》，上海古籍出版社 1986 年版，第 407 页。
③ 贺次君：《括地志辑校》，中华书局 1980 年版，第 225 页。
④ 《汉书》，中华书局 1962 年标点本，第 1614 页。
⑤ 《明史》，中华书局 1974 年标点本，第 8556 页。

盖斯、吾艾思、噶斯奉穆罕默德之命，到大唐长安传教，行至猩猩峡时，盖斯病故。再东行，吾艾思病故于此。只有噶斯抵达中原，终老于广州。显然，伊斯兰教传入长安时间比史载提前了数十年。

叩问历史，应求实验证。吾艾思故事或为真实事件，但墓中所葬遗骸未必为吾艾思金身。《明史》记载三座大墓西距此20余千米，故推测墓葬年代为元明之交。而今，被神秘化了的拱北渐成当地文化标志。

四　骟马城　玉门关

敦煌西北的玉门或玉门关，终两汉之世，并无可以证明其曾有东迁之事者。《后汉书·西域传》永平中，"北虏乃胁诸国共寇河西郡县，城门昼闭"，元初六年"入寇河西""议者因欲闭玉门、阳关以绝其患"，又曰"自建武至于延光，西域三绝三通"，而阳嘉四年（135）玉门关候救车师以及中平二年（185）刘宽碑阴有玉门关候，则直至顺帝、灵帝玉门关尚有候。《后汉书·班超传》所述"不敢望到酒泉郡，但愿生入玉门关"，不能作为玉门关在敦煌东之证。《汉书》只有酒泉郡玉门县之置，亦从无玉门关西迁、东迁之说。据《汉书·地理志》，西汉酒泉郡已置玉门县，而《十三州志》以为由于"汉罢玉门关屯，徙其人于此，故曰玉门县"（《太平寰宇记》卷一五二陇右道引）。作者北魏名儒，世居敦煌，应有所本。征和三年（前90）贰师败降匈奴，武帝下诏陈悔，罢屯田西域之议，不复出军（见《汉书·西域传》），罢玉门屯兵，可能即在此时。但至东汉顺帝阳嘉时，玉门关尚有屯兵，则罢玉门关屯兵当为西汉时一度有过的事。[①]

离开新民堡，绕道清泉村，十余里外是骟马城遗址。地名清泉村为中华人民共和国成立后新名，明清时期称"白土梁"，因明代筑有白土梁烽燧预警。清泉村南部大滩里有层层田埂，是荒废的古代耕地。自祁连山下白杨河沟口拦坝蓄水后，白杨河绿洲生态愈加脆弱，下游

---

① 陈梦家：《汉简缀述》，中华书局1980年版，第195—204页。

多处泉水枯竭，元明时期的大草滩变为荒滩。

高台上的骟马城，雄踞东西往来通道北 0.5 千米，卡控着南北山峡要塞。城下溪流淙淙，出城东驰，飞骑一日即达酒泉郡治禄福城。城墙夯土层中夹有汉代砖瓦，还有远古时期彩陶碎片。据当地人讲，修路时发现石板墓，出土春秋时期方足根陶鬲，城南汉晋墓众多。西气东输工程从金鸡梁挖出十多座西晋、隋朝时期古墓，出土"有令铁骑玉门赵宪令部曲将。建兴三十五年（347）十月"木椟，正是前凉第五位国君张重华割据河西之时，且沿用了西晋建兴年号。那时，玉门县属酒泉郡。现场勘查发现，骟马城并非文保石碑上介绍有东、西两城，实为在周长千米的外城内筑新城。即便外城，也是汉、晋、唐数代在古城址上多次修补增筑。

在悠远的河西大通道上，焉支山、黑山和截山子三座大山雄踞古道，锁控南北，军事位置非常重要。西汉开疆之初，河西地区的令居、酒泉、玉门、敦煌、觻得、张掖、瓜州等名为古有或对重要地域新起名，尚未定为郡、县之名。去世于公元前 90 年的司马迁在《史记》中三著"玉门"，却未记载酒泉郡其他各县地名，此城疑为古玉门城。北宋地理总志《太平寰宇记》记载："延寿县在郡西，金山在其东，至玉石障，亦是汉遮虏障也。"[①] 清代《敦煌杂钞》记载："嘉峪关，在肃州西七十里嘉峪山西麓，乃汉遮虏障之处。即古之玉石山，以其常出玉，故名。"[②] 玉石障、遮虏障在唐宋金山下，位于玉门县内天门关或骟马城。

据李并成研究，玉门不仅仅是昆仑山玉石输入中原等地的通道和"门径"，而且其所在区域本身早就有玉矿开采，本身即为玉矿的重要产地。[③] 玉石山、玉石障、玉门城，其附近本身也是重要的玉矿产地，

---

① （宋）乐史：《太平寰宇记》，中华书局 2007 年版，第 2947 页。
② （清）常钧：《敦煌杂钞》，《边疆丛书甲集·五》，1937 年禹贡学会据传抄本印，卷下，第 1 页。
③ 李并成：《有关玉门、玉门关研究中几个重要问题的再探讨》，《丝绸之路》2017 年第 16 期。

古为交易玉石的场所和卡口，才有了关的称呼，即玉门关。1956年考古发现的玉门县境内骟马城远古青铜文化与周边文化遗址不同，定为骟马文化，骟马城才引起重视。

骟马城西7千米，发现火烧沟四坝文化遗址（距今约3700），比骟马文化早约300—600年。生活在火烧沟的古人大多佩戴金银铜耳环，还戴鼻环，具有西羌及吐火罗人特征。出土玉器、鱼陶埙、人形陶罐、人足陶罐、鹰嘴壶和三狗方鼎造型别致，独具艺术魅力。考古发现，河西齐家文化、四坝文化和骟马文化遗址出土的玉器，玉石料源自祁连南山、马鬃山、敦煌三危山和嘉峪关黑山。骟马城周边古遗址丰富，或为玉料加工、交易和发散地，亦是铜冶炼中心。

作为玉门市遗存最大的古城，骟马城是打开玉门的钥匙。《史记》记载："天子发兵令恢佐破奴击破之，封恢为浩侯。于是酒泉列亭鄣至玉门矣。"①《汉书·西域传》记载："汉列亭鄣至玉门矣。"② 亭鄣从酒泉郡治䚢得延伸玉门古城及其北部边缘。《史记》记载，太初二年（前103），天子闻贰师将军战败，大怒，"使使遮玉门"，凡有敢入者斩！贰师将军率残部屯留敦煌，伺机再攻西域。而《汉书》记载为"遮玉门关"，始见"玉门关"之称。次年（前102）秋，匈奴犯边，侵入张掖、酒泉，杀两都尉，掳掠数千人。屯守玉门的汉将任文率众追回，匈奴逃离。继而，军正任文西进，屯居敦煌西北，为贰师将军殿后。太初四年（前101），贰师将军"已伐宛……敦煌置酒泉都尉，西至盐水，往往有亭"③。

西汉玉门关初置玉门县境内或其县界，后来才西迁敦煌西北。《汉书·地理志》"酒泉郡玉门县"条颜师古注："阚骃云，汉罢玉门关屯，徙其人于此。"④ 是说汉代罢除了玉门关一带的屯戍，将原来屯戍的人员迁移到了玉门县，玉门县遂因玉门关而得名。汉玉门县

---

① 《史记》，中华书局1959年标点本，第3172页。
② 《汉书》，中华书局1962年标点本，第3876页。
③ 《史记》，中华书局1959年标点本，第3179页。
④ 《汉书》，中华书局1962年标点本，第1614页。

城故址（赤金镇古城），位于最先设置的玉门关——今石关峡西 68 千米处。[①]

骟马城遗存汉代砖瓦最为丰富，为最古老的玉门城。在汉代设置玉门县之前，修缮为军城。据《汉书·地理志》记载，西汉末酒泉郡管辖玉门、天依、沙头等九县。东汉省天依县，另置延寿县。今考，延寿城初位于石油河中游跟赤金绿洲之间。西晋元康五年（295），玉门县分出骟马、会稽县，玉门、骟马隶属酒泉郡，会稽、沙头隶属西部晋昌郡。从玉门古绿洲地理分割判断，汉晋玉门城位于白杨河绿洲与赤金绿洲之间。唯骟马城卡控古道，应为玉门城。《资治通鉴》胡注引宋白曰："肃州西门县，汉罢玉门关屯，徙其人于此，故曰玉门县。石门周匝山间，经二十里，众流北入延兴海。"[②] 汉代首次"罢玉门关屯"时间，大约在汉武帝颁布《轮台罪己诏》的征和四年（前89）夏天。尔后，才立玉门县。《汉书·地理志》记载："酒泉郡，武帝太初元年开。莽曰辅平；玉门县，莽曰辅平亭。"[③] 王莽新朝将郡、县重命为"辅平"，东汉初改县名时又恢复了玉门县名。两汉期间玉门县地位之高，甚至替代了酒泉郡治禄福城。

> 塞垣通碣石，虏障抵祁连。相思在万里，明月正孤悬。
> 影移金岫北，光断玉门前。寄书谢中妇，时看鸿雁天。[④]

唐高宗龙朔元年（661）秋，卢照邻奉使来肃州，慰问弱水官兵，到达玉门，留下了脍炙人口的五言古诗《关山月》。

东晋至隋唐，玉门以县、郡、军形式存在。唐代中期玉门军城西移赤金堡至今玉门市玉门镇附近。最终，衰落于中唐与吐蕃争战。大

[①] 李并成：《有关玉门、玉门关研究中几个重要问题的再探讨》，《丝绸之路》2017 年第 16 期。

[②] 《资治通鉴》，中华书局 1956 年版，第 6778 页。

[③] 《汉书》，中华书局 1962 年标点本，第 1614 页。

[④] （清）彭定求等编：《全唐诗》，中华书局 1960 年版，第 512 页。

约元末，山洪冲毁骟马城东墙。明代嘉靖年间修筑内城，为关外前哨阵地。内城遗留碗大鹅卵石，竟是西夏泼喜军专用的抛石。内城本为明代关西七卫中赤斤蒙古卫辖地，在此设骟马营，为嘉峪关外交纳差马及茶马互市的榷场。内城沿用至清末，民间称"骟马城"，即阉割公马之城。

五代后晋高居诲《使于阗记》记载，由肃州"渡金河，西百里出天门关，又西百里出玉门关，经吐蕃界"[1]。两《唐书·地理志》、《元和郡县图志》卷40、《通典》卷172、《太平寰宇记》卷152等都说玉门军在肃州西，天宝十四年（755）改军置玉门县。因此可知高居诲之玉门关系玉门县（军）之讹。乾隆《大清一统志》卷212、清《玉门县志》等史籍亦认为这里的玉门关盖玉门县之误。依其位置，唐玉门县（军）治亦位于今玉门市赤金镇。[2] 赤金镇遗存半面残城，被高楼遮掩，为洪武八年（1375）明将平定河西，在西吉木修筑赤斤蒙古卫城。当地老者讲，红山寺东侧曾有一座古城，说是唐代玉门军城或玉门城。赤斤蒙语意为耳朵、王者。康熙年间设置赤金卫和靖逆卫时，将"赤斤"写为"赤金"。

唐代玉门关究竟在哪里，历来众说纷纭。1942—1943年，向达、夏鼐率西北科学考察团历史考古组，到河西从事考古调查。之后向达发表《两关杂考——瓜沙谈往之二》一文，认为六朝至隋唐时期的玉门关，当在唐瓜州晋昌县北，"唯今双塔堡、乱山子一带仅余古烽墩二，其他遗迹悉化烟云，关址所在，疑莫能决也"[3]。阎文儒据实地踏勘和有关文献记载，也认为唐代玉门关就在双塔堡附近。[4] 李并成的进一步研究认为："唐玉门关确应位于今安西县双塔堡附近，向达、阎文儒等当年的推断是正确的。该玉门关早自东汉永平十七年（74）即已设置，一直延及唐末，历时约830年，迨至五代，玉门关址又有新的变

---

[1] （清）董诰等编：《全唐文》，中华书局1983年版，第8928页。
[2] 李并成：《五代宋初的玉门关及其相关问题考》，《敦煌研究》1992年第2期。
[3] 向达：《唐代长安与西域文明》，生活·读书·新知三联书店1957年版。
[4] 阎文儒：《河西考古杂记》（下），《社会科学战线》1987年第1期。

迁，又从今安西双塔堡附近向东移至今嘉峪关市石关峡。"①

高居海出使时，控制瓜、沙二州的曹氏政权附庸甘州回鹘。玉门至瓜州一带实被吐蕃、吐谷浑占据为牧地。西出卡门 15 千米处，抵达地窝铺，此处古来有泉源。地名地窝铺跟清代康乾盛世开发玉门和瓜州北部有关，雷同新疆乌鲁木齐机场地窝堡，西北人自明清两代，多将堡、铺同用，同读为铺，本有急递铺功能，与艰苦的军屯环境有关。当年屯田西北的清军，起初只能开挖地窝居住，简陋的居住条件却能抵御干燥和严寒，冬暖夏凉。再西行 25 千米，抵达玉门镇。康熙五十六年（1717），礼部尚书富宁安任职靖逆将军，在达里图（音达儿秃）古城缩筑靖逆卫城。达里图为元代称呼，明朝安置哈密力移民时又被筑，民间俗称"下苦峪城"。乾隆二十四年（1759），将赤金卫、靖逆卫合并，设玉门县。

早在西晋时期，敦煌人张华所著《博物志》记载："酒泉延寿县南山，名火泉，火出如炬。"② 清朝同治年间（1862—1875），赤金堡淘金人发现石油从石缝渗出，遂用作点灯、膏车。1939 年，从玉门老君庙地下 88 米处钻出石油后，不久产量占全国九成以上，支援了抗日战争。中华人民共和国成立数年间，建成玉门石油基地。20 世纪 50 年代，玉门县南迁石油城，设置玉门市。玉门成为中国石油工业的摇篮，创业者铁人王进喜等形象和玉门地名代表新中国石油精神。2003年，玉门市迁回今玉门镇。

汉代设玉门县以后，玉门城在近代玉门县（市）辖区内游弋。而汉玉门关处玉门县边缘，后移敦煌西。隋唐玉门关或移瓜州境内。参照唐代《大慈恩寺三藏法师传》所载玄奘取经路线，从瓜州"北行五十余里有瓠芦河……上置玉门关"。唐初玉门关在瓜州（锁阳城）西北 25 千米疏勒河北岸，后迁至瓜州城外西北 9 千米处。另说在双塔堡附近疏勒河北岸。另疑在小宛（小王）堡之西，难有定论。汉唐玉门

---

① 李并成：《唐玉门关究竟在哪里》，《西北师大学报》（社会科学版）2001 年第 4 期。
② 范宁：《博物志校证》，中华书局 1980 年版，第 26 页。

关辗转不定。玉门县及瓜州自开元中期（约727）被吐蕃攻陷，50年后终被吐蕃把控，玉门关也失去了关口作用。唐末战乱，到五代、宋初，位于今嘉峪关市石关峡的故玉门关又被重新利用。敦煌文书《西天路竟》（S.0383）："灵州西行二十日至甘州，是汗王。又西行五日至肃州。又西行一日至玉门关。又西行一百里至沙州界，又西行二日至瓜州，又西行三日至沙州。"黄盛璋考得，该文书"为北宋乾德四年（966）诏遣行勤等157人西域求法中之一沙门行记"[①]。据李并成的进一步研究，按照《西天路竟》所记载的里程和实际地理位置，宋初的玉门关确位于肃州城西一天行程之处。[②]

五 池头（沙头）县 驿马县 乾齐县

悬泉里程简Ⅱ90DXT0214（1）：130A第二栏、第三栏记载了汉代酒泉郡境内的驿置道里情况："祁连置去表是七十里，玉门去沙头九十九里，沙头去乾齐八十五里，乾齐去渊泉五十八里，右酒泉郡县置十一·六百九十四里。"[③] 据《汉书·地理志下》，西汉酒泉郡辖禄福、表是、乐涫、天陇、玉门、会水、池头、绥弥、乾齐9县。[④] 上述诸县中，见于里程简者仅表是、玉门、池头（东汉改作"沙头"）、乾齐4处，渊泉属敦煌郡，为敦煌郡第一处驿。[⑤]

河西屯田之初，多选定祁连山各支流下游丰腴之处，建坝开田。西汉天陇县在白杨河流域、昌马河流域之间，东汉时东迁今赤金堡东湖绿洲一带，改名延寿县，垦田拓荒，古道初通今玉门市。而酒泉西部都尉管控的北部绿洲，更适合设置商旅驿站。从清泉镇折向北部，抵达汉代池头、乾齐。出于军事需要，酒泉郡出兵禄福城，时有沿黑

---

① 黄盛璋：《西天路竟笺证》，《敦煌学辑刊》1984年第2期。
② 李并成：《石关峡：最早的玉门关与最晚的玉门关》，《中国历史地理论丛》2005年第2辑。
③ 甘肃省文物考古研究所：《敦煌悬泉汉简释文选》，《文物》2000年第5期。
④ 《汉书》，中华书局1962年标点本，第1614页。
⑤ 贾小军：《汉代酒泉郡驿置道里新考》，《敦煌研究》2020年第1期。

山西北麓戈壁通达池头、乾齐两县，再沿疏勒河西往敦煌或塞北。

玉门以西的驿置里程简有载："玉门去沙头九十九里。"99汉里合今约41.2千米。沙头县即池头县，西汉酒泉郡属县，《汉书·地理志下》作"池头"，《后汉书·郡国五》作"沙头"，核之里程简及其他简文，"池头"或即"沙头"之讹。《读史方舆纪要·陕西十二》"乾齐城"条："沙头城，在卫西二百五十里。汉县，属酒泉郡，后汉因之。"① 据《中国文物地图集》，玉门镇中渠村东南1千米处有魏晋古城城址，"城平面呈长方形，东西长152米，南北宽105米"②。据贾小军的研究，此城当即汉代沙头（池头）县城。③

清泉镇跃进村与九塘沟村之间有一座周长180米的残城遗址，民国年间称为"膊膝盖卡子"，跟历史上移动的玉门关卡似有吻合。《十三州志》记载："玉门县置长，三百里石门周匝山间，裁经二十里。众泉北流，入延兴。"从骟马城至清泉镇西部，有3条峡谷北通延兴绿洲，唯有清泉镇西沙河适合车马通行，为丝路古道。

　　　　玉门山嶂几千重，山北山南总是烽。
　　　　人依远戍须看火，马踏深山不见踪。④

大唐诗人王昌龄所作《从军行》，客观写了玉门古道。而唐诗宋词大多歌赋抽象的玉门关，泛指酒泉城西远至敦煌关塞亭障。

大凡沿铁路或国道行河西的人，都产生过视觉误判，即视线所极大山，其山后为层层叠嶂，汉代沙头县即在叠嶂之后。"玉门关外泉为酒，沙头滩前海作盐。"原先，这条沟源头河池出产岩盐，盛行于唐代。而东部两沟口流出的泉水较甜，适合人畜饮用。若逆东侧芦草

---

① （清）顾祖禹：《读史方舆纪要》，中华书局2005年版，第2983页。
② 国家文物局主编：《中国文物地图集·甘肃分册（下）》，测绘出版社2011年版，第248页。
③ 贾小军：《汉代酒泉郡驿置道里新考》，《敦煌研究》2020年第1期。
④ （清）彭定求等编：《全唐诗》，中华书局1960年版，第1444页。

沟南上，可达骟马城。

　　沟口东北 35 千米疙瘩井附近，西晋元康五年（295）置骟马县，属酒泉郡。相传，汉代曾有两匹赤红骏马被匈奴掠去。数年后，两马回归边塞旧地。边防设戍时，将其地称名"骟马戍"。① 史载，公元 387 年，后凉吕光追杀反叛的酒泉太守王穆。王穆单骑逃入骟马城，被骟马县令郭文斩首，将人头送给了吕光。北周时，因上游支流开田用水，骟马耕地荒芜，才废弃骟马县。骟马县存在 220 年，即销声匿迹。骟马县处嘉峪关断山口河跟白杨河水稍交汇地，古城或被流沙吞没，踪迹难寻。骟马西北 25 千米南石河岸边，有一"破城子"，相传为晋代沙头县析出的玉石县管辖，难见史载。其东部金塔戈壁却散落古玉。当地羊井子村民长期拾捡玉石块和玉件毛坯，玉质为祁连玉、昆仑玉、和田玉和马鬃山玉，疑为先秦至汉代遗留。

　　汉、晋时期开垦北部绿洲后，支流中上游因耕地截流水源，大片良田因缺水和盐碱化，终被遗弃。汉代时，把北部 100 余千米长的海子称为"冥泽"，唐代称"大泽"。北宋惯称"延兴海"，源于北周废玉门郡、会稽郡，改延寿县为延兴，遂把延寿县众泉汇入的海子称"延兴海"。清代称中上游为"达巴逊池""查华海子"即"华海"，今称"花海"。清代称东部终端湖为"阿拉克湖"，今称"干海子"。干海子尚有 3 平方千米左右的湖面和沼泽，已成为鸟类保护区。溯流而上的碱滩里隐约可见渠埂遗址，花海成为过度开发延兴绿洲的历史见证。

　　西汉时称名的池头县，到了东汉更名为"沙头县"。因下游池头县耕田受盐碱化影响，不得不遗弃，东汉时县城南移上游沙滩，称名"沙头"。

　　花海镇和西北部柳湖镇相距 10 千米，临近柳湖镇周边有数处古代城址，大多残留灰陶片、汉晋钱币和冶炼铜遗址，古城名称难辨。结合汉简"玉门去沙头九十九里"，合 41.2 千米，判断东汉沙头城设置

---

① （宋）乐史：《太平寰宇记》卷 152，中华书局 2007 年版，第 2943 页。

在柳湖镇回庄破城子，而西汉池头城设置其北部比家滩古城或临近冥泽处。比家滩古城规模宏大，受碱蚀和风沙影响，仅存轮廓。中途经过古董滩，这里从汉晋开始就一直是生活区。据附近村民说，2002年从比家滩出土的晋代墓葬棺板上发现晋律条文。

"沙头去乾齐八十五里"，合计35.24千米。结合地理形势判断，应在北石河十一墩南部黄花营村。对于汉代乾齐县城故址，吴礽骧认为今玉门市黄闸湾镇八家庄一带。[①] 而贾小军综合汉简记载和道里分析，认为汉代乾齐县治今瓜州县河东乡。[②] 但在实地考察过程中发现，北石河南岸黄花营本有东、西两座古城，相距数里，河北为汉塞。《汉书·地理志》乾齐县下注有："西部都尉治西部障。"[③] 结合汉简判断，西古城属酒泉西部都尉管辖的西部障，分管东侧依次10个墩台和西侧第十一墩至疏勒河桥湾附近墩台。东古城应为乾齐城。两汉乾齐县近临敦煌郡渊泉县，属酒泉郡。《汉书·地理志下》"敦煌郡渊泉县"引颜师古曰："阚骃云地多泉水，故以为名。"[④] 其东部烽燧出土汉简有"深目"记载，深目指烽台顶端设置女墙，女墙内嵌有观察瞭望洞"深目"及弓箭转射用垛口。新朝王莽将西汉酒泉郡乾齐县改名为测虏县，东汉又改回乾齐县，隶属敦煌郡。"测虏"意为观测、瞭望匈奴动态之意，更符合该城池地处边塞的军事内涵。乾齐县地形狭长，县境沿北石河延伸，因军事边塞需要而设置，西晋属晋昌郡。

1914年，斯坦因对肃州至安西间汉烽燧考察后，认为公元前103年之时玉门关在第十二墩，或布隆吉至安西沿疏勒河关隘。此前，1907年，斯坦因考察敦煌西小方盘城时，发现一枚汉简上记载"玉门都尉府"，认定汉代玉门关在小方盘城就近。这一发现引起学术界重视，渐有了玉门关西迁又东归的观点。

[①] 吴礽骧：《河西汉塞调查与研究》，文物出版社2005年版，第19页。
[②] 贾小军：《汉代酒泉郡驿置道里新考》，《敦煌研究》2020年第1期。
[③] 《汉书》，中华书局1962年标点本，第1614页。
[④] 《汉书》，中华书局1962年标点本，第1614页。

早在西汉天汉二年（前99），李广利奉命率领3万骑出酒泉，与匈奴右贤王战于天山，斩首万余人，汉军亦损十之六七，后又被匈奴军队包围，几乎全军覆没。当初，李广利就是沿十二墩出兵的。后来，赵充国于公元前72年出击蒲类（巴里坤）匈奴，汉军就有意开通伊吾道，然而车师前国担心负担太重，未遂。直到东汉永平十六年（73），伊吾道渐有雏形。东汉永平十七年（74），窦固出击蒲类海白山虏时，北出昆仑塞。"新玉门关"又游弋于乾齐、渊泉和广至县北部。隋大业四年（608）十月，杨广任薛世雄为玉门道行军大将，欲与突厥启民可汗联手攻伊吾（哈密）。隋军出玉门，却不见突厥军。薛世雄率部将裴矩等人逾沙碛，伊吾请降。隋朝将瓜州绿洲东部并入玉门县，玉门道脱离绕行敦煌西北的稍竿道。唐代始称"第五道"，也称"莫贺延碛道"。酒泉、瓜州成为第五道后防保障。延兴绿洲承担过往马驼的补给基地作用。

六 瓜州 广汉城 巴州古城

张骞出使，开通中原与西域联络后，敦煌成为丝路贸易前沿。随着大汉长城体系持续完善，丝路畅通，400年后的西来佛教与中原道教碰撞，产生了莫高窟文化。承载2000多年地域文化的敦煌，给后世遗留下来壮美的汉长城和莫高窟壁画艺术，享誉世界。

汉朝设置敦煌郡，管辖今玉门市以西、瓜州县、敦煌市及南戈壁。敦煌郡内古绿洲富饶而神奇，沙漠和绿洲噬合、更替2000多年。公元前102年，汉长城从酒泉玉门北部修到古瓜州绿洲截山子北部后，负责修筑长城的军官做出了重大决定，即放弃古瓜州西北部大片绿洲和水源地，长城从沙漠边缘穿过，保护通往敦煌的苦水古绿洲，再沿兴胡沼泽湖泊南缘延伸到玉门都尉驻所小方盘城。

汉塞修筑完毕，丝路开通，粟特商胡，从西亚、中亚进入罗布泊，沿疏勒河川一路东来。中原僧人、使节也沿疏勒河川西去。敦煌郡境内瓜州东、西古绿洲自汉代、晋代和清代大规模开发以来，谷水有限，下游良田盐碱化、沙漠化，无数城镇被迫遗弃。古绿洲面目皆非，汉唐古道、古城更难判识。唯有汉代长城清晰可辨，从北部沙海古绿洲穿梭，进入中部沙海边缘。

酒泉郡（郡治初在禄得，后移禄福）未析出敦煌郡之前，酒泉都尉除沿长城一线设置东部、北部和西部都尉（西至疏勒河拐弯）外，还调遣宜禾都尉驻瓜州北（治昆仑障），调遣中部都尉驻敦煌北（治中部障），调遣玉门都尉驻阳关（治阳关，小方盘城初为护众候），都尉下设候官、烽燧，分段防守和传递军情，兼管屯田事务。宜禾都尉、中部都尉、玉门都尉自东向西分段管辖敦煌北部穿越沙漠的近千里塞垣。从瓜州桥湾九墩古城连线玉门都尉治小方盘城，长城沿这条轴线婉转。后来设置的阳关都尉统辖龙勒县塞垣。宜禾都尉辖域东与酒泉郡西部都尉接界，西止于安西西沙窝临介燧，毗邻中部都尉步广候官辖区。敦煌凌胡燧出土汉简记载："宜禾部烽第：广汉第一，美稷第二，昆仑第三，鱼泽第四，宜禾第五。"① 据王国维考证，简中宜禾部指宜禾都尉辖境，五烽的次序自东而西为广汉、美稷、昆仑、鱼泽、宜禾，其中前三烽在广至县境，后二烽在效谷县境。② 李并成研究认为："宜禾都尉五候官所辖塞墙，东起蘑菇滩汉墓群，西经碱沟堰，沿疏勒河北岸延展，又经八墩、桥湾魏晋墓群、桥湾古城、桥湾火车站、九墩、汉豁落墩烽、布隆吉汉墓群、布隆吉雅丹地貌区、唐玉门关址、双塔水库、唐苜蓿烽、双塔农场、小宛农场，约在此附近越过疏勒河，又沿该河南岸穿行，复经北干沟、安西县城南1千米多、瓜州乡北、四工、望杆子烽，抵达西沙窝北端北路井北。"③ 将汉代敦煌郡宜禾都尉所管辖的五个候官驻地塞城，由东向西依次排列，各辖区长约29千米，宜禾都尉管辖38个墩台，约150千米。

---

① 林梅村、李均明：《疏勒河流域出土汉简》，文物出版社1984年版，第41页。
② 王国维：《敦煌汉简跋十二》，载《王观堂先生全集》第3册，台湾大通书局1926年版，第856页。
③ 李并成：《汉敦煌郡宜禾都尉府与曹魏敦煌郡宜禾县城考辨》，《敦煌学辑刊》1996年第2期。

广汉长城塞垣东起于疏勒河转弯处的瓜州县与玉门市交界地蘑菇滩西，沿疏勒河北岸向西延伸，途经碱沟堰、八墩、桥湾魏晋墓群、桥湾古城，西止九墩西部。塞垣破毁严重，在桥湾古城南部公路边可见断续砂石土垄，间有柴草压层。在桥湾火车站南侧，即塞墙南侧1.5千米处，有一座称名为"九墩"的古城，遗留汉代灰陶片。城垣残破，周长120米。古城疑为宜禾都尉广汉候官治所，即广汉城。长城从九墩西经高皇庙、双塔水库，至双塔农场，为美稷候官辖区。塞垣穿越雅丹地貌区，风蚀严重。在塞垣中部曾有一座古城，疑为唐代玉门关。古城周长630米，位于双塔村北3千米，1958年修建双塔水库时被淹，疑为美稷候官治所。双塔堡为清雍正六年（1728）所建。

长城从双塔农场附近越过疏勒河，进入南岸，西经小宛农场、北干沟，接近瓜州城南煨烟墩，为昆仑候官分管。昆仑候官疑驻小宛（湾）古城，古城周长720米。在瓜州县城西南方向20千米处的长城外，发现周长近800米的梯形城池轮廓，东墙被水冲毁。三面残墙夯筑线条不直。此残城遗留文物不多，使用不久即废。《通典》记载瓜州晋昌县"北有伊吾故城"[①]，应为魏晋时期寄理敦煌郡北界的伊吾城。古城往北5千米，抵达疏勒河向南注入古瓜州西部绿洲的古河道。残存堵截河道的古水坝，长2千米，疑为鱼泽障。也有可能是清代雍正年间疏浚疏勒河道时所置的侧堰。

南返5千米，在长城外侧寻找到新井驿烽台，当地人称名"雷墩子"。雷墩子西距今瓜州城21千米，因当地夏秋两季响雷下雨多从西方而来得名。相传，唐玄奘取经，就从雷墩子北入莫贺延碛道。[②] 长城沿雷墩子南侧西行1.5千米，折向西南方向。这一段长城固守古河道。在长城内侧2千米有一座周长400米的古城，城外有护城壕，城内套有周长220米的内城。城外最低海拔1119米，为古绿洲低洼处。

---

① （唐）杜佑：《通典》，中华书局1984年版，第922页。
② （唐）慧立、彦悰著，孙毓棠、谢方点校：《大慈恩寺三藏衍师传》，中华书局1983年版，第12页。

古城东距瓜敦铁路线 7 千米，想必是汉代宜禾都尉鱼泽候官驻地。它完成两汉塞城使命后，屡次被洪流淹没。千年后，渐在其周边发育成雅丹风蚀地貌。鱼泽障塞城被近 10 个墩台拱卫，西北段汉长城受人为破坏较小，能看见砂土夹红柳、胡杨条、芦苇，层层筑成，残高 2 米许。距古城西 8 千米处，长城顺古河道西折，进入西沙窝。

很难想象，汉唐时期的西沙窝阡陌纵横，鸡鸣犬吠。汉长城守护南侧东西向条状古绿洲，曾是苦水跟疏勒河交汇在一起的古河川，河水西流敦煌城北部的遮要湖。数座古城散布在西沙窝古绿洲间。南距鱼泽候官古城 7 千米的风蚀滩里，一座宽大的古城平躺在沙丘之中，城墙被狂风吹成了沙垄，城周近 1200 米。千百年来，无数次黄风给它盖上了厚厚的黄沙，继而又吹得干干净净。裸露的风蚀地面，零落散着绳纹陶片、碎缸片，隐约可见古代田埂、渠坝。

这座大型古城称名为"巴州古城"。其实，"巴州"源自民间误传，跟蜀地无关。20 世纪末，考古队参照航拍照片，才从戈壁中寻着。古城东南距瓜敦铁路 1.5 千米。城内海拔 1121 米，跟城外古田无高差。城墙有马面，无夯土层，筑城较为仓促。从地理判断，受上游苦水流域大量开田用水，古人选沼泽滩地开田筑城。可惜，古城最终还是被大水漫灌，终废。城内有后世烧制缸、罐的十余座古陶窑。

这里或许就是汉代广至城。城南 1 千米，还有一座周长 180 米的小城，筑城风格雷同巴州古城，疑为广至置以下的邮、亭。汉代设置敦煌郡之前，防守长城的宜禾都尉昆仑候官和鱼泽候官开垦苦水绿洲，不久设广至县。范晔《后汉书·盖勋传》："盖勋，字固元，敦煌广至人也。"唐李贤注云："广至，县名。故城在今瓜州常乐县东，今谓之悬泉堡是也。"[①] 但李正宇认为："此注大谬，误导后世特甚。"唐常乐城即今六工村西之"破城子"，原是西汉之昆仑障，为宜禾都尉所居城，地属昆仑候官辖段。广至城当在昆仑障即唐常乐城以西，而不是

---

① 《后汉书》，中华书局 1965 年标点本，第 1879 页。

李贤说的"在今（唐）常乐县东"。① 《汉书·地理志》记载广至："莽曰广桓。"依出土汉简校核，"广桓"应为"广垣"，即县域广大之意。广至为敦煌郡较早设置六县之一，历东汉、曹魏、西晋、十六国、北魏及西魏，北周武帝时废，延续670多年，文化遗存必然丰富。《隋书·地理志》敦煌郡常乐县条云："后周并凉兴、大至、冥安、闰（渊）泉，合为凉兴县。"② 陈垣指出："大至即广至，避隋炀帝讳追改；闰泉即渊泉，避唐讳追改，周时不名'大至''闰泉'也。"③

出土汉简显示，西部效谷县悬泉置屡从广至借粮，招待商旅。清初顾祖禹在《读史方舆纪要·沙州卫》下记述："广至城，在废瓜州西北。汉县，属敦煌郡。"④ 废瓜州指唐代瓜州治所锁阳城遗址。在西距鱼泽候官古城约13千米的长城内侧，平躺着一座周长450米的古城，北墙被洪水摧毁，一条干涸的小河穿城而过。古城位于长城南侧70米处，易遭匈奴突袭，显然非汉代筑城首选之地。

深藏西沙窝的古城，修筑时间无法确定。至少该城所建年代应为丝绸之路兴盛期。或为三国曹魏时期的宜禾城。它南距汉代悬泉置24千米，唐代在其附近设置苦水守捉。

敦煌郡在曹魏时期辖区未变，仅在原汉代广至县和效谷县之间增设了宜禾县。公元385年九月，前秦大将吕光平定西域，从龟兹返还至宜禾城休整，继而攻夺酒泉城外要道，东进姑臧。十余年后，西凉段业将宜禾县及凉兴县、乌泽县合并，短期设置过凉兴郡。

在宜禾城西南3.5千米处，发现一座周长260米的古城，外周护城河宽大，正南20千米处为悬泉置。站在城墙上极目远眺，与海拔5600多米的昆仑（古称）主峰遥遥相对。《汉书·地理志》记载："宜禾都尉治昆仑鄣。"⑤ 西沙窝内的小古城或为宜禾都尉治所，即昆仑鄣。

---

① 李正宇：《汉敦煌郡广至城新考》，《敦煌研究》1999年第3期。
② 《隋书》，中华书局1973年标点本，第816页。
③ 陈垣：《史讳举例》，上海书店出版社1998年版，第34页。
④ （清）顾祖禹：《读史方舆纪要》，中华书局2005年版，第3032页。
⑤ 《汉书》，中华书局1962年标点本，第1614页。

从宜禾城沿长城往西 15 千米处，长城折向西偏南方向。傍长城内拐角，建有周长 170 米塞障，塞障又被一座梯形城池包裹。塞障为中部都尉万岁候官驻地万岁城。长城进入南沙窝后，依次为破胡候官、步广候官、吞胡候官、平望候官辖区。其中，步广候官位于敦煌城北 34 千米西碱墩附近，正是历史上产美瓜的地方。

《汉书·地理志下》："敦煌，杜林以为古瓜州地，生美瓜。"颜师古注曰："其地今犹出大瓜，长者狐人瓜中食之，首尾不出。"[①] 这里一直盛产美瓜，从敦煌文献可见一斑。敦煌文书 P.3396v《沙州诸渠诸人瓜园名目》的时间大约为唐后期，其中集中记载了敦煌诸多寺院中的僧人拥有瓜园的情况，有大弟一金唐阇梨瓜园、马定德瓜园、翟丑挞瓜园、吴信德瓜园、冯保德瓜园、报恩长德阇梨瓜园等 50 多个瓜园。[②] 可以看出，众多的瓜园是当时寺院经济的一部分，也是瓜州一名的最好诠释。其实，瓜州地名早在春秋时期就出现了，涵盖敦煌和瓜州县。古瓜州为泛指，汉代敦煌郡管辖范围大体跟它相当。

从出土汉简中发现，长条状古瓜州绿洲长期以来天然形成走道长廊，历代屯田遗址众多，仅汉唐古城池就有 60 余座，大小烽燧 200 多处。但今天能看到的仅仅是这众多记载中零星的几个，更多的遗迹随着时间的流逝被风沙侵蚀掩埋了。

七　昌马河　疏勒河　安西

大漠拥抱的瓜州，泉源无数，缓缓流过的疏勒河把它滋润得青春靓丽。疏勒河，古称"南籍端水""冥水"。这是一条流淌文明的古老河流，也是一条年轻的文化大运河，更是历代改造水利、造福民生的见证。古瓜州虽然戈壁无边，黄沙肆虐，但从古昆仑山雪峰流下来的杠水（昌马河及疏勒河）、匠韩水（榆林河）、敦薨水（党河）三

[①]《汉书》，中华书局 1962 年标点本，第 1614 页。
[②] 唐耕耦、陆宏基：《敦煌社会经济文献真迹释录》，全国图书馆文献缩微复制中心 1990 年版，第 461 页。

条主要河流，穿越戈壁流沙，汇集成许多相连的大湖泊。东部流水接连黑河，西北达额济纳以远；西部流水汇入哈拉淖尔湖（哈拉湖），远达罗布泊。

距今5000—3000年前，古人类就沿沼泽、湖泊及绿洲带迁徙、往来，寻水草而居。2200多年前，西戎、西羌、氐、乌孙、月氏、胡人等部落先后到来，人类文明碰撞、交融。

流量最大的杠水，发源于海拔5808米的托来山宰吾结勒，今称"团结峰"。杠水从祁连山昌马峡谷倾泻而出，裹挟着泥沙向前方发散开来。主河道变迁不定，形成百余千米长的昌马冲积扇，如一枚巨大的银杏叶。扇缘内砾石遍布，草木稀疏。扇缘绿洲环绕，溪流淙淙。从高空俯瞰，昌马冲积扇中部的四道沟曾为古代昌马河泄洪主沟。自清代以来，玉门镇北部与布隆吉之间的扇缘区，从东到西依次排列，称名头道沟至十道沟，西北部还有泉水河沟。这十几条小河环绕的沟台，改变着瓜州2000年地缘政治、军事和民生结构。

汉代称它为"冥水""南籍端水"。冥，《说文解字》："冥，幽也。"①李并成认为："冥水和冥安县名很可能都是由于其地水草丛茂、水色幽暗而得。"②多数学者认为冥水和南籍端水是同一条河流，冥水是南籍端水的另外一个名称而已。或认为疏勒河就是南籍端水，所注入之泽就是冥泽。汉唐时，截山子北末梢河谷，向西分流出冥泽水量小，以苦水河为主流，扇缘东部河水及泉水注入延兴海。清代开发绿洲时，把上游峡口一段称名"昌马河"，把北部湖水引向西流，称"疏勒河"。

古代中国西部有三个同名的疏勒，一在天山以南塔里木盆地西部喀什噶尔地区，一在天山以北吉木萨尔附近地区，一在河西走廊西部安西地区。实际都是同一意义，即古突厥语"有水"的意思。③

昌马河源于昌马湖地名，昌马湖为古代牧马之地。疏勒河源自元

---

① （清）段玉裁：《说文解字注》，上海古籍出版社1988年版，第312页。
② 李并成：《汉唐冥水（籍端水）冥泽及其变迁考》，《敦煌研究》2001年第2期。
③ 苏北海：《疏勒名称考》，《新疆大学学报》1984年第3期。

明时期称"苏赖""苏勒",为突厥语汉写,意为水草丰美的河流。早在东汉时就有疏勒城,远在北天山奇台县半截沟石山顶上,俗称"石城"。清代称名的疏勒河本为无数泉水汇合而成,其中最主要的支流为窟窿河。《重修肃州新志·柳沟卫》记载,窟窿河"旧名札噶尔乌珠,在双塔堡之东,发源土胡卢沟,东西分流,经双塔堡入苏勒河"①。无论是元明时期的苏勒河,还是清代的疏勒河及支流窟窿河,都为扇缘砂石层下的众泉露头,汇集成河。疏勒河川自古以来都是"风吹草低见牛羊"的自由家园,汉代的渊泉县就设置在北部绿洲。

汉简记载,"乾齐去渊泉五十八里"②,合计 24.12 千米。渊泉意为泉水众多,积水成潭。渊泉县是在宜禾都尉广汉候官、美稷候官垦区所建。县城历经两汉和三国曹魏。西晋元康五年(295),渊泉县属新设置的晋昌郡。直到北周时才撤县,并入凉兴县。《元和郡县图志》记载晋昌县就是汉代冥安县,因县界冥水得名,同时还记载了冥水从吐谷浑界流入大泽及其大泽规模:"晋昌县,中下。郭下。本汉冥安县,属敦煌郡,因县界冥水为名也。……冥水,自吐谷浑界流入大泽,东西二百六十里,南北六十里。"③根据《大慈恩寺三藏法师传》的记载,位于瓜州晋昌县城北 25 千米的地方还有葫芦河:"从此北行五十余里有瓠芦河,下广上狭,深不可渡。上置玉门关,路必由之,即西境之襟喉也。"④参照汉代敦煌郡烽燧及古道、置驿走势判断,渊泉城位于三道沟镇至四道沟台、东湖、公田地之间。四道沟村有一座清代康熙年间设置的柳沟千户残城,称名"屯庄",本为汉代敦煌郡渊泉县城旧址。

清朝的拓疆者康熙皇帝从军事战略角度考虑,选定开发汉代渊泉古县,是历史的必然。大清劲敌准噶尔汗国统治者噶尔丹被康熙皇帝三次

---

① 乾隆《重修肃州新志》,载《中国地方志集成·甘肃府县志辑》,凤凰出版社 2009 年影印本,第 392 页。
② 甘肃省文物考古研究所:《敦煌悬泉汉简释文选》,《文物》2000 年第 5 期。
③ (唐)李吉甫:《元和郡县图志》,中华书局 1983 年版,第 1028 页。
④ (唐)慧立、彦悰撰,孙毓棠等点校:《大慈恩寺三藏法师传》,中华书局 2000 年版,第 12 页。

亲征，打得四处逃命。康熙三十五年（1696），被准噶尔汗国奴役了几十年的哈密回族首领额贝都拉看清局势，向大清求附称臣。次年，额贝都拉的长子郭帕白克还在巴里坤抓获了噶尔丹的儿子塞卜腾巴尔珠尔及其部属，押送京师，向康熙皇帝请功。康熙三十七年（1698）冬，额贝都拉入京觐见皇帝，带去哈密特产甜瓜。朝宴上，康熙帝和群臣品尝之后，大加赞叹，并赐名"哈密瓜"，也赐额贝都拉为哈密王。稳定哈密，清代疆域超过了明朝。这一年，清军在布隆吉尔战胜噶尔丹3000余人的军队后，开通唐代时新南道，即哈密至肃州的哈密南道，已势在必行。康熙五十五年（1716）六月，议政大臣商议，在布隆吉尔等处开田。2年后，肃州在四道柳沟台地上设立柳沟卫。康熙五十八年（1719），昌马河上游拦坝，又把谷水引往东北布鲁湖。锁阳城外村镇缺水，居民迁柳沟卫。从此，布隆吉尔和柳沟卫成为要地。

布隆吉尔日渐引起重视。布隆吉尔，也写作"布隆吉""布隆几勒""卜隆吉"或"布鲁"，译自元明蒙语音，意为水草湖湾。布隆吉村南有大片沼泽地，一个不大的水池边，歪歪斜斜地躺着几十棵沙枣树和大柳树，树龄过50年。在村北残存着一堵高大的土墙，应为明代边墙，是一座大城的一部分。雍正初年（1722），选定布隆吉尔新筑安西卫城，5年后大城筑成，设同知府即安西厅。布隆吉尔的安西城，长、宽各近千米，管控古瓜州一带，为瓜州县境内遗存百座古城中规模最大的城池。可惜，由于盐碱侵蚀，加之筑城质量不高，次年徙治安西新城大湾，继而，再徙今县城南，继而又徙大湾。"安西"取安定西域之志。地名安西，倾注了边塞军民的心血，尽管历史上安西城数移城址。早在盛唐，西域交河设置过安西都护府。可惜，安西只存在80年，即被吐蕃侵占而废。北宋绍圣三年（1096），另在今定西汝遮堡筑安西城，金朝升为安西县，视为边塞。

从四道沟出发，绕扇缘绿洲西行18千米，抵达萧家地古城。村内有东西紧临的大、小两座古城，其修筑年代无法确考。小城疑为汉代两县间驿置，大城疑为西晋设置的晋昌郡或唐代合成戍驻地。

受安史之乱影响，强大的吐蕃军占领了瓜州。后世虽经西夏经营，瓜州黯然失色，又经历元代萧条，明代荒弃，到了清代才改变了昌马扇缘北部绿洲面貌，变成了通往新疆的要道和枢纽。清代，安西城不断迁徙，跟当地盐碱、地下水影响有关，也跟平定准噶尔部统治者噶尔丹及其继任策妄阿拉布坦有关。清军跟漠西蒙古卫拉特准噶尔部的战争，起于康熙二十九年（1690），迄于乾隆二十二年（1757），历时68年才稳定西北。安西成为清军出兵新疆的后防保障，出于运输粮草需要和安全考虑，屡次搬迁。即便中华人民共和国成立后，初有2000余人的安西县城（大湾），受盐碱化影响，再次搬迁到南侧乾隆年间所建后空置的新城。2006年，安西因谐音"安息"不吉，以促销当地密瓜的名义，恢复瓜州地名，更名"瓜州县"。

疏勒河北岸，有一座保存完好的桥湾城，民间流传有"康熙夜梦桥湾城"的故事。前往桥湾博物馆，馆内陈设的人皮鼓格外引人注目。相传，康熙皇帝梦游西北，在荒漠沙碛中，出现了绿洲幻觉。清清河水向西流入大漠，岸边的大树上，挂着金光灿灿的皇冠、玉带，梦如仙境。康熙梦醒后，派人查访，终于在桥湾找到梦境中的风水宝地。康熙遂委派程金山父子修建巨城。程金山贪财枉法，草草修筑小城交差。西巡大臣上奏后，康熙大怒，诏令将程金山父子处死，取其脑壳，剥其后背皮，做成两只人皮鼓，日夜敲击，警示贪官。康熙夜梦桥湾城的故事，寄托了民间吏治廉政的美好愿望。

桥湾城实为康熙离世后雍正年间才修筑的军台兵站。当然，历代口传毕竟有出处。当年修筑布隆吉城作为安西厅时有贪污行为，筑城官被重罚，民间流传久了，便转嫁给了桥湾城。而地名桥湾，得名于清初，原小河上有自然形成的拱形土桥，称"天生桥"，可通车马，20世纪50年代才塌落，是桥湾地名的源头。雍正十年（1733），清军忙于平定新疆准噶尔叛乱，紧急修建桥湾城。早在雍正称帝之初，就安排清军疏浚疏勒河，改道北移。甘肃巡抚组织开挖布隆吉至敦煌西北玉门关至桥湾200千米河道，打算漕运军粮。后因布鲁湖水量递减，河流水势渐微，舟船沉没双塔泥沙之中。桥湾城修筑完毕，采用牛、羊皮筏子，继续向西运粮。

康乾盛世开发瓜州，军民凿山开渠，治水兴农，造福一方。康熙帝在世时，堵截昌马河上游黑崖子，将河水引向玉门城东北部，开发万顷良田，也断了锁阳城周边水源。到了雍正帝时，又把北部注入青山湖和布鲁湖的湖水引向西部桥湾、双塔及截山子西部大滩。原汉唐时代从扇缘西北部流出的冥水，本来注入截山子东侧冥泽，受疏浚疏勒河影响，部分注入疏勒河，分流了南部苦水河流量。有限的昌马河水不停地被截流引渠，造成疏勒河中游流域盐碱化、沙化，中下游城镇荒废，间接导致了安西县城迁徙不定。

清代，安西县城虽然屡次搬迁，位于截山子东部的桥湾城依然发挥着关外军塘的重要职能。从嘉峪关经惠回堡、赤金湖、赤金峡、玉门县、柳沟、布隆吉、小宛、安西后，入戈壁白墩子、红柳园、大泉、马莲井、猩猩峡、沙泉子、苦水、格子烟墩、长流水、黄芦冈，抵达哈密。从安西到哈密的台站道路，被称为"哈密南道"，大体跟唐代丝绸之路重叠。桥湾城和安西城发挥着丝路水、陆码头的作用。

八　苦水河　锁阳城　榆林窟　石包城

苦水即今瓜州县黄水沟，远古称"匠韩之水"，唐代称"苦水"，发源于今瓜州锁阳故城北，汇聚无数小溪、小河，向西方蜿蜒流去。流经瓜州截山子南绿洲，经芦草沟北流渗入沙漠，滋润出一块巨大的古绿洲。如今小河萎缩，湿地无存。唐代，把这条河流称为"苦水"。唐前称"南籍端水"，汉代称名"独利河水"。"苦水，右源出瓜州东北十五里，名卤涧水；直西流至瓜州城北十余里，西南流一百二十里，至瓜州常乐县南山南，号为苦水。又西行三十里，入沙州东界故鱼泉驿南，西北流十五里，入常乐山；又北流至沙州阶亭驿南，即向西北流，至庶迁烽西北二十余里，散入沙卤。"[①] 古代苦水，今天名为"黄

---

① P. 2005《沙州都督府图经》，载郑炳林《敦煌地理文书汇辑校注》，甘肃教育出版社1989年版，第5页。

水沟",发源于瓜州县锁阳镇北桥子东吴家沙窝。两汉时期在这个区域设有冥安和广至两县。隋代属于常乐县管辖地,唐代在此设置晋昌县,并设置瓜州,治所晋昌县,又在县东今锁阳镇破城子遗址设悬泉镇,作为瓜、沙之间交通的必经关隘。①

唐代《沙州都督府图经》所载内容,把唐代瓜州城即锁阳城、常乐县方位和前代鱼泉驿、唐代阶亭驿和庶迁烽方位勾画出来,也给后世描绘出苦水中下游绿洲轮廓。虽然古绿洲早已变为荒漠,苦水河名气不大,却有130余千米长,跟唐代瓜州城至沙州城驿道里程相当。它润泽沙漠,使绿洲产生了古代文明,深藏着汉晋农耕文明。汉代长城如一条舒展的长臂,将冬瓜状古绿洲紧紧地揽在怀里。

汉代在今瓜州县境设置渊泉、冥安和广至县,在今敦煌市境设置敦煌、龙勒县,在瓜州和敦煌之间设置效谷县,均属敦煌郡。东、西流淌的苦水河和党河如一条链条,联接敦煌郡境内六县。

敦煌郡从酒泉郡析出的时间屡有争议,约在公元前111—前88年之间。《汉书·文帝纪》:"太仆见马遗财足,余皆以给传置。"师古注:"置者,置传驿之所,因名置也。"②置为最高级别的邮驿机构,组成人员较多,吏员有丞,丞下有置、厩、厨、仓啬夫以及佐,承担日常传递文书、养马、驾车、炊厨等工作的值役人员则或徒,或卒,或一般平民。③敦煌郡内设置六县后,增设置、驿,构成驿置道。依次为:渊泉县—美稷亭—冥安县—广至县—鱼离置—万年骑置—悬泉置—平望骑置—遮要置—效谷县—甘井骑置—玉门置—破羌亭—龙勒县。

从萧家地两座古城折向西南方向,路过桥子村古镇,苦水从东往西,穿过桥子村,沿截山子南侧向西部破城子及芦草沟方向流去。桥子村东南洼地称为南岔大坑,海拔相对较低,苦水河从扇缘发育。流

---

① 郑炳林、曹红:《汉唐瓜州苦水流域地理环境演变研究》,《敦煌学辑刊》2010年第4期。
② 《汉书》,中华书局1962年标点本,第116页。
③ 张经久、张俊民:《敦煌汉代悬泉置遗址出土的"骑置"简》,《敦煌学辑刊》2008年第2期。

沙堆里，有一处周长 2170 米的古城，散布绳纹陶片和汉铁砖。古城坍塌严重，仅开西门，通向西南 5 千米外锁阳城。专家断定为汉代冥安县城。《元和郡县图志》记载："冥安，因县界冥水为名。"[①] 古城西北角内有一小城，为西夏至蒙元夯筑，散布黑、白瓷片。西汉冥安城地势低洼，城东墙中部被洪水摧毁，城池遭洪水漫灌，或于东汉初迁往西北古道边马圈村就近的大城，成为晋昌城前身。马圈村北至截山子，汉晋遗存丰富，散布 40 多处废田，有 50 余座方形古坞堡，为东汉冥安县即晋代晋昌县辖区。考察还发现，西汉冥安城至锁阳城东南扇缘散布 40 余座堡寨，每个堡寨内至少有 3 个枯井遗迹。考察人员推测，这类堡寨为元明时期的葡萄庄园。

5 千米外的锁阳城如今列为世界文化遗产，城池遗址被完全封闭保护。唐代在此设置瓜州即晋昌郡，规模浩大。相传，唐代名将薛仁贵西征，被围困于该城后，官兵靠挖吃当地锁阳充饥，方等来援兵，得名"锁阳城"。现在所遗存古城应为明朝在汉、晋、唐古城旧址所建。明代筑建城池后，成化年间安置哈密卫流民，称"上苦峪城"，相对东部玉门下苦峪城而言。清代中叶，"锁阳城"的俗称出现时，城池已废。

经历汉至明代战火洗礼与和平建设，锁阳城成为各民族轮番上演的大舞台。可是，即便盛唐设置了郡城瓜州，面对东部 75 千米戈壁滩，始终没能开辟出穿越扇缘内侧，东往外玉门的直道。

遗址东 1 千米处有塔尔寺遗址。寺门南开，现仅存残基。东西两侧残存鼓楼及钟楼建筑台基和僧房遗址。残塔塔身上部为覆钵式结构，大塔北侧残存小塔 11 座。整个建筑中轴对称，与中原一带寺院如出一辙。[②] 塔尔寺伫立大漠，孤守残阳。大佛塔周边还有千座小土塔齐齐地排列着，如出征的阵容一般。想必，后世佛教徒选择在古战场附近，为捐躯官兵或城民建造了招魂塔。土坯垒建的藏传佛教式白塔，可能

[①] （唐）李吉甫：《元和郡县图志》，中华书局 1983 年版，第 1028 页。
[②] 李宏伟主编：《瓜州锁阳城遗址》，三秦出版社 2015 年版，第 28 页。

初建于吐蕃统治的后唐至西夏时期，祭祀阵亡将士。

"瓜州塔"一名，始见于唐代文献的记载。《集神州三宝感通录》卷上和《法苑珠林·故塔部》都有"周瓜州城东古塔"的记载。[①] 唐初玄奘西行时，"瓜州塔"所在的寺院，即今天所谓的塔尔寺很可能就已经存在了。据《大慈恩寺三藏法师传》记载，玄奘赴印度取经，"昼伏夜行，遂至瓜州"，并在瓜州驻锡月余，其所居寺前有弥勒像。[②]

今天所见塔尔寺遗址，是在瓜州塔的基础上兴建的，殆无异议。然观其今貌，已与唐塔迥然有别。先前多言之为元代建筑。[③] 但近期的出版物，又多改定为西夏之物。据《甘肃瓜州县塔尔寺遗址调查勘探记》："锁阳城东塔尔寺及其锥形宝瓶状白塔应该属于西夏时期的产物，并非元代建筑。"[④] 但据杨富学《瓜州塔考辨》：塔尔寺的兴建应在1276—1372年明朝攻占肃瓜沙这一时期，具体时间大约在1276年出伯兄弟东归或1289年瓜州城重新修复之后不久。[⑤]

比较张掖巩笔驿佛塔、大佛寺佛塔、山丹佛塔、黑城子佛塔及居延古道佛塔风格和选址环境，处于瓜州往玉门直道边的塔尔寺佛塔，还起路道碑作用，吐蕃、党项和蒙古骑兵选定扇缘弦直道。明代哈密卫移民也选偏南沙碛道，始有上、下苦峪城说法。

从塔尔寺返回锁阳城，发现周边古田埂和渠道纵横，古代农田水利灌溉系统完备。锁阳城东南方向古渠道遗址横亘于戈壁荒漠之中。至少在魏晋时期，前人就从昌马峡口开渠，引水到今日锁阳城周边，灌溉大片农田。锁阳城内有隔城，外有护城河。城外有数段防护墙环绕。可见，大唐瓜州城保存了严密的军事防御系统。或许，锁阳城东

---

① （唐）释道宣：《集神州三宝感通录》上卷，《大正藏》第52册，东京：大正一切经刊行会1922—1934年版，第404a页；（唐）释道世：《法苑珠林·故塔部》，《大正藏》第53册，东京：大正一切经刊行会1922—1934年版，第584页。
② （唐）慧立、彦悰撰，孙毓棠、谢方点校：《大慈恩寺三藏法师传》，中华书局1983年版，第12—13页。
③ 李并成：《锁阳城遗址及其古垦区沙漠化过程考证》，《中国沙漠》1991年第2期。
④ 李宏伟主编：《瓜州锁阳城遗址》，三秦出版社2015年版，第55页。
⑤ 杨富学：《瓜州塔考辨》，《敦煌研究》2017年第2期。

往今玉门市的戈壁直道开通于西晋，即元康五年（295）凉州设置晋昌郡之后。锁阳城遗址及其周边在两晋时期开发成熟，古道逆总干渠东去，抵达西晋延寿城。

锁阳城代售东千佛洞门票，景点在东南 22 千米处的长山子干涸的河道两岸，古称"接引寺"，为西夏开造，清代多有重绘。现存 23 窟，飞天女更为本土化，丰腴的身材摇摇欲坠，受藏传密宗佛教影响。二号窟内西夏时期所绘"水月观音"，所配唐僧取经图早于吴承恩著作《西游记》300 多年，与榆林窟唐僧取经图并称为稀世之珍。

锁阳城往西是踏实村。当地原为踏实乡，2005 年与桥子乡、东巴兔乡合并为锁阳城镇。镇后有古城，此城为清代踏实堡。踏实绿洲面积不大，水源来自榆林河。榆林河因河谷生长榆树林而得名，也叫踏实河，跟榆林石窟一样，均自清代称名。也有文献称因流过榆林窟而得名，榆林窟自然是因面前河谷的榆树林而得名，说法都是一个意思。榆林河发源于肃北蒙古族自治县的石包城，由泉水汇集形成的河流，从木峡口进入峡谷流入河谷地带，最后溪流渗入沙碛，在水流较大时部分余流最后从破城子往北流汇入苦水中。古代把榆林河称为"匠韩水"，每年洪水季节，它的下游以扇面注入苦水河，为苦水河支流。

榆林窟所在的榆林河谷里树木葱郁。榆林窟古代称"万佛峡"，处于河流深切的峡谷内，景致独好，窟内中唐至西夏绘画艺术可与莫高窟媲美。民国年间，守石窟的住持道人郭元亨几乎搭上生命，才保存下一件传世珍宝象牙佛雕，中华人民共和国成立后送交国家。有专家推断，为玄奘取经同期，西游僧侣从古印度携带而来，或为玄奘从古印度带来。

从榆林窟往南山去，即到达石包城。这是一条进入塔里木盆地的古道，沟通丝绸之路羌中道。石包城盘踞在公路西侧一个独山头上，是由层层石头垒起的不规则山头城堡。城堡雄伟壮观，远处群山环绕，雪峰傲立，山脚下便是水草丰美的大草原。至少在隋唐时期，它是祁连要塞和贸易节点。从石包城往东 80 千米，沿一条古道直达玉门南昌马峡谷口。

从石包城返回瓜州锁阳镇，北往常乐村破城子。汉代敦煌郡管辖有广至县，广至县治所在后来唐代悬泉镇，即今瓜州县锁阳镇破城子故城遗址。汉代的广至县相当于今天瓜州县城以西地区和锁阳镇。两汉时期，苦水流域是敦煌郡在疏勒河流域及其支流开发的重点区域。①破城子遗址壮观不减当年，为矩形城池，城内野长着灌木丛。古城为汉唐丝路上的驿站，专家初定为汉代广至城，或广至驿站。唐代时，置悬泉府。

车出破城子，前往敦煌方向。大道两侧绿草茵茵，前方截山子横亘，苦水河偎依在山脚下。截山子本是三危山东部余脉，将瓜州县从地理上分割为东南、西北两大块，影响着古道和昌马河水分流走向。唐朝中叶，丝绸之路出瓜州锁阳城，过破城子悬泉府，沿截山子南部苦水河岸西去，抵达40千米外的鱼泉驿，继而西过黄谷驿（老师兔城，汉代鱼离置），顺沿山南戈壁西行20千米，抵达空谷驿。

唐代空谷驿遗址周长160多米，城池在低洼的碱草滩中。城南百米处有倒塌的古驿站，出土北魏至北周时期泥塑挂彩佛像。这条南山古道直通敦煌和阳关，自北魏至唐中叶为国道。空谷驿向东北穿越火焰山峡谷，继续行进12千米抵达汉代悬泉置；向西北穿越旱峡，北出东水沟口不远处，汉代设置过平望骑置，旧址难寻，西达敦煌城。根据敦煌文献P.2005《沙州都督府图经》记载："鱼泉驿，右唐咸亨四年刺史李祖隆奏奉敕置，去州东一百八十五里，东去瓜州常乐县卌五里，西去悬泉驿卌里，同前奉敕移废。"② "阶亭驿，右在州东一百七十里，东去瓜州常乐驿卌里。同前奉敕移，为置在阶亭烽侧，因烽为号。"③ 从这段记载得知，唐常乐县在瓜州西67.5千米，这个位置大约在今天瓜州的六工古城。唐常乐县是由隋常乐镇改置而来。唐开元年间（713—741），吐蕃跟大唐军持续争战临洮、河湟、河西，战事吃紧，三危山南路屡遭吐蕃抢掠。河西节度使沿苦水河设置悬泉守捉

---

① 郑炳林、曹红：《汉唐瓜州苦水流域地理环境演变研究》，《敦煌学辑刊》2010年第4期。
② 郑炳林：《敦煌地理文书汇辑校注》，甘肃教育出版社1989年版，第12页。
③ 郑炳林：《敦煌地理文书汇辑校注》，甘肃教育出版社1989年版，第10页。

（破城子）、常乐守捉（六工小城）、苦水守捉（甜涝坝城）、盐池守捉（大疙瘩梁城）、东亭守捉（敦煌城东北侧）。由守捉掌管瓜敦丝路安全，将先前沿三危山两侧商道北移，沿苦水河流域之内行走。

1973年，吐鲁番阿斯塔那509号墓地出土"开元廿年（732）叁月西州（高昌）百姓游击将军石染典过所"残缺纸张，写有从瓜州到敦煌城、伊州（哈密）沿路领取的过所朱印证："三月十九日，悬泉守捉官高宾勘，西过。三月十九日，常乐守捉官果毅孟进勘，西过。三月廿日，苦水守捉押官年五用勘，西过。三月廿一日，盐池戍守捉押官健儿吕楚珪勘，过。四月六日，伊州刺史张宾押，过。"

穿出截山子，西行敦煌国道。远远望见一座烽台屹立在半山，烽下沟口有一座残堡。众人穿过公路，进入苦水河芦草沟。苦水从峡谷奔流而出，芦草沟南部顺截山子西流而来的苦水河，现称"黄水沟"。烽台为草绳串联柽木楔，层层夯筑，另有木椽竖横连接。筑毕，再用泥浆、白灰抹平墩面，为明清烽台。参考汉简记载，当地原为汉代广至县的万年骑置，或因灾害受损，明清重建墩台。烽台山下小堡为清代骡马店，骡马店填平汉晋古渠道旧坑，在其上夯筑而成。沟口滩里散落着唐代淡黄瓷片、西夏黑瓷片和青花瓷瓷片。显然，芦草沟水道为马帮驼队要道，沟口为驿站。考察人员还发现自东沟口骡马店处（海拔1152米）有一条古渠道向东延伸，长达15千米，消失在六工城南部截山子北麓公路和田地边。芦草沟口西另有一条长达20千米的古渠道，西延到汉悬泉置北部甜水井。

瓜州县境内曾有东巴兔乡、老师兔城，敦煌西部有马迷兔古城，明代今玉门镇称为"达里突"。兔、突、秃、图均为蒙语发音汉写，意为城池。为明清时期沿袭元代蒙古牧民对古城的称呼。

九 悬泉置 平望骑置 遮要置

从瓜州西去敦煌，应是丝绸之路东段地名文化探寻的最后一段行程。悬泉置、莫高窟、鸣沙山、月牙泉、沙州城、龙勒、玉门关……

一个个鲜活的地名，在前方召唤着大家，等待着我们用脚步去丈量。

瓜敦公路北侧是大漠，荒无人烟，路南是戈壁滩，再远处便是一条横亘的大山——三危山。山头上有石垒的烽燧，烽燧下是一条开阔的山谷，悬泉置就在谷口的右侧。悬泉堡遗址经挖掘后，又夷为平地，仅能见到当年轮廓。遗址东南侧区域为早期的仓库，汉简主要从库房废墟物堆积层里出土的。

悬泉置作为汉代驿置机构，从出土简牍记载可知当时的繁荣。汉简中对西域运送狮子的记载，跟《史记》记载途经安定郡事件吻合。仅接待于阗王及随从就有1600多人，或许尽情畅饮葡萄酒，才导致记载中损坏杯子300余个。另外，接待嫁给乌孙国的解忧公主时，记载着铺有地毯等贵重物品。

敦煌郡效谷县有两个置：悬泉置在东，遮要置在西。悬泉置西有平望骑置与遮要置，东有万年骑置与鱼离置。"县泉置骑置，西到平望骑置五十里，东出广至万年骑置卌。"[①] 悬泉置之"悬"汉简均作"县"。出土汉简的记载，吻合悬泉置东距芦草沟东侧万年骑置方位。沟口的泉水从遗址东沉入流沙。戈壁道上的悬泉置，因水源而重要。进入沟内2千米，南部大山突显陡峭，一股清水从草木茂盛的山沟里流出，形成梯级小瀑布。原来，悬泉称名于此，俗称"吊吊水"。

"置"级别略高于"驿""邮"，除了骑马传递，还接待驿车和食宿。悬泉置本是敦煌郡效谷县管辖的邮驿机构，汉武帝时称名"悬泉邮"，汉昭帝时改称"悬泉置"，东汉后期至唐代多称"悬泉驿"。史载，唐代一名将官，行军久渴，寻至悬泉驿外溪水边，却见水而亡。悬泉驿自唐代以后，受吐蕃侵占影响，完全废弃，渐无痕迹。晚唐诗人写有《贰师泉咏》："贤哉李广利，为将讨匈奴。路指三危回，山连万里枯。抽刀刺石壁，发矢落金乌。志感飞泉涌，能令士马苏。"[②] 清朝称名"贰师庙"，据《元和郡县图志》记载："悬泉水，在县东一百

---

① 张德芳：《悬泉汉简中的西域资料考论》，载《中外关系史：新史料与新问题》，科学出版社2004年版，第127—149页。

② 伏俊琏：《敦煌赋校注》，甘肃人民出版社1994年版，第286页。

三十里。出龙勒山腹，汉将李广利伐大宛还，士众渴乏，引佩刀刺山，飞泉涌出，即此也。水有灵，车马大至即出多，小至即出少。"[1] 因李广利为贰师将军，故称此泉为"贰师泉"，把遗址内晋代烽台称为"贰师庙"。

1990年10月至1992年，悬泉置遗址出土有字汉简23000多枚、帛书10份、纸文书10张，时代为公元前94—107年。其中，发掘到《传置道里簿》木牍，记录武威郡仓松到敦煌郡渊泉县之间12个驿置及里程。而1974年从额济纳旗破城子遗址，发掘到一枚王莽时期《传置道里簿》木牍，记录了长安到张掖郡氐池县之间20个驿置及里程。两处汉简互补，还原了长安—敦煌的驿站及古道。悬泉置遗址是自长安至敦煌80多个丝路驿站中，唯一全面发掘的驿站。它如一台刻录机，将2000年前的一段历史保留下来。

通过释读悬泉汉简，可以还原出汉代宣帝神爵二年（前60）一个重大的历史事件。长罗侯常惠率众途经这里，悬泉置接待了这一支前往乌孙国迎取天马等聘礼的吏卒，置办了各种食物。从悬泉置出土的汉简中，编联出18枚相关记载的简史，称为《长罗侯费用简簿》，复原了这一段失于史载的事件。"悬泉置元康五年（前61）正月过长罗侯费用簿。县掾延年过。"[2] 是为长罗侯常惠过悬泉置时当地接待的费用记录。元康五年就是神爵元年（前61），据史书载，汉宣帝元康五年三月改元神爵元年，因当时为正月尚未改元，史书中大都将该年之事归于神爵元年，汉简保留了当时真实的情况。[3]

悬泉汉简可以补充、丰富传世史料的细节，勾勒出当时汉朝与乌孙国的具体往来。元康二年（前64），乌孙昆弥翁归靡上书汉廷，表示愿立解忧公主的儿子元贵靡为昆弥，希望汉廷能够再派公主联姻，从而深入加强汉乌关系。汉宣帝封解忧公主兄弟的女儿相夫为公主，入乌孙嫁元贵靡，神爵二年（前60）派长罗侯常惠为副护送，持节者

---

[1] （唐）李吉甫：《元和郡县图志》，中华书局1983年版，第1026页。
[2] 胡平生、张德芳：《敦煌悬泉汉简释粹》，上海古籍出版社2001年版，第61页。
[3] 裴永亮：《悬泉汉简中的长罗侯经略西域》，《青海民族大学学报》2018年第4期。

有四人，护送少主到达敦煌郡。

汉王朝为联盟人口 60 余万的乌孙国，远嫁两位和亲公主细君和解忧。长罗侯常惠作为解忧公主最为得力的朋友，努力呵护着大汉与乌孙国的联盟关系，联兵将威胁西域的匈奴逼退。此行，常惠万里奔波，为解忧公主的儿子元贵靡物色汉室公主，再续和亲。常惠曾于公元前 100 年随苏武出使，被匈奴扣留 19 年。返回长安后，封为光禄大夫。之后 20 年又六出西域，把人生最美好的年华，消耗在绵延万里的古道上。

公元前 72 年，15 万汉军救援被匈奴围困的乌孙国。同时，汉宣帝派常惠持节去乌孙。常惠与乌孙王翁归靡指挥乌孙 5 万精骑，快速出击，攻打匈奴右谷蠡王老巢蒲类海（今新疆巴里坤），大获全胜。匈奴屯田车师的吏士全部北逃，此后，匈奴属国分崩离析。乌孙国才在伊犁河流域站稳脚跟。常惠因战功，被汉宣帝封为长罗侯。公元前 68 年，屯田车师的郑吉遭匈奴大兵攻击。汉宣帝派长罗侯常惠率酒泉、张掖骑兵，突袭车师北部匈奴兵，解围车师。神爵二年（前 60），常惠接替苏武典属国职务。这一年，乌孙王翁归靡离世，长子元贵靡和岑陬儿子泥靡争夺王位，年长者泥靡夺得昆弥王位。解忧公主遵从乌孙习俗，又嫁给泥靡。泥靡号称狂王，跟解忧虽生子，但感情不和。解忧公主联合汉使卫司马魏和意、副候任昌摆下"鸿门宴"，欲刺杀狂王泥靡。被砍伤的狂王飞马逃走后，派兵围住赤谷城（今吉尔吉斯的伊什提克）长达数月。汉朝西域都护府郑吉慌忙派兵解围，又把参与刺杀的魏和意、任昌抓起来，押回长安斩首，意在安抚狂王泥靡。

汉宣帝派张翁去乌孙国审理此案。张翁到达赤谷城，强迫解忧公主认罪。解忧公主跪地磕头，却坚持不认罪。张翁恼怒，抓住解忧公主的长发，撕扯打骂。身为远嫁公主，解忧难以接受屈辱，通过常惠上书汉宣帝。汉宣帝大惊，立即召回张翁，斩首于长安。其间，汉副使季都受命医治狂王的刀伤，跟狂王有了交情。季都回到长安，却被施以宫刑。只因他知道狂王罪当斩首，错失良机。面对乌孙国乱局，是否将其国分为两派昆弥势力，朝廷出现分歧。西域执行军令者无法准确判断多变的朝廷战略，大多成为受害者。甘露元年（前53），乌就屠袭杀胞兄狂王，自立为乌孙昆弥，扬言匈奴援兵即来，乌孙亲匈奴派被鼓动起来。解忧公主苦心经营多年的联盟将功亏一篑。不久，大汉陈兵敦煌，乌就屠识局，委曲求存。

甘露二年（前52），鉴于乌孙形势不好，负责西域事务的常惠最后一次前往乌孙国。三危山下的悬泉置又接待了他。悬泉置流沙坠简记载着从乌孙传往长安的邮件。甘露二年二月辛未日夕时，平望驿骑当富，把右将军常惠和乌孙国解忧公主的上书，急递给悬泉驿骑朱定，朱定又连夜转万年驿骑。不久，汉朝使节冯嫽归来册封，赐乌就屠小昆弥绶印，元贵靡大昆弥绶印。可是，就任大昆弥的元贵靡生性软弱。鉴于此，汉朝又派遣常惠率校尉屯田赤谷城外，稳定乌孙局势。

甘露三年（前51），元贵靡去世，解忧公主的孙子承袭大昆弥，乌孙国人却大多依附小昆弥乌就屠。年迈的解忧公主方感力不从心，愈加思念中原，遂上书汉朝："年老思土，愿得为骸骨，葬汉地。"[①] 是年秋十月，解忧公主被恩准返回，途经悬泉置时，受到接待。

悬泉置汉简有相关记载，即甘露三年（前51）十月，委派龙勒、遮要置的驿马送解忧公主前往鱼离、广至、渊泉，东去酒泉。解忧住长安两年后离世。汉宣帝在赵充国去世后，召常惠入朝，代替赵充国任右将军，并继续担任典属国之职。"后代苏武为典属国，明习外国事，勤劳数有功。甘露中，后将军赵充国薨，天子遂以惠为右将军，典属国如故。宣帝崩，惠事元帝，三岁薨，谥曰壮武侯。"[②] 常惠的一生，大半贡献在于经略西域。

悬泉置还出土了丰厚的文物，反映了两汉200余年间交通、水利、天气及军事、贸易等内容。其中，一堵墙壁上写有《使者和中所督察诏书四时月令五十条》，为最早的环境保护法；出土460余张汉纸，也

[①] 《汉书》，中华书局1962年标点本，第3908页。
[②] 《汉书》，中华书局1962年标点本，第3005页。

为最早的书写纸；还有数双皮革鞋，亦为最早的皮鞋；木牍《元与子方帛书信札》为最完整的汉代私人信件。有些汉简虽反映片断事件，但真实可靠，需要拼接，结合史籍，才能还原历史。

戈壁滩上的悬泉遗址虽不起眼，却是汉唐丝路上迄今唯一经过完整考古发掘的驿站。丝路其余近90座驿站，均沉没在长安到敦煌大道两侧。其西平望骑置，II0216②：341简："效谷平望骑置一所第四，弟（第）二马三匹，吏一人，小未傅三人。"V1612④：11AB："皇帝玺书一封赐敦煌大守，元平元年（前74）十一月癸丑夜几少时，县泉译骑传受万年译骑广宗到夜少半付平望译骑。"该简还明确规定了"得受"和"付"的时间，传递中不得违误。V1310③：67："入上书一封，车师已校、伊循田臣强。九月辛亥日下餔时，临泉译（驿）汉受平望马益。"据李并成研究，这封自西域车师、伊循递往长安的"上书"，由平望传经临泉驿，可见平望确位于临泉（悬泉）之西。①其西部更远处的遮要置，同时并置遮要置、遮要驿、遮要亭。据李并成的研究，今敦煌市莫高镇新店台村北1.5千米处，有一座汉唐时期的古城址，今名大疙瘩梁古城，即汉代平望骑置。②

悬泉置北临西沙窝里还深藏着甜水井一号汉代屯田遗址（五棵树井古城）、甜水井二号遗址（北魏东乡县城）。古绿洲内近10个大、小城寨，都定格在中唐吐蕃之乱。从悬泉置南入山谷，再沿沟西南行约15千米，便进入70千米戈壁。其实，山南也是一条热闹的古驼道，完全被遗忘了。

十　敦煌　沙州　移民地名

这一带，《山海经》称为"敦薨"。《北山经》记载："大咸之山，无草木，其下多玉……又北三百二十里，曰敦薨之山……敦薨之水出

---

① 李并成：《汉敦煌郡内置、骑置、驿等位置考》，《敦煌研究》2011年第3期。
② 李并成：《汉敦煌郡内置、骑置、驿等位置考》，《敦煌研究》2011年第3期。

焉。"①《水经注》对敦薨之水的注文中引用《山海经》这条记载。有学者认为流入罗布泊的敦薨之水为今源于天山的焉耆河，下游为孔雀河。《山海经》之敦薨之水是今疏勒河，敦薨之山应为今祁连山脉西段疏勒南山一带。② 战国时期，敦薨发音近同敦煌，为古代不同写法而已。《史记·大宛列传》记载张骞给汉武帝的报告"始，月氏居敦煌、祁连间"出现"敦煌"一词。王欣认为，汉文文献中所载"大夏""敦薨""敦煌""去胡来""兜勒""吐呼罗""吐豁罗""兜沙罗""睹货罗""胡卢"等，均可与"吐火罗"勘同。③ 故"敦煌"，或源于"敦薨"。另外有学者从语言学的角度分析认为，西域地名Turpan（吐鲁番）、"敦煌"即"敦薨"是同名异地，或许"敦煌"（"敦薨"）一名为Turpan（吐鲁番）的语音变体，意为"结实的围墙、坚固的围墙、安全住处"。"高大的城墙"，这与汉文史料所记"地势高敞，人庶昌盛、高昌壁、高昌垒"等记述相合。④

薨，本指成群昆虫起飞声，古代也把诸侯或高官的死亡称作"薨"。汉朝开拓疆域，或为图吉祥，写为"敦煌"。东汉学者应劭注《汉书·地理志》："敦者，大也；煌者，盛也。"⑤ "敦煌"意为"盛大辉煌"。在《史记》和出土汉简中，屡写为"燉煌"。晋代至清代，一度把"敦煌"改写为"炖煌"。

敦煌城西党河边杨柳依依，河西七里镇高耸一座古城遗址，土坯垒筑的角墩顶，文保碑上刻有"沙州城遗址"。原来，古代沙州城跟清代敦煌县城隔河相望。汉朝拓边，约于元鼎六年（前111）析酒泉郡地设置敦煌郡。敦煌郡管辖疏勒河流域的渊泉、冥安、广至、效谷、敦煌、龙勒六县。当时，汉将赵破奴可能于此修筑了敦煌城。数年后，贰师将军李广利率6万大军屯军敦煌，就从这里远征大宛。公元120年，

---

① 袁珂：《山海经校注》，上海古籍出版社1980年版，第75页。
② 李并成：《"昆仑"地望考》，《敦煌学辑刊》2006年第3期。
③ 王欣：《吐火罗之名考》，《民族研究》1998年第3期。
④ 阿布力克木·阿布都热西提：《从吐鲁番到敦煌——Turpan（吐鲁番）一名语源、语义考》，《中央民族大学学报》2014年第3期。
⑤ 《汉书》，中华书局1962年标点本，第1614页。

东汉置西域副校尉，主管西域事务，治所设在敦煌城。三国曹魏时期，敦煌太守尹奉、仓慈、皇甫隆德贤兼备，治理敦煌有方，水利灌溉保障农耕，胡人贸易大通道受到了官军保护。东晋成帝咸康元年（335），前凉国主张骏将敦煌郡、晋昌郡、高昌郡、西域都护、戊己校尉、玉门大护军三营设置为沙州，州治设在敦煌城。从此，沙州兴盛不衰，敦煌城成为经营西域的重镇。公元400年，李暠在敦煌城立都，建立西凉国。公元848年，张议潮率众推翻吐蕃统治近70年的沙州，河西大地重归大唐王朝。公元1226年，蒙古大军攻陷沙州城……

沙州城垣遗址残有南、北、西墙，城周约3.5千米。城内仅出土石磨、铁犁等不多文物。古城命运多舛，又遭洪水侵袭，东端早已被冲毁。时光摧残了曾经的辉煌和强盛，古城信息中止于明代中叶。沙州古城南800米外有一座白塔，塔高九层，约12米高。相传，高僧鸠摩罗什东到此传经，驮经白马累死，立塔纪念。考察人员认为，大将吕光于公元383年将鸠摩罗什从西域挟持到武威，仅路过敦煌北部，后来，鸠摩罗什圆寂长安，一生未涉足敦煌。有可能早在西晋年间，当地人为世居敦煌的月氏人竺法护建起佛塔。竺法护（约231—308）弘扬大乘佛，译经数部，被称为"敦煌菩萨"。

1930年，白塔遗址出土刻有《金刚经》的石像塔，白塔史或追溯到隋唐至魏晋。今存白塔为仿元代藏传佛教喇嘛塔特征，塔体镌刻清代"道光年重修""民国二十三年修"字样，可佐证后期修葺史。从当地汉晋时期的墓葬发现，中原道教和西方佛教先后在敦煌传播。民间丧葬文化以道教为主，而官方以尊崇儒家仁孝文化为主。从悬泉遗址出土的百余枚"浮屠里"简牍中，发现最早纪年为建武二十七年（51）。推断敦煌地区在东汉初出现浮屠土塔，或佛寺建筑，符合敦煌城外建有多处浮屠土佛塔的历史记载，佛教已经扎根。

西晋末年（317），中原战乱频仍，杀戮遍地。河西经张轨家族数代治理，收纳了中原逃难者，敦煌成为精神寄托之地。《魏书·释老志》记载："凉州自张轨后，世信佛教。敦煌地接西域，道俗交得其旧式，村坞相属，多有塔寺。"① 敦煌作为河西走廊的最西端，在佛教的影响下形成了一定规模的佛教建筑群。北凉、西凉、西秦等割据政权，借地理区位的优势，顺应佛教发展的趋势和自身统治的需求，更是大力推行佛教，招徕名僧大德，翻译佛经名典，般若众生，修寺建窟，使河西地区成为当时华夏本土的译经中心。②

《魏书》描述十六国时期的敦煌，建有舍利寺塔，佛教渐有植根土壤。到了公元366年，乐僔才在敦煌南山开凿莫高窟。

沙州辖区博大而开放，州城敦煌成为包容西域宗教和民俗文化的中心。隋朝裴矩在《西域图记》中记述："发自敦煌，至于西海，凡为三道……故知伊吾、高昌、鄯善，并西域之门户也。总凑敦煌，是其咽喉之地。"③ 隋朝以前，沙州敦煌通西域的南、中、北道分别连接鄯善（若羌）、高昌（吐鲁番）、伊吾（哈密），再向西延伸千里。

明朝收复河西不久，于永乐三年（1405）置沙州卫。可是，正德十一年（1516），吐鲁番势力占领敦煌，明朝国力衰弱，无力控制西域。嘉靖三年（1524），朝廷下令闭锁嘉峪关，将关西瓜州、沙州平民迁往肃州等地。此后200年间，已废沙州空无建置。

到了清代康熙年间，清军渐次收复嘉峪关外广大地区。康熙五十七年（1718）在玉门设赤金卫，安西设靖逆卫。雍正皇帝执政后，沙州日渐恢复生气。雍正元年（1723），在今敦煌市主城区新建沙州所，3年后升为沙州卫时，朝廷采纳川陕总督岳钟琪的奏请，将甘肃境内56州县2405户15000余人，迁徙沙州屯田，联络新疆。

东郊月牙泉镇有许多地名与移民相关，靖远村、会宁庙、平凉滩、文县湾、灵台堡、华亭槽、秦州村……一个个州县地名的印迹散布在敦煌郊外。清政府移民之初，严谨有序。给移民发放3块银圆作盘缠和安家费，又借给牲畜、种子和农具，保证7个月口粮，给背井离乡

---

① 《魏书》，中华书局1974年标点本，第3032页。
② 李永翎：《魏晋南北朝时期佛教文化在河湟地区的传播》，《兰州教育学院学报》2012年第5期。
③ 《隋书》，中华书局1973年标点本，第1579—1580页。

的移民提供各类生活物资保障，保证移民都能维持日常生计。多数移民区都按原籍聚居地起名，图怀旧寻根。移民初到时，以老沙州城为中心分为东南隅、中南隅、西南隅、东北隅、中北隅和西北隅6垦区（隅如同乡），6隅管56坊（坊如同村），坊下每10户设甲长管理。春耕秋收，坊间间和睦有序。

沙州东南隅设13坊，为靖远坊、真宁坊、宁州坊、渭源坊、西和坊、兰卫坊、兰州坊、肃州坊、秦州坊、兰厅坊、合水坊、环县坊、漳县坊。中南隅6坊：古浪坊、武威坊、河州坊、山丹坊、西宁坊、碾伯坊。西南隅7坊：平番坊、肃州坊、高台坊、永昌坊、张掖坊、河州坊、镇番坊。东北隅6坊：岷州坊、伏羌坊、洮州坊、金县坊、礼县坊、安化坊。中北隅13坊：陇西坊、阶州坊、通渭坊、静宁坊、清水坊、华亭坊、成县坊、西固坊、庄浪坊、宁远坊、秦安坊、固原坊、盐茶坊。西北隅12坊：狄道坊、平凉坊、镇原坊、灵台坊、隆德坊、会宁坊、徽州坊、两当坊、安定坊、文县坊、崇信坊、泾州坊。

到了雍正七年（1729）秋，共建起房屋4810间，每家分房两间、田地15亩，全部安居。同期，调遣临洮知府白讷督修周长1.5千米的原沙州卫新城，矗立于党河东岸。不久，又于雍正十一年（1733）增扩新城，形成今日敦煌城市的新格局。日益富裕起来的人民办私塾、学堂，树乡风，莫高窟的香火又兴旺起来。乾隆二十五年（1760），清朝将沙州卫恢复为敦煌县，沙州地名消失200余年。如今故沙州，以沙州镇形式存在于今敦煌市主城区，成为纪念。清代，沙州大规模移民后，古村庄坊间地名多数虽在，可是，同治年间陕西白小虎等队伍劫掠敦煌城外村庄，杀戮村民，导致部分住户流离失所，旧村荒芜，移民后裔漂泊他处。

十一　鸣沙山　莫高窟

"世界上历史悠久，地域辽阔，自成体系，影响深远的文化体系只有四个：中国，印度，希腊，伊斯兰。而这四个文化体系汇流的地方只有一个，就是中国的敦煌和新疆地区，再没有第二个。"① 著名学者季羡林提出此观点，从史学角度客观评价了敦煌和新疆文化。

唐代李吉甫所撰《元和郡县图志》记载："鸣沙山，一名神沙山，在（敦煌）县南七里。今按其山积沙为之，峰峦危峭，逾于山石。四面皆沙垄，背有如刀刃，人登之即鸣，随足颓落，经宿风吹，辄复如旧。有一泉水，名曰沙井，绵历古今，沙填不满。水极甘美。"② 北魏在附近设置鸣沙县，唐代设神沙乡。《隋书·地理上》"敦煌县"条云："（后周）又并敦煌、鸣沙、平康、效谷、东乡、龙勒六县为鸣沙县。大业置敦煌郡，改鸣沙为敦煌。"③《隋书·炀帝上》曰："（大业三年四月）壬辰，改州为郡。"④ 引文"大业置敦煌郡"，指大业三年（607）改地方州县制为郡县制，瓜州改名"敦煌郡"。与此同时，鸣沙县更名"敦煌县"。结合古代人选城址讲究风水的特点，兼考虑水源，山下某处古河湾极有可能为鸣沙城遗址。

鸣沙山、月牙泉千百年来守护着莫高窟。南北长1.5千米的断崖上，蜂窝状散布着730多个石窟。窟内石碑记载着开窟者为乐僔，似乎来自西域。按照钱伯泉的研究，"莫高"为突厥语 begü 的异译，转写成现代拼音，即为 bogu，汉语音译则作"仆谷""卜古"，是"神圣"之意。莫高山即是"神山""圣山"的意思。⑤ 其实，受战争断代影响，莫高窟如大多数石窟，原本名称没能流传下来，民间泛称"千佛洞"，或加以山川地貌和地方名称冠名。敦煌附近还有西千佛洞、玉门昌马石窟和瓜州榆林窟、水峡口石窟、东千佛洞、肃北五个庙石窟等，共同构成沙州石窟长廊，原名均佚失。

自隋代洞窟中发现了莫高窟名称后，唐代把寺院称为"莫高窟"，武周圣历元年（698）刻写的"大周□校尉上柱国李君莫高窟佛龛

---

① 季羡林：《季羡林学术精粹（第一卷）》，山东友谊出版社2006年版，第105—111页。
② （唐）李吉甫：《元和郡县图志》，中华书局1983年版，第1026页。
③ 《隋书》，中华书局2010年版，第816页。
④ 《隋书》，中华书局2010年版，第67页。
⑤ 钱伯泉：《"敦煌"和"莫高窟"音义考析》，《敦煌研究》1994年第1期。

碑",就记载了李克让重修莫高窟(第332窟)的功德事迹。唐代,河谷口村庄还因寺窟称名"莫高里"。

莫高窟壁画代表世界佛教文化的精髓,也折射出敦煌及河西波澜壮阔的历史。第323窟北壁有初唐所绘《张骞出使西域图》,甘泉宫内,汉武帝群臣拜两尊金人神像。榜题:"将其部众讨匈奴,并获得二金长丈余,列之于甘泉宫。帝为大神,常行拜谒时。"描绘出骠骑将军霍去病在武威完胜匈奴休屠王后,收获祭天金人的史实。自汉武帝崇拜神人以后,东汉末年佛教沿丝路传播而来。以宣扬"诸恶莫做,众善奉行"的理念,教化人民。敦煌大兴佛教虽略晚于中原都城,却成为长期传播的大本营,以信仰维持着丝路秩序。

"莫高窟,前秦建元二年(366),沙门乐僔行至此山,忽见金光,状有千佛,遂造窟一龛。后有法良禅师,从东届此,于窟侧再造一龛。"莫高窟内遗存武周圣历元年(698)所立《李君莫高窟佛龛碑》和窟壁墨书《莫高窟记》(纪年为865),均记载了以上开窟背景。五胡十六国时期,来自西方的浮屠即佛文化被沙州本土接纳之后,自然地融入道教和儒家思想,佛教即被汉化生根,形成独具特色的莫高窟文化。尔后,继续开凿千余年,终止于元明时期。

漫步艺术殿堂,默默感谢乐僔、法良首开莫高窟,还要感谢一代又一代虔诚的开窟者,把中华文明史,用浓墨重彩绘描在石窟墙壁上,以直观图像和经变图像把无数历史事件和佛经哲理表达出来。博大而精深的莫高窟,主题材有浮屠像、佛教故事、经变、神怪、供养人。其中,经变最有韵味。画师以壁画图解佛经哲理,也难免受制于自身想象力和艺术创造力。以下,仅从佛僧吃肉、贵族和佛家食色的壁画演变,以单一角度折射莫高窟民间文化艺术的魅力。莫高窟第85窟《猎人屠夫图》,反映晚唐时期的经变思想,即猎人屠夫杀生食肉会遭报应。可是,画师却把猎人和屠夫描绘得神气十足,似有无所畏惧的气概。同窟《断食肉品图》,经义欲表达:屠户为赚钱,杀生卖肉。肉本是精血污秽所成杂臭之物,出家人不可食。而画面上满架挂肉,肉案飘香,即便僧人也无法摆脱肉香的诱惑。其实,佛教初传时规定僧人禁食大蒜、葱、慈葱、兰葱、兴渠五辛等有刺激味的佐料，不提倡吃肉。到了中原南朝时，梁武帝笃信大乘佛教，始禁僧食肉，影响了汉传佛教。再后来的藏传佛教受环境所限，僧人必然吃肉。僧人多以讨要百家饭维生，难免吃荤。

莫高窟第194窟有盛唐彩塑，窟南侧站立着的菩萨丰满圆润，头梳垂双鬟髻，长眉连鬓，两目低垂，面颊丰腴。雍容华贵的服饰至今时髦，肌肤细润堪比时今楚楚动人的美少妇。以观音为代表的菩萨原本塑造为嘴角有两撮小胡须的男性，以陪侍阿弥陀佛为任。阿弥陀佛厌恶女身色相，曾发愿作佛时，国无妇女。徒弟既然受恩师熏陶，均不喜女色。可是，画师却把菩萨装束塑造成了细眉美少妇，展现唐代女性的自信与端庄、淡定与从容，彰显了女性的仁慈与博爱。

飞天壁画几乎与洞窟创建同时出现，历经数个朝代及千百年，止于元末，大多洞窟都有飞天女神点缀。女神长袖飞扬，歌舞升天，满壁风动。古印度佛教原本带有生殖及性崇拜，却很难在隋代上至北朝塑像中发现欢喜佛。显然，塑像师迎合了儒家思想和道教力禁色欲、固养精气的理念。直到李唐盛世，莫高窟才出现大批优雅的裸风塑像，继而出现欢喜佛及性绘画，把鲜卑、吐蕃崇尚生殖的本性展现出来。大唐的美艳凝固在鼎盛时期的石窟墙壁上，而开放的大唐滋生出色情并茂的因子，最终在吐蕃统治沙州的时代演绎到风流州城。

莫高窟第85窟《帷屋闲话图》，绘于晚唐。帐幔下，女人边撩拨边怒视面前的男人。男人赶忙口念"恭敬观世"以禁欲。莫高窟发现的唐代白行简著《天地阴阳交欢大乐赋》（1900年被盗运国外），更深入地描写了唐代贵族交媾："侍女乃进罗帛，具香汤，洗拭阴畔，整顿裤裆。开花箱而换服，揽宝镜而重妆。方乃正朱履，下银床，含娇调笑，接抚徜徉。当此时之可戏，实同穴之难忘。"① 巫术《禳女子婚人述秘法》，更把沙州献媚色诱巫术化。若女子向男人示爱，将光脚丫顺男人肚脐往下蹭，可勾引起床笫反应；若想勾住男人的心，则

---

① 马积高主编：《历代辞赋总汇》，湖南文艺出版社2014年版，第2074—2077页。

取男人大拇指甲，烧成灰，和酒服下，均灵验。倘若男子非要夺得女人的芳心，则选日升一竿头时，折取东南方向桃枝，制作木人，写上女子名字，扔入茅厕，其他缠住女人心思的男人或鬼怪见污而消失；或拔女人20根头发，烧成灰，和酒服下，均灵验。

无论盛唐、晚唐、五代，还是西夏控制时期的沙州，受吐蕃、回鹘、党项开放的性文化影响，不同民族女人较先前历代地位高涨。在12窟有晚唐《婚礼图》"男拜女不拜"，表明当时女子的社会地位。至少，沙州人当时存在试婚或走婚习俗，婚前自由，仅用契约约束。

同期，民间敦煌曲子词《云谣集》还大胆描写了性感，如"雪散胸前，嫩脸红唇"[1] "素胸莲脸柳眉低，一笑千花羞不坼"[2] "素胸未消残雪，透轻罗"[3]，素胸指裸乳。更有直率的曲词："胸上雪，从君咬。"[4]

莫高窟第465窟俗称"欢喜洞"，是一座建于吐蕃、西夏统治时期的藏传密教无上瑜伽密石窟，壁画多绘欢喜佛。其中绘有王、妃交合图，胯下有侍女托盘承接阴水，把人性本能表现得夸张而神圣。构图表达《心经》中"色即是空，空即是色"的意境，性爱生殖，至高无上，完全脱离含蓄的儒家思想，更摆脱了法度规矩的道教束缚。

莫高窟壁画、雕塑和遗留画卷、古籍是一个世界级文化宝库，反映出中国多个朝代的西北地域文化现象，也折射出西域宗教、民俗文化向中原渗透的进程。莫高窟藏有神秘的性观念，更有规矩的佛法礼仪。考察人员仅从一侧面洞察沙州人文背景，略异于中原。

独居一隅的莫高窟，荟萃了沙州地域文化，更把敦煌扬名世界。第17窟的洪辩像，佛祖用凝固的微笑，看着成批文书在西夏党项进攻之前，被众信徒搬到面前，陪伴他800多年。然后，又在公元1900年被退伍兵转行的王道士发现，数年后被斯坦因、伯希和等人成卷成卷

---

[1] 曾昭岷、曹济平、王兆鹏、刘尊明：《全唐五代词》，中华书局1999年版，第814页。
[2] 曾昭岷、曹济平、王兆鹏、刘尊明：《全唐五代词》，中华书局1999年版，第810页。
[3] 曾昭岷、曹济平、王兆鹏、刘尊明：《全唐五代词》，中华书局1999年版，第802页。
[4] 曾昭岷、曹济平、王兆鹏、刘尊明：《全唐五代词》，中华书局1999年版，第820页。

地运走，进入欧洲的博物馆。1941年前后，国画师张大千在范振绪的陪同下，将大批不同时代的壁画剥离。"文化大革命"期间，造反派对石窟进行了破坏……另有清代同治末年（1875），陕西白颜虎的造反大军，逃离敦煌之前，焚毁了莫高窟内塑造的半数佛像。

今天，敦煌学成为显学，倍受世人关注。季羡林讲得好："敦煌在中国，敦煌学在国际。"莫高窟壁画绽放敦煌永恒的生命力。

十二　阳关　渥洼水　龙勒　玉门关

考察人员终于到达河西尽头——阳关。可以想象1260年前的大唐诗人王维在长安渭城为远赴安西的朋友元二饯行，写下《送元二使安西》一诗：

渭城朝雨浥轻尘，客舍青青柳色新。
劝君更尽一杯酒，西出阳关无故人。①

从此，汉代的阳关在唐人的笔下成了诗意的存在。王维写完《送元二使安西》数年后，与世长辞。元二从安西都护府龟兹（库车）返回，长安已处于安史之乱的混战中。继而，吐蕃军侵占长安。无论作为军人，还是作为诗人，个人命运都与国家兴衰紧密相连，诗歌更蕴含生命力。有了西出阳关的家国情怀，阳关的夕阳一定苍凉而绚丽。"绝域阳关道，胡沙与塞尘。三春时有雁，万里少行人。"②王维另在《送刘司直赴安西》一诗中，把阳关道描写得无比荒凉与寂寥。

两年前，同行考察队员在渭城柳色春雨时开始了地名考察，而今辗转千里直至阳关，一首诗将我们带回了唐朝，同时考察活动也在诗意中即将告一段落。与阳关共生了2000年的还有出天马的渥洼池

---

① （清）彭定求等编：《全唐诗》，中华书局1960年版，第1306页。
② （清）彭定求等编：《全唐诗》，中华书局1960年版，第1271页。

和寿昌城。

渥洼池，出天马的草湖，即今南湖之黄水坝，相传汉武帝时出天马处。据《史记·乐书》"又尝得神马渥洼水中"，《集解》注云："李斐曰：南阳新野有暴利长，当武帝时遭刑，屯田敦煌界。人数于此水旁见群野马中有奇异者，与凡马异，来饮此水旁。利长先为土人，持勒靽于水旁，后马玩习久之，代土人持勒靽收得其马，献之。欲神异此马，云从水中出。"① 又《礼乐志》郊祀歌十九章之《天马》，即为马生渥洼水中而作。渥洼水在南湖，古地志，已有记载。据《寿昌县地境》云："寿昌海源出县南十里，方圆一里，深浅不测，即渥洼水也，利长得天马之所。"② 由此可知，渥洼池即寿昌海，在寿昌县南。《沙州图经卷第五》云："寿昌海，右，出寿昌县东南十里，去州一百廿里，方圆可一里，深浅不测，地多芦蓟。其水分流二道：一道入寿昌南溉田；一道向寿昌东溉田。旧名渥洼水。"③

《沙州伊州志》记载："寿昌海，县东南十里，即渥洼水，屈曲周回一里余，深浅不测，汉得天马处也。"④ 《沙州城土境》云："寿昌县……寿昌海，县南十里，方圆一里。"⑤

渥洼水即寿昌海，在寿昌县之南，寿昌县即今南湖之破城子。黄水坝之位置。距破城子近5千米，当即古地志中之寿昌海，亦即汉之渥洼水也。今敦煌城南，鸣山下月牙泉，寺院廊庑下，嵌有木碑，刻"汉渥洼池"四字者误也。⑥ 库区多处泉水露头汇集成池，碧波荡漾，民间俗称"黄水坝"。据《汉书·武帝纪》记载，元鼎四年（前113）"六月得宝鼎后土祠旁。秋，马生渥洼水中。作《宝鼎》《天马》之

---

① 《史记》，中华书局1959年标点本，第1178页。
② 李正宇：《古本敦煌乡土志八种笺证》，甘肃人民出版社2008年版，第321页。
③ 李正宇：《古本敦煌乡土志八种笺证》，甘肃人民出版社2008年版，第161页。
④ 李正宇：《古本敦煌乡土志八种笺证》，甘肃人民出版社2008年版，第241页。
⑤ 郑炳林：《敦煌地理文书汇辑校注》，甘肃教育出版社1989年版，第40页。
⑥ 阎文儒：《敦煌史地杂考》，载《中国敦煌学百年文库·地理卷》，甘肃文化出版社2000年版，第82页。

歌"①。并未确定在敦煌何处的"渥洼"。时过境迁，很难断定渥洼水所在。公元前113年秋天，因罪发配到敦煌的河南囚徒暴利长，发现野马群中有一匹马与众不同，于是在群马饮水池边立放一具手提缰绳的土人。野马适应土人后，他换上土人衣服静候，终于捕得宝马。献给朝廷，以图减刑。汉武帝见良马大喜，以为上苍所赐，遂起名太乙天马。渥洼池因出天马而驰名2000年，时称"寿昌海""寿昌泽"。

近年当地为了抵挡风沙侵蚀农田而栽种了大量的白杨树，古城即在翠绿的葡萄园边，大半被黄沙吞噬了。破城子残存角墩高大，如同沙州城的角墩，均为方泥块垒筑而成，主墙体夯层清晰，夹杂远古时期红陶片和汉代灰陶片。破城子位于清代称名的北工村。汉代称龙勒县，北魏设寿昌郡，魏晋设阳关县，北周废除。初唐619年因附近寿昌泽改称寿昌县。从角墩下发现数块椭圆形石来看，或为西夏泼喜军所用，大约在蒙元时期此城完全废弃。

龙勒，一个彰显龙马精神的地方，或来自汉代给天马套上缰绳笼头的传说。《寿昌县地境》曰："龙勒山，县南一百八十里，周时龙马朝出咸阳，暮至寿昌，因以至此山之下，遗其衔勒，故名龙勒山。"②龙勒县，即唐代的寿昌县。《括地志》记载："沙州龙勒山，在（寿昌）县南百六十五里。"③《元和郡县图志》记载："寿昌县，本汉龙勒县，因山为名……龙勒水，在县南一百八十里龙勒山上。"④总体看来，阳关南部大山古称"龙勒山"。历史上先有龙勒山，后有龙勒城。渥洼水天马套缰故事或为汉宫廷虚构，借天马唱家国情怀。况且，公元前113年阳关附近无开边屯田史实。古代龙勒发音相近仑勒、楼兰，指阳关西南海拔近5800米古昆仑山峰。

《新唐书·地理志》记载："自沙州寿昌县西十里至阳关故城。"⑤

---

① 《汉书》，中华书局1962年标点本，第184页。
② 李正宇：《古本敦煌乡土志八种笺证》，甘肃人民出版社2008年版，第321页。
③ （唐）李泰等撰，贺次君辑校：《括地志辑校》，中华书局1980年版，第228页。
④ （唐）李吉甫：《元和郡县图志》，中华书局1983年版，第1025—1026页。
⑤ 《新唐书》，中华书局1975年标点本，第1151页。

"敦煌遗书"记载:"阳关,东西二十步,南北二十七步,右在县西十里,今毁坏,基址见存"。巴黎藏石室本《沙州图经》记载,阳关"在(寿昌)县西十里,今见毁坏,基迹见存。"《元和郡县图志》记载:"阳关,在(寿昌)县西六里。以居玉门关之南,故曰阳关。"[1]汉代阳关在墩墩山南至夏家泉、梁背后之间河谷地带。如今,只有汉砖瓦、五铢、开元通宝、货泉通宝和产自西域的五色料珠、琥珀珠残片等散落沙滩,村民称为"古董滩",再也寻不到关城印迹。

大约西夏时期,白龙堆沙漠进逼绿洲。到了元朝,阳关遗址和寿昌城被流沙侵吞,居民外迁,再也没有留下记载。作为丝路雄关要隘,南线咽喉,从唐代至元代,"阳关"渐成为"离别"的代名词。

汉代设龙勒县之前先有阳关,它与北部 50 千米的玉门关遥遥相对。玉门关、阳关两都尉同时设置。阳关称名或许跟其所处玉门关之南无关。

大汉王朝拓疆,为了抗击匈奴,在河西"列四郡、据两关",开通丝绸之路,着力经营西域。丝路东起长安,在逾越陇山之前分为南、北两路,汇合于武威郡至张掖郡间。到达酒泉郡,再西往敦煌郡。受塔克拉玛干大沙漠阻隔,在敦煌郡西部又分为南、北两道。《隋书·裴矩传》记载:"其南道从鄯善、于阗、朱俱波、喝槃陀,度葱岭,又经护密、吐火罗、挹怛、忛延、漕国,至北婆罗门,达于西海。"[2]历代逐渐形成的路线具体来说就是出阳关,沿昆仑山北麓南绕塔克拉玛干沙漠,经鄯善若羌附近(古楼兰)、且末、精绝、拘弥、于阗,至疏勒,越葱岭,过大月氏(阿姆河流域中部)和大夏(阿姆河流域南部),至波斯(伊朗),最后通往古印度、西亚以及犁靬(罗马)等欧洲诸国。北道出玉门关后,沿天山南麓西行,经车师前王庭(吐鲁番)、龟兹(今库车)至疏勒(今喀什),汇合南道,西南翻越葱岭。

公元前 111—前 102 年,汉朝酒泉郡初管控敦煌及以西时,设置

---

[1] (唐)李吉甫:《元和郡县图志》,中华书局 1983 年版,第 1026 页。
[2] 《隋书》,中华书局 1973 年标点本,第 1579—1580 页。

阳关都尉和玉门都尉，利用长城塞垣优势，把控国家西大门。这种重要的战略地位在后来依然如此。"故知伊吾、高昌、鄯善，并西域之门户也。总凑敦煌，是其咽喉之地。"①唐代也有这样的看法，《元和郡县图志》记载："玉门故关，在（寿昌）县西北一百一十七里。谓之北道，西趣车师前庭及疏勒，此西域之门户也。"②《旧唐书·地理志》记载："玉门关在（寿昌）县西北一百一十八里。"巴黎藏石室本残《沙州图经》亦载玉门关"周回一百廿步，高三丈"。汉唐时期，沿寿昌河谷往西北行，沿途过二墩烽燧西南侧，一路直到玉门关。古道和关口里被盐泽侵蚀及风沙湮没，从出土汉简及文物初判，汉代玉门关遗址在马圈湾（直线距寿昌城57.5千米）。

若沿阳关河谷往西北行，直线距离约72千米处的古沼泽地高台，还有一座汉代古城，名称无考，元明时期称为"马迷兔城"。马迷兔城东连后墩，西临湾窑、榆树泉、曲泽之地，它跟东北部马圈湾城、玉门都尉小方盘城、河仓城和东南部阳关都尉驻地阳关城及周边千秋燧、仓亭燧等烽燧，构成汉代最西远的长城防御体系。

如今，最为显眼的玉门小方盘城因清末民国初出土大量汉简，近百年来成为玉门关的象征。后来，从小方盘城北侧发掘的汉简中，有"玉门关，在龙勒县界，敦煌西北一百数十里"的记载。玉门关就在附近。1979年以来，考古人员从马圈湾烽燧，发现大批汉简和文物，基本认定汉代玉门关在今羊圈湾遗址或后坑附近，小方盘城为玉门都尉治所，东部大方盘城为军需给养基地。唐代，玉门关东迁瓜州。

出小方盘城，沿疏勒河南岸东行10千米，远远望见一座古老的烽燧，称名"河仓燧"。燧北100米处便是大方盘城，即河仓城。英国伦敦所藏石室本《敦煌录》中记载："河仓城，州西北二百三十里。古时军储在彼。"③而耸立面前的残墙较为瘦薄，长方形城池四周尚遗留碉楼残基，城垣东西长132米，南北宽17米，墙高近7米，墙厚

---

① 《隋书》，中华书局1973年标点本，第1580年。
② （唐）李吉甫：《元和郡县图志》，中华书局1983年版，第1026页。
③ 郑炳林：《敦煌地理文书汇辑校注》，甘肃教育出版社1989年版，第87页。

1.5米，3座军仓分隔明显，为清代夯筑的粮仓特征。建于西汉及前凉时期的河仓城仍在原址，古城遗址比清代大约一倍。

无论南出阳关，还是北出玉门关，两条古道今日都难以逾越。古代官兵将士的雄心壮志，古代商贾的顽强动力，还有那些坚韧不拔的僧侣，都把深深的脚印留在了漫漫长路上，璀璨的文明成为永恒。

丝绸之路更重要的是形成了一种良好的秩序。通过两关门户，中原丝绸织品、铁器、瓷器和农土特产输送到西域，而西域的骏马、葡萄、石榴、核桃、苜蓿、美玉、珠宝和宗教、艺术等也传到中原。两关是守候，也是保障，更是玉帛道上的路标和希望。敦煌及其两关以外便是西域大地，走过数百里流沙，再过数百里戈壁，山高路远处渊源之久，文化之深，一路上总有无尽的魅力。

向西，向西……回首便是敦煌，再回首，梦回长安。一条悠长的古道连接着不同文化、民俗。在这条交融的大道上，请迈出第一步。

参考文献

一 史料

（一）正史

（唐）杜佑：《通典》，中华书局1988年点校本。

《汉书》，中华书局1962年标点本。

《后汉书》，中华书局1965年标点本。

《晋书》，中华书局1974年标点本。

《旧唐书》，中华书局1975年标点本。

（宋）李焘：《续资治通鉴长编》，中华书局1993年版。

马积高主编：《历代辞赋总汇》，湖南文艺出版社2014年版。

《明史》，中华书局1974年标点本。

乾隆《古浪县志》，载《中国地方志集成·甘肃府县志辑》，凤凰出版社2009年影印本。

三国志》，中华书局1971年标点本。

《史记》，中华书局1959年标点本。

《宋史》，中华书局1977年标点本。

《隋书》，中华书局1973年点校本。

《魏书》，中华书局1974年标点本。

（清）吴广成撰，胡玉冰校注：《西夏书事校注》，上海古籍出版社2021年版。

《新唐书》，中华书局1975年标点本。
《新五代史》，中华书局1974年标点本。
俞绍初辑：《建安七子集》，中华书局2005年版。
《元史》，中华书局1976年标点本。
张觉：《吴越春秋校注》，岳麓书社2006年版。
《周书》，中华书局1971年标点本。
《资治通鉴》，中华书局1956年版。

(二) 地理志、方志

道光《续修山丹县志》，凤凰出版社2009年影印本。
甘肃省地方史志编纂委员会编：《甘肃省志·建制志》，甘肃人民出版社2017年版。
固原县志编纂委员会编：《固原县志》，宁夏人民出版社1993年版。
光绪《肃州新志》，载《中国地方志集成·甘肃府县志辑》，凤凰出版社2009年影印本。
（清）顾祖禹：《读史方舆纪要》，中华书局2005年版。
嘉庆《重修一统志》，商务印书馆1936年影印清史馆藏进呈钞本。
（宋）乐史：《太平寰宇记》，中华书局2007年版。
（清）李迪等：《甘肃通志》，兰州大学出版社2018年点校本。
李吉甫：《元和郡县图志》，中华书局1983年版。
李贤等：《大明一统志》，巴蜀书社2018年版。
马理等：《陕西通志》，三秦出版社2006年版。
民国《邠州新志稿》，成文出版社有限公司1969年影印本。
乾隆《皋兰县志》，凤凰出版社2009年影印本。
乾隆《武威县志》，凤凰出版社2009年影印本。
乾隆《永昌县志》，凤凰出版社2009年影印本。
乾隆《重修肃州新志》，凤凰出版社2009年影印本。
顺治《重刊甘镇志》，甘肃文化出版社1996年版。
（宋）王存：《元丰九域志》，中华书局1984年版。
（宋）王象之：《舆地纪胜》，江苏广陵古籍刻印社1991年影印本。

《武威市志》，兰州大学出版社1998年版。
《西河旧事》，兰州古籍书店1990年影印本。
徐家瑞等：《高台县志》，凤凰出版社2009年影印本。
张克复等：《五凉全志校注》，甘肃人民出版社1999年版。
钟赓起著，张志纯等校注：《甘州府志校注》，甘肃文化出版社2008年版。
祝巍山主编：《永昌县志》，甘肃人民出版社1991年版。

二　著作

北京大学古文献研究所：《全宋诗》，北京大学出版社1995年版。
陈梦家：《汉简缀述》，中华书局1980年版。
陈桥驿：《水经注校证》，中华书局2007年版。
陈垣：《史讳举例》，上海书店出版社1998年版。
（清）仇兆鳌：《杜诗详注》，中华书局2015年版。
崔乃夫主编：《中华人民共和国地名大词典》，商务印书馆2002年版。
（清）董诰等编：《全唐文》，中华书局1983年版。
（清）段玉裁：《说文解字注》，上海古籍出版社1988年版。
范宁：《博物志校证》，中华书局1980年版。
伏俊琏：《敦煌赋校注》，甘肃人民出版社1994年版。
高凤山、张军武编著：《嘉峪关及明长城》，文物出版社1989年版。
（清）顾嗣立编：《元诗选·初集》，中华书局1987年版。
郭方忠、张克复、吕靖华：《甘肃大辞典》，甘肃文化出版社2000年版。
郭黎安：《宋史地理志汇释》，安徽教育出版社2003年版。
郭茂倩编：《乐府诗集》，中华书局1979年版。
国家文物局主编：《中国文物地图集·甘肃分册（下）》，测绘出版社2011年版。
何清谷：《三辅黄图校注》，三秦出版社1995年版。
贺次君：《括地志辑校》，中华书局1980年版。

胡平生、张德芳：《敦煌悬泉汉简释粹》，上海古籍出版社 2001 年版。
黄怀信：《逸周书汇校集注》，上海古籍出版社 1995 年版。
（唐）慧立、彦悰撰，孙毓棠、谢方点校：《大慈恩寺三藏法师传》，中华书局 1983 年版。
靖远县博物馆编：《靖远精品文物图录》，陕西人民出版社 2016 年版。
（北魏）阚骃：《十三州志》，兰州古籍书店 1990 年影印本。
兰州城市学院路易·艾黎研究中心编：《艾黎自传》，甘肃人民出版社 2017 年版。
（唐）李白：《李太白全集》，中华书局 2011 年版。
（宋）李昉等编：《太平御览》，中华书局 1960 年版。
李宏伟主编：《瓜州锁阳城遗址》，三秦出版社 2015 年版。
（唐）李林甫：《唐六典》，中华书局 1992 年版。
（明）李攀龙：《沧溟先生集》，上海古籍出版社 2014 年版。
李学勤、谢桂华主编：《简帛研究》，广西师范大学出版社 2001 年版。
李勇先主编：《禹贡集成》，上海交通大学出版社 2009 年版。
李正宇：《古本敦煌乡土志八种笺证》，甘肃人民出版社 2008 年版。
林梅村、李均明：《疏勒河流域出土汉简》，文物出版社 1984 年版。
逯钦立辑校：《先秦汉魏晋南北朝诗》，中华书局 1983 年版。
马怡、张荣强主编：《居延新简释校》，天津古籍出版社 2013 年版。
（清）彭定求等编：《全唐诗》，中华书局 1960 年版。
钱林书：《续汉书郡国志汇释》，安徽教育出版社 2007 年版。
钱穆：《史记地名考》，商务印书馆 2001 年版。
（清）阮元校刻：《毛诗正义》，中华书局 2009 年版。
（唐）释道世：《法苑珠林》，《大正藏》第 53 册，东京：大正一切经刊行会 1922—1934 年版。
（唐）释道宣：《集神州三宝感通录》，《大正藏》第 52 册，东京：大正一切经刊行会 1922—1934 年版。
唐耕耦、陆宏基：《敦煌社会经济文献真迹释录》，全国图书馆文献缩微复制中心 1990 年版。

王国维：《观堂集林》，中华书局 1959 年版。

王国维：《今本竹书纪年疏证》，上海古籍出版社 1981 年版。

王先谦：《汉书补注》，中华书局 1983 年影印清光绪二十六年虚受堂刻本。

（宋）王象之：《舆地碑记目》，商务印书馆 1939 年版。

（明）魏焕：《皇明九边考》，1936 年北平图书馆据明嘉靖刻本影印。

吴礽骧：《河西汉塞调查与研究》，文物出版社 2005 年版。

（清）吴伟业：《吴梅村全集》，上海古籍出版社 1990 年版。

西北师范大学古籍整理研究所编：《甘肃古迹名胜辞典》，甘肃教育出版社 1992 年版。

向达：《唐代长安与西域文明》，生活·读书·新知三联书店 1957 年版。

（梁）萧统编：《文选》，上海古籍出版社 2019 年版。

（南唐）徐锴：《说文解字系传》，清道光十九年祁寯藻刻本。

薛方昱：《甘肃历史地理新证》，甘肃文化出版社 2018 年版。

（清）严可均辑校：《全上古三代秦汉三国六朝文》，中华书局 1958 年版。

（清）杨守敬：《隋书地理志考证》，湖北人民出版社、湖北教育出版社 1997 年版。

（清）杨守敬、熊会贞：《水经注疏补》，中华书局 2014 年版。

（清）俞浩：《西域考古录》，文海出版社 1966 年版。

（清）俞浩：《西域考古录》，载《西北考古文献·第 1 卷》，线装书局 2006 年版。

袁珂：《山海经校注》，上海古籍出版社 1980 年版。

曾昭岷、曹济平、王兆鹏、刘尊明编：《全唐五代词》，中华书局 1999 年版。

张双棣：《淮南子校释》，北京大学出版社 1997 年版。

张永禄：《唐代长安词典》，陕西人民出版社 1990 年版。

郑炳林：《敦煌地理文书汇辑校注》，甘肃教育出版社 1989 年版。

中山大学历史系中国近代现代史教研组、研究室编：《林则徐集·日记》，中华书局 1962 年版。

周振鹤等：《中国行政区划通史·秦汉卷》，复旦大学出版社 2017 年版。

周振鹤：《汉书地理志汇释》，安徽教育出版社 2006 年版。

（清）左宗棠：《左宗棠全集》，岳麓书社 2009 年版。

［英］奥雷尔·斯坦因：《西域考古图记》，中国社会科学院考古所译，广西师范大学出版社 1998 年版。

三 论文

阿布力克木·阿布都热西提：《从吐鲁番到敦煌——Turpan（吐鲁番）一名语源、语义考》，《中央民族大学学报》2014 年第 3 期。

安志敏：《甘肃远古文化及其有关的几个问题》，载《中国新石器时代论集》，文物出版社 1982 年版。

陈爱峰、杨富学：《西夏与回鹘贸易关系考》，《兰州学刊》2009 年第 1 期。

陈海涛：《昭武九姓族源考》，《西北民族研究》2000 年第 2 期。

陈秀实：《汉将霍去病出北地行军路线考——〈汉书〉"涉钧耆济居延"新解》，《西北师范大学学报》1998 年第 6 期。

初师宾：《甘肃靖远新出东罗马鎏金银盘略考》，《文物》1990 年第 5 期。

甘肃省博物馆：《甘肃古文化遗存》，《考古学报》1960 年第 2 期。

甘肃省文物考古研究所：《敦煌悬泉汉简释文选》，《文物》2000 年第 5 期。

高启安、沈渭显：《汉居延置所在置㵋——以居延里程简 E. P. T59：582 为中心》，《敦煌研究》2013 年第 5 期。

郭永利：《河西魏晋十六国壁画墓研究》，博士学位论文，兰州大学，2008 年。

郝树声：《敦煌悬泉里程简地理考述（续）》，《敦煌研究》2005 年第 6 期。

黄盛璋：《西天路竟笺证》，《敦煌学辑刊》1984 年第 2 期。

贾小军：《汉代酒泉郡驿置道里新考》，《敦煌研究》2020 年第 1 期。

劳干：《两关遗址考》，载《"中研院"历史语言研究所集刊》第 11 册，1943 年。

李并成：《"昆仑"地望考》，《敦煌学辑刊》2006 年第 3 期。

李并成：《东汉酒泉郡延寿县城考》，《西北史地》1996 年第 4 期。

李并成：《甘肃省高台县骆驼城遗址新考》，《中国历史地理论丛》2006 年第 1 辑。

李并成：《汉代河西走廊东段交通路线考》，《敦煌学辑刊》2011 年第 1 期。

李并成：《汉敦煌郡内置、骑置、驿等位置考》，《敦煌研究》2011 年第 3 期。

李并成：《汉敦煌郡宜禾都尉府与曹魏敦煌郡宜禾县城考辨》，《敦煌学辑刊》1996 年第 2 期。

李并成：《汉唐冥水（籍端水）冥泽及其变迁考》，《敦煌研究》2001 年第 2 期。

李并成：《河西走廊东部新发现的一条汉长城——汉揟次县至媪围县段长城勘察》，《敦煌研究》1996 年第 4 期。

李并成：《石关峡：最早的玉门关与最晚的玉门关》，《中国历史地理论丛》2005 年第 2 辑。

李并成：《锁阳城遗址及其古垦区沙漠化过程考证》，《中国沙漠》1991 年第 2 期。

李并成：《唐玉门关究竟在哪里》，《西北师大学报》（社会科学版）2001 年第 4 期。

李并成：《五代宋初的玉门关及其相关问题考》，《敦煌研究》1992 年第 2 期。

李并成：《有关玉门、玉门关研究中几个重要问题的再探讨》，《丝绸之路》2017 年第 16 期。

李并成：《"张掖"释名》，《张掖师专学报》1990 年第 2 期。

李函梦：《路易·艾黎：一位特殊的山丹人》，《档案》2016年第7期。

李健胜：《"大禹出于西羌"辨》，《中原文化研究》2014年第3期。

李进兴：《成吉思汗"哈老徒行宫"遗物考述》，《宁夏史志》2007年第1期。

李永翎：《魏晋南北朝时期佛教文化在河湟地区的传播》，《兰州教育学院学报》2012年第5期。

李正宇：《汉敦煌郡广至城新考》，《敦煌研究》1999年第3期。

刘卫鹏：《甘肃高台十六国墓券的再释读》，《敦煌研究》2009年第1期。

刘兴义：《酒泉县下河清乡皇城遗址考》，《敦煌学辑刊》1986年第2期。

刘再聪：《关于迭烈逊渡口的几个问题》，《中国历史地理论丛》2004年第1期。

马顺平：《"界在羌番、回虏之间"——明代甘肃镇边墙修建考》，《社会科学辑刊》2011年第4期。

帕林达：《吐蕃影响下的河西回鹘文化》，《社科纵横》2001年第5期。

裴永亮：《悬泉汉简中的长罗侯经略西域》，《青海民族大学学报》2018年第4期。

钱伯泉：《"敦煌"和"莫高窟"音义考析》，《敦煌研究》1994年第1期。

钱伯泉：《渥洼水天马史事辩正》，《甘肃社会科学》2006年第3期。

苏北海：《疏勒名称考》，《新疆大学学报》1984年第3期。

单永生：《中国古代神话在墓葬里的寓义——以甘肃省酒泉市丁家闸五号墓里的壁画艺术为例》，《中国民族博览》2020年第16期。

王北辰：《河西明海子古城考》，《西北师大学报》1990年第4期。

王希隆、杨代成：《论明清时期嘉峪关职能的演变》，《民族历史研究》2014年第4期。

王欣：《吐火罗之名考》，《民族研究》1998年第3期。

王忠禄：《五凉在丝路文化交流中的作用》，《中国社会科学报》2020

年第 1891 期。

武鑫、贾小军:《汉代张掖郡驿置与道路交通考》,《石河子大学学报》 2019 年第 5 期。

夏鼐:《新获之敦煌汉简》,载《"中研院"历史语言研究所集刊》第 19 册,1948 年。

邢培顺:《裴矩与隋朝经略西域》,《滨州学院学报》2015 年第 3 期。

阎文儒:《敦煌史地杂考》,载《中国敦煌学百年文库·地理卷》,甘肃文化出版社 2000 年版。

阎文儒:《河西考古杂记(下)》,《社会科学战线》1987 年第 1 期。

杨富学:《瓜州塔考辨》,《敦煌研究》2017 年第 2 期。

张德芳:《悬泉汉简中若干西域资料考论》,载《中外关系史:新史料与新问题》,科学出版社 2004 年版。

张光裕、吴振武:《武陵新见古兵三十六器集录》,《中国文化研究所学报》1997 年新第 6 期。

张经久、张俊民:《敦煌汉代悬泉置遗址出土的"骑置"简》,《敦煌学辑刊》2008 年第 2 期。

郑炳林、曹红:《汉唐瓜州苦水流域地理环境演变研究》,《敦煌学辑刊》2010 年第 4 期。

后　　记

　　本书是研究丝绸之路地名文化的尝试之作，以丝绸之路东段北道沿线地名为考察对象，全面梳理与此相关的古代地名、文化遗迹、历史事件。

　　先期研讨确定本书的体例，以丝绸之路东段北道地名为整体描述对象，章节安排按照地理考察从东往西的顺序依次展开。考察工作从2019年5月开始，组成人员有西北师范大学教授赵军、副教授武江民、副教授党国锋，兰州市铁路局武优善工程师，专职摄影师白银区摄影家协会主席陈尚志、陇南市摄影家协会主席冉创昌。另有甘肃省地名研究中心朱晨、李晓蓉、裴文锋、纪融、王艳、蒲丹丹等同志。李栋民、曾波两位同志负责驾驶车辆。第一站从陕西西安出发，辗转陕甘两省，凡东西数市、十余县区，至2020年10月初步结束对于丝绸之路东段北道的全面考察工作。本书的撰写也前后经历了数次修改，力求以准确、全面的叙述生动完整地呈现沿线地名文化，融知识性、趣味性、学术性于一体。

　　而今出版在即，回顾近两年以来的7次考察，感慨良多。沿着丝绸之路重新探索古人的足迹，考察历史遗存，所有的长途跋涉、费心搜求也便成了人生难忘的印记。

　　丝绸之路地名文化涵盖民族、宗教、考古、语言、地理、历史等诸多学科，多学科、多角度的透视固然可以看得更全面，但也增加了研究的难度。路漫漫其修远，丝绸之路地名研究的道路与丝路一样绵远漫长，我们的工作只能看作一个开端、一次尝试。